公安群众工作基本功
（新版）

陈铁步 何贵初 著

中国人民公安大学出版社
·北京·

图书在版编目(CIP)数据

公安群众工作基本功：新版／陈铁步，何贵初著. —北京：中国人民公安大学出版社，2012.10
ISBN 978-7-5653-1110-9

Ⅰ. ①公… Ⅱ. ①陈… ②何… Ⅲ. ①公安—群众工作—中国 Ⅳ. ①D631.19

中国版本图书馆 CIP 数据核字（2012）第 280170 号

公安群众工作基本功（新版）
陈铁步　何贵初　著

出版发行：	中国人民公安大学出版社
地　　址：	北京市西城区木樨地南里
邮政编码：	100038
经　　销：	新华书店
印　　刷：	涿州市新华印刷有限公司
版　　次：	2013 年 2 月第 1 版
印　　次：	2025 年 2 月第 8 次
印　　张：	9.5
开　　本：	880 毫米×1230 毫米　1/32
字　　数：	283 千字
书　　号：	ISBN 978-7-5653-1110-9
定　　价：	28.00 元
网　　址：	www.cppsup.com.cn　www.porclub.com.cn
电子邮箱：	zbs@cppsup.com　zbs@cppsu.edu.cn

营销中心电话：010-83903254
读者服务部电话（门市）：010-83903257
警官读者俱乐部电话（网购、邮购）：010-83903253
公安业务分社电话：010-83905672

本社图书出现印装质量问题，由本社负责退换
版权所有　侵权必究

前　言

人民群众是公安工作最广泛、最直接、最敏感的信息来源，是对各种违法犯罪现象施加压力最普遍、最直接、最及时的力量，人民群众在对付各种犯罪及治安问题方面的智慧和力量是公安工作取之不尽的社会资源。因此，基层基础工作的着力点就是"警民关系"，就是要做到"警有为、民受益"。群众如水，水能载舟，亦能覆舟。与群众的关系搞好了，群众就会支持配合我们的工作，就会主动给我们提供破案线索，主动搞好群防群治；反之，群众不但不支持、不配合我们的工作，而且还可能处处唱反调，公安工作还怎么做？

做好群众工作也是贯彻党的群众路线。群众路线，是我国党和政府一切工作的根本路线。一切工作都要走群众路线，公安工作也要走群众路线，这也是我国公安机关的优良传统，而且法律也作了明确规定。《人民警察法》第3条规定："人民警察必须依靠人民的支持，保持同人民的密切联系，倾听人民的意见和建议，接受人民的监督，维护人民的利益，全心全意为人民服务。"

胡锦涛总书记明确要求，公安机关要切实提高维护国家安全的能力、驾驭社会治安局势的能力、处置突发事件的能力、服务经济社会发展的能力。这"四个能力"涵盖了整个公安工作，是当前和今后一个时期党和人民对公安工作和公安队伍建设提出的总要求。这"四个能力"的提高，都离不开广大群众的支持。没有良好的警民关系，就谈不上"四个能力"的提高。

长期以来的公安实践证明，群众工作的好坏直接影响公安工作的效能和公安机关在人民群众中的形象。随着社会主义市场经济的发展，公安工作在贯彻群众路线上遇到了新情况、新变化和新问题，使群众基础出现弱化，影响和制约了公安工作的长远发展。当前，有部分民警对群众工作存在"三不"现象，即不愿做群众工作、不会做群众工作、不敢做群众工作。这已成为影响警民关系的焦点。要建立和谐的警民关系，就必须学会做群众工作。

群众工作，并不是简简单单地说说话、聊聊天，群众工作是个系统工程。如果想做好群众工作，就要做到懂群众心理、懂群众语言、懂沟通技巧，会化解矛盾、会调处纠纷、会主动服务、会宣传发动，从而提高做好群众工作的本领，实现"零距离"服务群众。这些就是做好群众工作的基本技巧，每一个民警都应该掌握这些基本技巧。

本书运用心理学理论，结合公安工作的实际情况，详细介绍了做好群众工作的具体技巧。语言通俗，方法实用，操作性强，对民警做好群众工作具有很好的指导作用。

本书有不足之处，敬请批评指正。

作　者
二〇一二年九月十八日

目 录

第一章 依靠群众 民力无穷 ………………………………… 1
- 第一节 警察职责必须体现"以民为本"的宗旨 ………… 1
- 第二节 社区警务是服务群众的第一平台 ……………… 8
- 第三节 社区警务是借用民力的有效途径 ……………… 17
- 第四节 新形势下群众工作怎么做 ……………………… 23

第二章 学点交际心理 更好接触群众 …………………… 34
- 第一节 揭开人际关系心理的面纱 ……………………… 34
- 第二节 人的气质与性格类型 …………………………… 39
- 第三节 按气质性格类型巧妙配置工作搭档 …………… 44
- 第四节 走出人际关系认知的误区 ……………………… 49
- 第五节 人际交往的心理障碍与克服 …………………… 56
- 第六节 提高与群众打交道的心理素质 ………………… 71

第三章 了解风俗礼仪 懂得尊重群众 …………………… 80
- 第一节 尊重民族风俗习惯 ……………………………… 80
- 第二节 生活中的专项礼仪 ……………………………… 83
- 第三节 人民警察专项礼仪 ……………………………… 88
- 第四节 与群众接触的基本礼貌 ………………………… 91
- 第五节 群众最厌恶民警的几种不良形象 ……………… 96

第四章 掌握交流技巧 能够沟通群众 …………………… 100
- 第一节 与群众交往,技巧是关键 ……………………… 100

第二节　注意与群众正常交往的细节…………………… 102
  第三节　教你怎样说话最受欢迎………………………… 107
  第四节　批评人的艺术…………………………………… 113
  第五节　说服对方的方法………………………………… 118
  第六节　如何使群众喜欢你……………………………… 123
  第七节　学会与不同性格的群众打交道………………… 127

第五章　如何做好城市社区警务………………………… 136
  第一节　城市社区警务的再认识………………………… 136
  第二节　城市社区警务工作重点………………………… 140
  第三节　如何提高社区警务效率………………………… 149
  第四节　如何让群众参与社区警务活动………………… 154
  第五节　大力发展网上社区警务………………………… 167
  第六节　城市社区警务工作法…………………………… 176

第六章　如何做好农村社区警务………………………… 183
  第一节　农村社区警务建设面临的问题………………… 183
  第二节　如何规范农村社区警务工作…………………… 185
  第三节　农村警务室工作重点…………………………… 189
  第四节　与农民群众沟通的方法技巧…………………… 196
  第五节　农村警务工作法………………………………… 201

第七章　如何做好窗口单位的服务工作………………… 214
  第一节　窗口单位服务规范……………………………… 214
  第二节　派出所重点窗口服务工作要求………………… 219
  第三节　窗口服务如何与群众打交道…………………… 224
  第四节　用信息化手段全程管理派出所窗口服务……… 231

第八章 如何做好治安调解工作 ……………………… 236

第一节 治安调解工作的规范要求……………………… 236
第二节 治安调解工作的特点与难点…………………… 242
第三节 治安调解新模式………………………………… 245
第四节 治安调解方法新思路…………………………… 247
第五节 治安调解十法…………………………………… 253
第六节 社区民警的调解案例…………………………… 258

第九章 如何处理针对公安机关的群众上访 ………… 263

第一节 群众针对公安机关上访的问题………………… 263
第二节 对待群众上访的正确心态……………………… 267
第三节 如何妥善处理公安信访………………………… 281
第四节 从源头上预防和减少上访……………………… 287

参考文献 …………………………………………………… 293

第一章　依靠群众　民力无穷

过去，我们一直认为，做好公安工作，一靠装备，二靠技术，唯独没有想到要依靠群众。公安工作必须依靠群众，否则装备再好，技术再先进，也做不好公安工作。人民警察只有把公安工作深深扎根于人民群众之中，才能赢得广大人民群众的拥护和支持，才能做好公安工作。

第一节　警察职责必须体现"以民为本"的宗旨

一、警察的职责到底是执法还是服务

公安机关作为社会公共安全管理的职能部门，在警务工作的社会服务价值取向上必须坚持"以民为本"的宗旨。服务化是当代警务工作的根本，是对传统的管制型警务工作的超越。

警察的职责到底是执法，还是服务，抑或是兼而有之，人们对此看法不一。特别是在十几年"110"的建设和运行过程中，各种非警务活动日益增多，不少地方公安机关警力紧张，一度陷于被动应付的状态。在这种情况下，如何正确认识和处理执法与服务的关系？

这个问题涉及警察的职能定位。当代世界绝大多数国家的警察法律都把警察的职责、职能定位于两个基本方面，即公共执法（包括治安行政执法和刑事司法）与社会服务。我国的人民警察法不仅如此，而且明确把"全心全意为人民服务"作为人民警察的宗旨加以规定。

因此，从法理上看，认为警察的职责、职能是单纯地进行公共

执法，或者单纯地服务于社会，都是不正确的。警察是社会的治安行政管理和刑事司法力量，当然要以公共执法为主业，但警察作为政府的"窗口"部门处于社会的第一线，因此又必然肩负着抢险救灾、扶危济困和为民服务的责任。而且，从根本上讲，警察的公共执法也是为社会服务。

近年来，我国公安机关以服务社会为中心的各项警务改革，特别是"立警为公，执法为民"指导思想的确立，都充分体现了我国公安工作正在从管理控制型向执法服务型转变。

二、做好群众工作的重要性

（一）做好群众工作能更好地改善警民关系

所谓公安，就是公共安全。"公"者，群众也。无论是派出所、看守所、车管所，还是刑警队、巡警队、交警队，每天都要直接和群众打交道。群众如水，水能载舟，亦能覆舟。与群众的关系搞好了，群众就会支持配合我们的工作，就会给我们主动提供破案线索，主动搞好群防群治；反之，群众不但不支持、不配合我们的工作，而且还可能处处唱反调，这样下去，公安工作还怎么做？在我国人口中，大多数是农民，我们的公安工作基础就在农村，农村的群众工作更要注意做好。

"从群众中来，到群众中去"的优良传统和作风应该始终保持和继续发扬。人民群众同人民警察的关系，本应是鱼水关系。然而，自改革开放以来，由于受社会上不正之风等因素的影响，这种融洽的鱼水关系受到了削弱，导致了公安工作在一定程度上的孤立与被动，从而削弱了公安工作的战斗力。因此，做好群众工作才能更好地改善警民关系，进一步开创公安工作新局面。

（二）做好群众工作能有效扭转公安工作被动局面

在基层公安工作中，如果没有群众的协助与支持、民警就会有被动、孤立无助的感觉。例如取证难问题，明明有许多目击者，但需要证人证言时，却无人肯站出来。即使公安机关、被害人家属通过悬赏来寻找目击证人，往往也无济于事。此外，基层民警在执法时遇到袭警事件，群众真正出手相助的少，看热闹的多，甚至社会上时常出现让人心痛的事件，如市民遇上飞车抢夺等犯罪侵害、受害人求救却没人上来帮助，等等。如果有人喊警察打人了，则马上有很多人围观。

民警与人民群众的关系不协调，关键在于我们的群众工作没做好，群众对公安工作不理解、不支持。因此，我们只要认真做好群众工作，善于宣传群众、发动群众，使群众理解、支持公安工作，就可以有效扭转公安工作的被动局面。

(三) 做好群众工作就是贯彻党的群众路线

群众路线是我们党的优良传统，是我们党取得新民主主义革命胜利的三大法宝之一，也是我们党在社会主义革命与社会主义建设中不断克服困难、不断走向胜利的重要武器。实践告诉我们，什么时候背离了群众路线、脱离了群众，我们的事业就会面临曲折、困难。

公安工作是我们党的事业的重要组成部分，同样离不开人民群众的支持与帮助，也可以说如果离开了人民群众的支持与帮助，公安工作的任务、职责就不可能实现。因此，我们只有时刻不忘"群众路线"这一党的优良传统，扎扎实实地做好群众工作，才能得到人民群众对公安工作无私的支持与帮助。做好公安工作，取决于基层民警的群众工作能力。因此，如何提升基层民警群众工作能力，成为贯彻党的群众路线、更好地履行公安工作任务和职责的重要内容。

三、群众工作要努力消除"四个误区"

(一) 消除把服务群众看做非警务工作的误区

现代警务"以民为本"的理念决定了服务群众的重要性，做好群众工作能更好地改善警民关系，能有效扭转公安工作的被动局面。特别是推进社区警务建设后，社区民警既是社区治安的管理者,更是社区的工作者,也是服务群众、与群众沟通、争取群众支持的最好途径。因此,群众工作不是非警务工作的额外负担,而是公安警务工作的重要组成部分。

(二)消除片面强调服务群众而忽视专门工作的误区

服务群众虽然能够聚集群众参与警务工作的活力,但是不等于说我们的警务工作就做好了,与真正把群众调动起来、共同做好治安工作相比还有很大距离。我们只有把服务群众和专门工作有机结合起来,真正把民力调动起来,共同参与社会治安管理,才能有效地打击违法犯罪,增强群众的社会安全感,才是服务群众的最终目标。

(三)消除服务群众急功近利的误区

一些基层公安机关或民警为了迎合某种气候,或应付考核测评,搞突击式、临时性的服务群众活动。这种做法可能有一定的短期效益,但建立起的警民关系不可能牢固,反而会使群众产生不信任感。服务群众不能急功近利,也不能搞运动式,必须是一项长期的工作,是与警务工作融为一体的基础工作。

(四)消除把警民关系局限于同社区干部搞好关系的误区

警民关系是警察与广大群众的关系,而不仅仅是与社区干部的关系。密切警民关系是为了与社会面建立最广泛、最紧密、最深入的联系,不能因为民警平时与社区干部交往多,对工作帮助大,就认为警民关系搞好了。因此,我们密切警民关系,就是要和辖区单位、工作对象以及其他普通群众,特别是弱势群体建立普遍的、良好的联系。

四、群众工作的基本要求

(一)牢固树立群众观点,全心全意为人民服务

群众观点是马克思主义的基本观点。毛泽东同志曾经指出,有无群众观点是我们同国民党的根本区别,群众观点是共产党员革命的出发点与归宿。从群众中来,到群众中去,只有牢固树立群众观

点才能全心全意为人民服务。全心全意为人民服务是我们党和人民政府的根本宗旨，理所当然也是人民公安机关和全体人民警察的根本宗旨。公安基层组织和民警处于公安工作的第一线，基层民警对群众的思想感情、工作效率、工作态度甚至警容风纪，都会直接影响到公安机关乃至党和政府的形象和威信。只有用实际行动来改善社区治安秩序，增强居民社区安全感，才能更好地调动广大人民群众参与社区警务活动的积极性和主动性。

（二）坚持严格执法，尊重和维护群众的合法权益

严格执法是人民警察的职责。基层民警在日常警务活动中，必须严格依法办事，规范执法行为，保护合法，取缔非法，打击犯罪，做到执法不扰民，尊重和维护社区群众的合法权益。在治安行政管理和刑事执法活动中，要特别注意尊重和维护公民人身自由权利和人格尊严不受非法侵犯。

例如，基层民警在询问证人，走访知情人、被害人时，要尊重当事人，取得当事人的积极配合。进入公民住宅进行调查访问、核对户口工作时，要注意礼节礼貌，举止应端庄得体；在纠正违章时要严格遵守程序，坚持先敬礼后处罚；在办案中如发现有差错，应坚持有错必纠的原则，并及时向有关单位或个人作出解释，承担责任并赔礼道歉，最大限度地维护当事人的合法权益。

（三）为群众多办好事实事，赢得群众的信任和支持

关心群众生活，注意工作方法，历来是群众路线的重要组成部分。公安基层民警生活在群众之中，他们的一言一行都代表着党和政府的形象。基层民警通过日常的警务活动随时倾听群众呼声，体察民情，了解民意，实际上可以起到党和政府密切联系群众的桥梁和纽带作用。基层民警由于具有天时地利人和，既可以成为治安管理的行家里手，又可以成为出色的社会活动家，串百家门，交百家友，知百家情，办百家事，暖百家心，得百家信（任），应当成为基层民警的群众工作基本功。

社区群众在日常生活中，难免会遇到一些这样那样的实际困

难，需要及时获得帮助。例如，因患急重病需要就医买药；遇危难需要获得救助；因邻里或家庭纠纷需要调解；孤寡老人、残疾人因生活困难需要上门服务，等等。我们如果能够及时给以帮助，将党和政府的温暖送到群众手中，让群众亲身感受到基层民警可敬可亲，长此以往，群众便自然会将民警当做贴心人，这有利于改善警民关系，促进警民团结和合作。

（四）增加公安工作透明度，自觉接受群众监督

增加公安工作的透明度，让群众享有充分的知情权。所谓公安工作的透明度，就是指应该把一切依法需要公开的事项一律予以公开。例如，公安工作的路线、方针、政策，法律、法规和有关规章制度，近期治安状况、各种不安定因素和治安隐患，以及公安机关取得的成绩和存在的问题，面临的各种困难，等等，都应该通过一定的形式和途径一律公之于众。

通过公开办事制度，增加透明度，完善警务规范化管理，消除群众对公安工作的某些误解或不满情绪，将公安工作置于广大人民群众的监督之下。另外，基层公安组织特别是社区民警还应定期向社区居民群众报告工作，广泛征求群众意见，不断改进工作，对群众提出的批评意见也应虚心听取，有则改之，无则加勉，切实接受群众的监督。

五、民警在群众工作中存在的主要问题

（一）服务群众意识淡漠

当前，部分民警普遍缺乏一种职业荣誉感，感到做群众工作总是默默无闻，不易出成绩，而且工作压力大、待遇低，对待群众工作缺乏真情实感，从而失去主动做好群众工作的精神动力。少数民警的群众观念淡薄，对新形势下贯彻群众路线的重要性认识不足。特别是一些民警对群众产生了某些不正确的认识，认为群众思想落后甚至是"刁民"，公安工作就是要把他们管理好，既有如此认识还怎么谈为他们服务。

这种不正确的认识影响了部分民警服务群众的意识，导致他们不愿去服务群众。于是，民警坐办公室的多，下基层的少；与官员、大款、名流交往多，深入普通群众特别是弱势群体的少；走街串户的更少。有些问题表面上看是群众工作方法问题，其实都是对待群众的态度问题，是服务群众意识淡漠的原则问题。

（二）群众工作方法简单粗暴

由于民警与群众之间缺乏广泛的交流渠道和良性的互动空间，群众不能真正了解公安工作和基层民警所付出的艰辛劳动，民警与群众关系相互脱节，从而渐渐失去了公安工作赖以生存的群众基础。有的基层民警对群众工作不求实效，缺乏耐心，敷衍了事，甚至干脆一推了之。在调处纠纷时，心情烦躁，埋怨双方，要么横眉立目，乱发脾气；要么把群众晾在一边，不闻不问，不理不睬，最后当事人双方都对民警不满意。最终导致不但群众纠纷调处不好，反而把矛盾的焦点引向自己。有些可以上门为群众办的事情，非要群众到办公室来办。个别民警在做群众工作时不能实事求是，而是夸夸其谈，引起群众的反感。本来可以避免与群众发生冲突的事情，非要争出个高低，甚至与群众斗气，结果产生了矛盾。

（三）基本业务技能不高

部分基层民警的基本业务能力还没有达到新形势下公安工作的素质要求，工作方法简单，缺乏艺术性和灵活性，业务提高不上心、法律上一知半解、文化上知识匮乏、侦查破案水平不高，打击犯罪能力不强，难以卓有成效地驾驭严峻复杂的社会治安形势。面对关系到群众切身利益的治安和刑事案件束手无策，使部分群众对公安机关管理社会治安的能力产生怀疑，从而导致群众对民警的信任危机。有的民警尤其是一些新民警缺乏做群众工作的实践经验，感到"老办法不管用、新办法不会用、硬办法不敢用、软办法不顶用"，处理一些问题的方式不恰当，导致引起群众的误解，影响警民关系。

（四）随意执法我说了算

有些民警无视法律、法规的有关规定，随意执法，自己说了算。某市某交警上班后，在 1000 米的非通车路段，不管司机是否在场，一边拍摄，一边贴罚单，在五分钟时间内，共贴 16 张罚单，速度之快令人咋舌。对于如此"荒唐"的快速罚款行为，交警大队的解释是，此人性格内向，离家上班前和妻子发生了争吵，因此值勤时情绪不是很好。情绪不好我们可以表示理解，但这显然不是其中的关键因素，关键还是一些人长期的公权思想作祟，在这些人眼里依然是权大于法，自己说了算，随意执法。群众对民警随意执法深恶痛绝，这不仅严重损害了公安队伍的形象，而且影响了党和政府的形象。

执法必须严肃，要对党和国家高度负责，严格遵守法律，依法行使国家赋予的权力。要忠实于法律，正确理解法律精神，准确适用法律条文，不折不扣、一丝不苟地执行法律，坚决纠正执法中脱离法律原则、违背法律精神的变通执法，保证执法不打折扣、不走样，不滥用权力，切实维护法律的尊严。

第二节　社区警务是服务群众的第一平台

社区警务是服务群众的第一平台，做好社区警务工作是服务群众的具体体现，是维护稳定的第一道防线。要做好社区警务工作，实现最大限度地增加和谐因素，最大限度地减少不和谐因素，积极推进构建和谐社会的进程。

一、了解社区

（一）"社区"的概念

"社区"是社会学的一个概念，是德国社会学家腾尼斯最先提出来的。他认为，"社区"指的是由于人们共同地、长期地生活在某个地区，逐渐形成了一种十分密切的、相互影响、相互关心、相互帮助、相互联合的群体关系,形成了一个社会性的集体,这样便形成了"社区"。

社区应具备四个要素:第一,相对独立和稳定的地域;第二,居住着以一定生产关系为纽带而组织起来的生活人群;第三,有共同利益和管理组织;第四,有地缘上的归属感和心理上的认同感。

在上述四个构成要素中,人群是社区的主体;地域和生活服务设施是社区的物质基础;管理机构与制度是协调社区生活关系的调节器;社区特有的文化、生活方式和社区成员对社区的认同感与归属感,既是社区成员在一定地域范围内共同经营社会生活所形成的结果,又是将社区成员凝为一体的纽带与黏合剂。

从国内外社会学界进行社区研究的实例看,只要符合社区定义中的几个规定性,任何地域性社会实体都可以泛称为社区。

(二)"社区"的范畴

基于社区的基本概念及构成要素,根据2000年中共中央办公厅、国务院办公厅转发的我国民政部《关于在全国推进城市社区建设的意见》精神,结合我国现行警务的运行体制,社区警务的"社区"应界定为城镇的街区、农村的村庄。在具体的警务工作实施中,"社区"界定在作了规模调整的城市居民委员会辖区、农村的村民委员会辖区。因此,社区应该包括:城市社区和农村社区。目前城市社区的范围,一般是指经过社区体制改革后作了规模调整的居民委员会辖区;农村社区的范围,一般是指村委会的辖区。

社区的群众有共同的利益,有共同发展本社区文化生活的意愿和要求;同时,社区也体现了一种互助性,即有一种由共同的利益形成的相互关心、相互帮助、共同发展的意识,这种意识也叫"社区意识"。社区寻求人与人之间的和谐、融洽的关系,寻求社会的稳定。

二、国外社区警务改革情况

进入21世纪以后,我国社会正在发生革命性的变迁,建立在高度计划经济体制基础上的中国警务工作也受到了前所未有的冲击。社会主义市场经济条件下出现的新情况、新问题，对警务工作和队伍建设提出了许多新的挑战。面对复杂多变的社会治安形势，警务工作不适应的状态已越来越明显，警务工作改革势在必行。他山之石，可以攻玉，了解国外社区警务改革情况，有利于借鉴。国外社区警务工作的发展经历了四个阶段，我国警察学者将其冠名为"四次警务革命"。

1. 第一次警务革命简称"警察正规化革命"，以1829年伦敦大都市警察的建立为标志

英国在18世纪末，工业化与城市化产生了严重的阶级对立，犯罪增长，治安混乱。面对如此严峻的挑战，1829年英国内政大臣罗伯特·比尔提出建立现代职业警察，并制定了新警察的12条原则。英国国会当年通过了比尔创建新警察制度的议案《大伦敦警察法》。西方公认的世界上最早的正式警察——职业制服警察从此诞生。罗伯特·比尔制定新警察的12条原则，强调以预防为主，重视警民关系，增加服务职能，使其成为新旧警察的分水岭，被誉为第一次警务革命。

2. 第二次警务革命简称"警察专业化革命"，是以美国的警察专业化为标志

19世纪末20世纪初，世界各国警察大部分处于初创阶段，训练不足，效率低下，腐化严重，尚不是一支独立的专业化队伍。美国警长协会主席查德·西尔威斯率先开展了警察专业运动。其核心是通过专业化摆脱地方政治对警察的控制，使警察成为一支独立的、高效率的专职队伍。其主要措施是加强培训，注重工作专业化，引进军事化管理。第二次警务革命是新警察独立与成熟的标志。

3. 第三次警务革命简称"警察现代化革命"，以欧美各国警察现代化为标志

20世纪30年代到70年代，西方主要资本主义国家逐步完成了警察的现代化，引进并完善车辆巡逻体制，建立了电子指挥中心

与控制中心，建立信息情报中心，实现查询电子计算机联网。与此同时，各国的警察编制、警察预算均有巨大的增长。第三次警务革命立足于使警察成为"打击犯罪的战士"。此时的警察形象，是头顶钢盔、肩别对讲机、手持盾牌、腰挎枪械的"战警"。

4. 第四次警务革命简称"社区警务革命"，以欧美各国的"新警察模式改革"为标志

在警察装备不断现代化，警力不断增长的同时，犯罪率处于上升较快的状态。警力与犯罪同步增长，这是人们始料不及的。犯罪学家研究发现，产生犯罪的根源是社会，抑止犯罪的主力是民众，警察只是打击犯罪的一个方面，不是主力。在这种理念支配下，整个西方国家警察工作的重心开始转变，不再专门打击犯罪，而是动员民众搞好治安防控，减少犯罪。因此，警察主动走进社区，实行警察与社区民众的合作；通过警察的服务密切警民关系，增强民众的治安参与意识，从而形成预防犯罪的网络，使犯罪率下降、使治安形势好转。于是开始了以实施社区警务战略为标志的第四次警务革命。这时的警察不仅是执法者而且是社区的服务者，不仅要处理紧急事态，而且要尽可能用良好的服务拉近与社区居民的距离，搞好关系，通过发动社区力量搞好防范和管理来实现社会的安定。

三、我国的社区警务革命

（一）我国警务工作存在误区

从20世纪80年代开始，我国的犯罪率一直呈上升态势。在这期间，虽然全国范围内的严打斗争、专项行动接连不断，公安机关付出了巨大的努力，但刑事发案居高不下的局面并没有从根本上得到扭转。

究其原因，我国警务工作存在以下几个误区：

1. 过分强调警察的专职作用

在社会治安的主体上，只重视自身的力量，忽视群众这支社会治安力量，尤其是始终不能有效地发展和利用群众这支社会治安力

量；对于在新形势下调动群众参与社会治安工作的积极性也缺乏有效途径。长期以来，我国治安防范组织主要是以治保会为代表的群众自治性防范组织。近几年来，治保会受到了市场经济的冲击，不少地方的基层治保组织严重弱化，甚至失去作用。地方党委、政府虽然将社会治安综合治理作为一票否决的内容，但没有认识到基层治保组织是社会治安综合治理的一支重要力量，因而抓治保组织建设不力，将治保会作为可有可无的组织，治保人员的报酬无法解决，治保工作成为"无米之炊"。加之，公安部门对治保组织建设指导不力，群防群治没有发挥真正的作用，于是形成了公安机关"包打天下"的局面。

2. 过分强调警察职能的专政性

长期以来，过分强调对违法犯罪的打击，而服务社会的职能作用发挥甚微，甚至认为警察就是管人、抓人、关人的，除此之外没有别的事。公安机关的领导更多地关心杀人、爆炸、强奸、涉黑、涉枪等重特大刑事案件的侦破，更多的是强调"严打"，形成了一年四季都在"严打"的局面。从评价指标体系上来讲，谁破了大案，抓了逃犯，必然立功受奖。而有的民警群众工作做得好，基础工作抓得好，却很难立功受奖。此外，自从公安机关开通"110"报警服务以后，提出兑现"四必"承诺。但在实践中，接到刑事案件报警立刻闻警而动，及时处置；但是面对群众求助则热情不高，甚至有的民警推诿扯皮。

3. 过分强调警察管理的军事化

警察管理需要统一行动、统一指挥，军事化的管理和运作使警察队伍提高了战斗力，而警察的个人主动性往往被忽视。警务活动不同于军事战斗，军事战斗需要绝对地服从命令；警察是准军事化的组织，既需要民警服从命令，但又需要民警在警务工作中发挥主观能动性，激发他们的积极性、主动性和创造性，使他们成为社区治安的"牵头人"、社情动态的"知情人"、帮教对象的"引路人"、社区群众的"贴心人"，做一个真正的亲民爱民的警察。

4. 过分泛化公安工作的政府职能作用

公安机关是政府的一个重要组成部分，因此就必须发挥政府的职能作用。其实，公安机关预防和打击犯罪，就是政府的一种职能体现。但人们往往把公安机关的政府职能作用泛化了，特别是在管理体制上，公安机关的人、财、物属当地党委、政府管辖，因此，不可避免地要受到当地党委、政府安排的一些非警务活动的冲击。比如，警察被要求参与收税、征地拆迁、卫生整治、计划生育，等等。这些工作不仅严重影响了正常警务活动的开展，而且不可避免地将警察推到了与群众"直接对抗"的尴尬局面。有的民警因为非警务活动的干扰，根本就没有更多时间和精力去扎扎实实地做好本职工作。

（二）我国社区警务的萌芽与发展

从20纪90年代中期开始，公安部逐步对公安工作重心进行调整。1997年在苏州召开的全国公安派出所工作会议，明确提出要坚持"打防结合、预防为主"的方针，把派出所工作的重点转移到治安防范和管理上来，以实现"发案少，秩序好，群众满意"的目标。2000年11月，中央办公厅、国务院办公厅转发了《民政部关于在全国推进城市社区建设的意见》，明确提出要在有条件的社区建立警务室，配备社区民警，专门负责社区治安工作。公安部及时抓住这一机遇，在江苏、浙江等地对社区警务工作进行了探索。2002年3月，在杭州召开的全国公安派出所工作会议上，正式提出要在全国大中城市实施社区警务战略。同年8月，公安部与民政部联合下发了《关于加强社区警务建设的意见》，要求各地的社区警务工作与社区建设同部署、同规划、同建设，逐步建立起与新型社区管理体制相适应的警务工作新机制。

今天中国警务改革面临的是西方第三次和第四次警务革命的双重任务。一方面，要进行装备现代化；另一方面，要适应世界潮流和民众的需要，回归警察的公仆职能，也就是要做好群众工作。

(三) 我国社区警务模式

我们实施的社区警务模式是以"三个代表"重要思想为指针,以建立新型的、密切的警民关系为方向,以发动群众参与社区工作为保证,通过调整警务配置,规范社区民警工作内容和考核评估方式,形成新型的警务模式和勤务方式,实现从反应型警务向主动型警务的转变,提高预防、惩治犯罪的能力,推动公安基础工作的进一步加强,推动公安工作的整体协调发展。

社区警务是实现被动反应为主的警务模式向主动预防为主的新型警务模式转变的有效形式。警察应该争取赢得群众的信任、支持与帮助,在其职权范围内,组织、发动群众参与群防群治,以此来最大限度地预防犯罪。要达到这个目标,警察首先就要在思想观念上摆正自己与群众的关系。警务工作首先应当始终恪守"为民"宗旨,立足社区,依靠群众,成为一个与社会沟通的开放系统。在这个系统中,警察与群众真诚沟通,唇齿相依。其次要在工作内容上处理好警察业务与为群众服务的关系。开展社区警务必须坚持"服务至上"的原则,树立警察的良好形象,建立密切的警民关系,让广大群众了解警察、理解警察,信任警察和支持警察开展警务工作。最后要在工作目标上以"群众满意"作为检验警务工作的最高标准,把对警务工作的评判权交给群众,以此来促使警方不断提高工作效率和服务水平。

四、我国的社区警务与传统警务之比较

(一) 警察职责定位不同

传统警务认为,警察是担负执法任务的政府机构,是治安行政管理部门的代言人,主要是对付各种犯罪、治安事件,并对暴力性犯罪作出快速有效的反应;而社区警务则认为,警察组织是负责提高社区群众生活质量的众多政府部门之一,社区警务主要是与社区群众保持密切的联系,解决和帮助解决社区群众的问题,消除潜在的违法犯罪隐患,提高社区群众生活的安全质量。

（二）警务权力分配不同

传统警务认为，警务是警察单方面的工作，不须群众过问，群众也无权过问，对社会治安管理权实行垄断；社区警务要求警察把更多的精力放在管理、防范以及社区服务上，警察的管理权力与社区民众实现了共享，警方与社区成为伙伴关系，社区民众有权参与部分警务决策制定，社区警务的某些活动可以由社区民众和警察共同商讨和决定。

（三）警务运行机制不同

传统警务运行机制是纯警力的运行机制，不需要运用民力；社区警务的成功之处在于分割了"治安蛋糕"，并且把最大的一块给了社区民众。社区民警也真正沉到了基层、沉到了社区、沉到了群众中，通过日常与群众面对面地交流和接触，密切了警民关系，最大限度地挖掘了社区治安管理资源，降低了社会治安管理的行政成本，并促进了治安管理工作效率的提高。

（四）警务模式构建不同

传统警务是一种"案件主导型"警务模式，警务模式以案件为导向，主要任务是处理已经发生的案件，强调在案发后快速反应，可称之为"消防救火式警务"；社区警务模式以防范为导向，对社区群众共同研究社区中存在的消极因素、容易激化的矛盾以及可能导致犯罪的问题提前介入，超前进行综合治理，从而消灭隐患，预防违法犯罪及其他事件的发生，因此可称之为"预防消化式警务"。

（五）警务价值标准不同

传统警务重打击轻防范，重管理轻服务；社区警务则是通过提升社区群众对社区安全防范的认知，建立民警与社区群众良性的人际互动关系，强化群众的社区归属感，创造社区精神等，最终实现警民对社区的共建、共管、共防范的目的。

（六）警务价值评定标准不同

传统警务衡量警察工作成效的标准较为狭隘，如接警反应的时间、破案率、逮捕数字等,这些指标几乎全是围绕犯罪问题而制定的,警察的行为价值目的主要在于打击违法犯罪,对其考核评定也在公安机关内部进行;社区警务中警察的行为价值目的在于管理、服务、防范,评估价值更注重公众的满意程度和安全感,衡量的指标是围绕公众的满意度制定的。

五、社区警务工作的巨大生命力在于它贴近群众

群众满意度是检验社区警务工作的重要标准,要将"民本"思想作为一种"信念",贯穿于整个社区警务工作。一方面,将警务室打造成服务群众的第一平台,最大限度地将警务工作前移,把服务触角延伸到社区。把接处警、信息采集录入、一般的矛盾纠纷调解、流动人口登记办证、出租房管理以及部分视频监控等业务从派出所下放到社区警务室,实现"零距离"服务社区群众,同时通过扩大警务公开、实行办事预约、案件回访等具体举措,尽可能地方便群众。另一方面,把社区群众的满意度作为社区民警绩效评估的主要依据,将进家入户、刑事发案、群众知警率、见警率和治安满意率作为考核评估社区民警工作的主要内容。

开展社区警务工作,必须解决以下三个问题:一要提高认识。社区警务是服务群众的第一平台,做好社区警务工作是服务群众的具体体现。做好社区警务工作,能实现最大限度地增加和谐因素,最大限度地减少不和谐因素,积极推进构建和谐社会的进程。进一步提高对实施社区警务战略紧迫性、必要性的认识,是开展好社区警务工作的前提。二要转变观念。社区警务工作不仅是阵地前移的"区域警务",还是传统警务模式的拓展和延伸,更是基层政权的延伸。开展社区警务工作的目的是通过警民互动达到社区和谐,其形式不仅是整合社会资源、组织若干群防队伍、增加若干技防物防设施、开展一些便民利民服务等,更重要的是增强家庭成员的安全感与个人的防范意识,唤起公众参与社会治安的自觉性,实现公众在治安防范上的主体性。社区警务强调的战略立足点不是打击,而是构筑一种有效的管理服务和防控机制。

第三节 社区警务是借用民力的有效途径

一、单纯打击不能从根本上解决治安问题

（一）重打击轻防范只能引发违法犯罪的恶性循环

长期以来，我们习惯把人民警察理解为"专政工具"，过分强调警察职能的专政性，甚至认为警察就是专管办案、破案的。因此，基层公安机关的领导主要是关心案件，特别是大要案的侦破，更多的是关注"严打"。从1983年以来，全国范围的"严打"，到各个地方的"严打"不断，形成了一年四季都在"严打"的局面。除此之外，还有这样那样的专项斗争，但社会治安没有根本好转。因为犯罪分子已经深知我们的套路，"严打"和专项斗争一来，违法犯罪活动便偃旗息鼓；"严打"和专项斗争一过，违法犯罪活动又卷土重来。事实证明，单纯地打击不能解决社会治安问题，只能引发违法犯罪的恶性循环。

至今，各地公安机关的领导仍然热衷于重打击轻防范，每年都给下面实战单位下拘留数或逮捕数、劳教数、破案率等硬性打击指标。那么请问，假如一个地方基础工作做不好、发案多，那些打击指标当然容易完成。如果一个地方的基础工作做得好、发案少，那些打击指标当然难以完成。又如破案率，一个地方如果发案多，破案率百分之百，有什么用？如果发案低，哪怕破案率低些，恐怕人们也会感觉治安要好。哪个地方的工作做得好，我们需要哪种结果，群众又需要哪种结果？显然，最需要的是"发案少，秩序好，群众满意"的社会治安环境。

事实上，恰恰是打击指标完成好的地方，也是刑事案高发、社会治安不大好、群众满意度低的地方。2010年，某省某市在63个主要涉及打击的绩效考核指标中，得了48个第一，总分排在第一，

但该市刑事案高发，当年立的刑事案占常住人口的万分之七十八点三，在群众安全感满意度的测评中在倒数之列。而另一个市，在2010年打击考核指标的排名中靠后，但是社会治安综合治理考核排名第一，当年立的刑事案占常住人口的万分之二十六点一，为全省最低；2011年上半年社会公众安全感调查评分也排第一，这种现象必须引起我们深思。

2011年1月1日实施的公安部《关于改革完善执法质量考评制度的意见》规定，取消上述的"破案率、拘留数及逮捕数、劳教数等打击指标"。把化解社会矛盾、执法安全、社会评价等作为考评内容。但是至今，一些基层公安机关仍然热衷于这些硬性打击指标，这是"严打"的惯性思维的延伸，可见重打击轻防范的观念根深蒂固。

（二）单纯打击的效果也有限

我们热衷于单纯打击，那么打击效果如何呢？广西公安厅原厅长林超群同志在调研文章中，提到了基层公安机关打击力的问题。被盗被抢的案件只有60%报案，即使在这60%的立案中，我们的破案率一般为30%左右。而抓到或明确追捕的作案人员，占实际作案人员的18%左右。在这18%左右的作案人员中，未成年人、艾滋病等各种不能收押的又占了一定的比例，还有在逃的，能惩处的案犯只不过是实际作案人员的12.3%。特别是占所立刑事案件80%的"两抢一盗"案件，查证难、深挖更难，只侦破容易侦破的。对罪行的查证多以够条件捕为原则，许多难查证的罪行不查证，造成轻判率较高，判三年以下的约占70%，刑满释放后重新犯罪率在30%左右。综上可见，单纯打击的效果是很有限的。

（三）单纯打击使警方疲于奔命

因为单纯地打击只能引发违法犯罪的恶性循环，因此给我们民警的感觉是违法犯罪越打越多，也越打越累。如果治安防控工作做好了，违法犯罪大幅度减少，打击违法犯罪就没有那么累了。

打击违法犯罪累，还与我们公安机关一家单打独斗有关。一方面，我们警力有限，我国的警察与人口的比例，只是西方国家的三分之一、四分之一，有些省、市的比例就更低。另一方面，我们警力有限却又包打天下。长期以来，我们错误地把公安机关当做维护治安的主体，而且把公安工作看得很神秘，什么东西都是秘密，不允许群众沾边，公安机关把维护社会治安当做自己的独家事。直到现在，绝大多数地方的公安机关仍然只重视自身的力量，始终不能有效地调动群众参与社会治安工作。仅靠公安机关单打独斗，即使再增加一倍的警力，也会感到警力紧张。

（四）群众对公安机关的最大希望值是什么

公安机关破了多少案、抓捕了多少违法犯罪嫌疑人，等等，群众不是最关心的。他们最关心、最希望的就是有一个"发案少，秩序好，有安全感"的社会治安环境。创造这样一个社会治安环境，是公安机关最大的社会责任与社会诚信，也是给全社会的群众提供的最好服务。要实现这样的社会治安环境，光靠公安机关进行单纯的打击，光靠公安机关自身去努力是实现不了的。我们必须扎扎实实通过开展社区警务去实现，因为社区警务是借助民力做好治安防控的有效途径。

我国正面临新的犯罪高发期，因此借鉴西方警务改革的经验，施行"社区警务"，将公安机关的战略从"以打为主"调整为"打防结合，以防为主"，促进治安工作良性循环。我们现在正在走社区警务这条路，因此我们民警要融入社区，做一个真正的平民化警察。

二、社区警务的根本任务

社区警务的根本任务就是要求民警立足于社区，组织社区群众参与社区治安管理，减少社区犯罪，增强社区群众的安全感，就是为社区群众提供最好的服务。因此，民警要深入社区去做一个有威信的社区民警、有威信的社区民警，不但能够组织群众参与治安防范，而且关键时刻还能够起到"四两拨千斤"的作用。

有一个案例，成都市某工厂在企业转制过程中，厂方与职工双方在职工安置费和退休金问题上产生矛盾，数百名职工扣押了几个副厂长在一个大车间里。在车间现场里，职工们情绪激动，车间大门死死关上，不让任何外来人员进入。市、城区政府有关领导一直不能入内，与职工对话一整天也没有用。后来，当事职工说："要谈判，只让汤敏警官一个人进来！"汤敏是谁？就是本社区的社区民警。汤敏进入后很快稳定了职工们的情绪，也劝说被扣押的副厂长联系到了厂长，才半个小时就给问题的解决带来了转机。几天后，该厂宿舍大门口贴出了厂方和职工代表双方签字的补偿协议，问题得到了妥善的解决。汤敏扎根社区，把满腔忠诚和深情奉献给了社区和群众，深受群众的厚爱。汤敏凭自身在群众中的威信，妥善处理类似的纠纷与群体事件不少。当时的成都市市委常委、公安局局长苏培玮由衷地称赞说，汤敏作为社区民警，在化解矛盾纠纷和处置群体性事件中起到了"四两拨千斤"的作用。

三、如何解决警力，充实到社区警务工作中

从 2002 年开始，我国社区警务开展至今已十年，很多地方搞得很扎实、很有成效。但是也有不少地方搞花架子，仅有警务室，但十室九空，一个月也看不到民警下去，社区警务徒有其名，没有什么实质性的工作。当然，社区警务难以开展有其他方面的原因，最主要的原因还是警力问题。农村派出所一般才三五个民警，每个警务室都配不上一个民警，还有所里的工作怎么做。城市派出所民警虽然多一些，但如果每个警务室都配一个民警，所里的工作也难以开展。因此，警力问题是制约社区警务工作开展的最主要的问题。解决社区警务的警力问题，既要不断增加警力，就现状而言更重要的是挖掘现有警力的潜力。

首先，要依法减少各种非警务活动。《人民警察法》有明文规定："人民警察对超越法律、法规规定的人民警察职责范围的指令，有权拒绝执行，并同时向上级机关报告。"但是地方政府习惯

利用警察来行政，计划生育、征地拆迁、设卡收税、整顿市容以及配合工商、烟草、医药等部门执法时，政府部门认为自己解决不了的问题，就要求警察去强制解决。这不但占用大量警力资源，在某种程度上还严重影响公安机关在群众中的声誉，使群众对警察有意见。公安机关减少非警务活动，既符合法律，又符合依法治国的要求。2011年3月1日，公安部下发《公安机关党风廉政建设和反腐败工作意见》，其中规定：严禁公安机关参与征地拆迁等非警务活动，对随意动用警力参与强制拆迁造成严重后果的，严肃追究相关人员的责任。

其次，我们应当减少自身的各种"虚"的工作。所谓"虚"的工作是相对具体业务工作而言的。"虚"的工作包括工作检查、评比、台账等。特别是派出所每年必须进行的"执法质量、综合、等级"三大考评，以及许多的绩效考评，还有上级各业务主管部门布置的各种检查验收任务等。仅仅是那三大考评需要做的台账就达50多项，此外还有许多的非评台账。有多少台账就有多少项工作，其中不少台账对业务工作没有什么实际意义。为应付这些考评，仅仅制作台账就占用很多警力，应付不了就容易导致弄虚作假，可是作假也要花费精力与时间。此外还有许多各种各样的会议，据了解，一个基层公安机关的领导自己回忆一年参加过的各种会议，平均每天参加1.4个会，也就是说天天在开会，那还有多少时间与精力去抓具体业务工作。公安机关的工作检查、评比、台账、会议不能没有，但是过多过泛，必然占用很多警力，势必会影响必须要做的各项业务工作。

最后，有的地方进行改革，腾出警力，充实到社区警务工作中，以下一些做法值得我们借鉴。一是改革交巡警合一勤务模式。交警部门的街（路）面执勤警力，与巡警合一，将合并后的交巡警以中队为单位建制，分到改革后的中心派出所管理，与驻所刑侦中队形成"打、防"合力。这样，派出所能够腾出更多的警力充实到社区警务工作中。二是警力"搭档制"。即由一名主办民警和另一两个协助民警,负责一个社区警务。主办民警由本派出所下派,搭档民警是机关、治安、刑侦、巡逻或交通民警。规定搭档民警每月必须有若干个工作日与社区主办民警一起下社区工作。三是大刀阔斧地进行机构改革,充实一线警力。2009年,江苏苏州市公安局把分局机关内设机构整合为"两室三队",即警令室、警政室、国保队、侦查队、防控队,多余警力充实社区警务室。至2010年11月5日,河南全省各市公安局全部取消分局机构,市公安局直管派出所,一线警力由过去的27%增加到66%,社区警力大幅增加。河南还对市局机关改革,将原有的33个部门撤并为"四部七支队"。"四部"即警令部、政治部、警务保障部、监督部;"七支队"即国内安全保卫与反恐怖支队、犯罪侦查支队、治安与出入境服务支队、交通管理支队、特殊警务支队、网络安全与技术侦察支队、监所管理支队。压缩了64%警力,实现了市局机关的"大瘦身"。大庆市于2005年1月1日就开始全部撤销70个城市派出所,由20个分局替代。就是说,分局取代了派出所的职能,分局机关变成战斗实体。分局原来16个内设机构改革成一科三队:一个法制综合科、若干个社区警务队、若干个治安巡防队、若干个刑事侦查队,一线警力增加到89.3%,有效挖掘出自身的潜力,在一定程度上缓解了一线警力不足的问题。

四、成熟的社区警务必须具备三大功能

社区警务必须具备三大功能,才能实现社区警务的根本任务,也才可以说是成熟的社区警务。三大功能就是防控功能、服务功能、信息功能。

一是社区警务的防控功能。因为社区警务的根本任务就是要组织社区群众参与社区治安管理,减少社区犯罪,增强社区群众的安全感,因此社区警务首先要具备防控功能。

二是社区警务的服务功能。社区警务要实现防控功能,就需要社区群众的大力支持;要取得群众的大力支持,就要强化社区警务的服务功能。通过开展各种有效的服务活动，及时为群众解决最急迫的问题，得民心、聚民力。

三是社区警务的信息功能。社区民警每天都与群众在一起，能够在第一时间收集社情民意。一般的情况，自己处理；重要的情况，及时上报，把一切不稳定因素消灭在萌芽中，牢牢把握治安防控的主动权。广西某县有四十多个民办教师因为工作身份问题得不到解决，串联在两会期间到北京集体上访。在出发前一天，当事人为了躲避当地政府的阻拦，分别隐藏到外地，相约第二天要从不同的地点上车。社区民警从一个当事人的亲戚口中得到信息后，立即报告公安局领导，局领导上报县政府。县政府及时组织了工作组深入每个当事人的家中，动员他们的亲人做思想教育工作。他们的亲人被做通思想后，便分头去找，或者手机联系，结果使当事人取消了到北京集体上访的行动，及时消除一场进京上访事件的发生。

第四节　新形势下群众工作怎么做

一、新形势下涉及群众问题的特点

新形势下群众工作难做，这与涉及群众的各种问题有关，这些问题具有以下特点：

（一）现实性

当前，群众各种诉求活动反映出来的问题，不再表现为过去以"阶级斗争为纲"所反映的思想政治问题，也不再是需要平反冤假错案落实政策的问题，而是表现为以利益调整、利益之争为核心内容的矛盾。例如，当前农村土地征用的补偿安置矛盾，城市改造建设中居民动迁的矛盾，国有企业破产职工安置以及下岗失业人员再就业的矛盾，社会主义市场经济体制建立中不正当竞争的矛盾，群众利益纠纷的涉法涉诉的矛盾，等等。据统计，在近年来人民群众向党政机关反映的问题中，涉及现实经济利益问题的占90%以上。

城市居民反映的问题主要有：一是部分国企改制、转制未征求职工意见，不按规定程序操作，大量国有资产流失，侵害了职工民主权利和国家利益；二是部分企业在经营过程中，厂务不公开、重大经营活动未经职代会通过，职工情绪对立；三是企业拖欠职工工资、医药费、退休金，职工基本生活保障不落实；四是企业改制、兼并或破产后，职工下岗、职工安置、养老保险等问题未得到妥善处理；五是企业经营者和管理者不廉洁，从而垮了企业，肥了自己，穷了职工；六是一些私营企业和三资企业侵害职工合法权益；七是市政建设拆迁，补偿争议大；八是部分企业或施工单位随意拖欠农民工工资等。

农村群众反映的问题主要包括以下几点：一是村务不公开、财务管理混乱，有的基层干部违法乱纪；二是个别基层政权组织软弱涣散，一些乡村基层干部官僚主义、形式主义严重；三是一些地方征地中存在政策不透明、补偿标准偏低、补偿费用没有如期兑付或没有全部兑付到户，损害了被征地农民的利益；四是由于历史原因，一些地方的山林、土地权属不清，争执激烈；五是少数民族居住地区的民族宗教矛盾；六是一些地方环境污染严重影响群众的身体健康和生产生活；七是基层选举中出现拉票贿选、罢选等现象。

（二）群体性

过去矛盾双方主体表现为人与人、户与户之间的矛盾，即使是涉及组织的矛盾，也往往表现为某个人与某领导之间的矛盾，主体比较单一。现在矛盾主体多以群体为特征，涉及群众广泛，利益主体分散，思想观念多元，往往表现为整个企业职工、某个地区或者某个团体人群的要求。近两年，人民群众到各级党政机关集体上访成倍增加，上访群众少则几十人，多则几百人、上千人。有的地方还出现企业与企业、单位与单位、地区与地区的矛盾，矛盾双方都是群体组织。

由于一些地方存在官僚主义、麻木不仁及"官官相护"等现象严重，对群众来信来访，采取充耳不闻和应付了事的态度。对老百姓第一次来访、一两个人的来访不认真受理和解决，老百姓只好多次、多人上访。甚至在个别官员眼里，"上访"就等于"闹事"，总是变着法儿进行压制、打击，使本来很容易解决的问题复杂化甚至将矛盾激化。当然，也有些问题是政策限制而不可能解决的，但又不向群众作具体解释，有的甚至冷冰冰地以"改革的代价"回应。

一些群众为了达到自己的目的，唯恐人少力量弱，形不成声势和压力，解决不了问题，于是多方串联，想方设法地聚集上访人员。有的不仅自己参与，还把与问题无关的亲朋好友也拉来上访。而且有人认为，现在的事只有闹出动静来，才能引起政府和有关部门的重视，"大闹大解决，小闹小解决，越往上闹越能解决"，只要把领导缠紧些、时间闹长些、声势搞大些，就能达到目的。因此，现在的群众利益问题，动不动就形成群体性问题。

（三）复杂性

当前，我国正处于经济转轨和社会转型的关键时期，经济方式日趋多元，社会结构深刻变化，利益矛盾相互交织，公众观念取向多样，矛盾纠纷层出不穷，群众工作难做，维护稳定难度加大。其复杂性包括以下四点：

1. 群众主体成分的复杂性

从工人来说情况也有很多差别，私营企业、"三资"企业和国有企业的工人不同，成长型企业与困难企业的工人也不同，管理者与普通工人、固定工与合同工差别就更大，同时还有下岗工人等，可谓千差万别。从农民来说，过去单一的种田种地，如今也渗透到商业、服务业、工业生产等领域。群众主体的变化，也带来群众利益需求的多元化，不同的利益主体就有不同的利益需求，因而利益关系也复杂化。

2. 群众问题的复杂性

随着改革开放的不断深入，群众利益矛盾的复杂性日趋增强。不同地区、不同行业、不同阶层的个体或群体之间的利益冲突加剧,国家、集体和个人三者之间的利益关系难以平衡。另外,企业改制减员、下岗失业人员增加、拖欠职工工资、社会保障制度不健全、城市和基础设施建设征地和拆迁等,都会涉及不少人的切身利益,必将成为各种矛盾的诱因,导致矛盾呈现多样性、复杂性。

3. 思想观念的复杂性

面对改革开放出现的新情况新问题,群众的思想观念也发生了很大的变化,出现了多元化趋向。在形形色色的观念冲击下,部分群众产生了思想困惑和疑虑,理想信念淡薄,政治观念淡漠,有的甚至唯利是图,不择手段地拼命捞钱。一些人产生信仰危机,精神空虚,甚至相信"法轮功"等邪教歪理。

4. 社会影响的敏感性

当今信息时代,通信便利、媒体发达、消息传播快,即使是行业性、地区性、局部性的矛盾事件,也会在瞬间传播开去,产生"放大效应"和"连锁反应",有些事件主流媒体还没有报道,短信、微博等就已经在人群中迅速传播。

二、做好群众工作有天然的优势

(一)有党的崇高威信

人民群众不仅认同毛主席领导中国共产党推翻三座大山,建立新中国,而且认同改革开放取得伟大成就,对改革发展充满信心,对中国共产党是高度信赖和拥护的。2010年4月18日,台湾一学者在网上发表文章:《中国共产党的基石为什么如此稳固》。文章说,中国大陆官场腐败难禁,贫富严重不均等,但老百姓为什么不反共产党,还是继续拥护共产党,共产党的基石为什么如此稳固?因为历史证明,共产党始终是真正以民为本,而且能够不断改正自身的错误,不断改进政策,为人民做了大量的实事好事,很多民主国家也比不上。

(二)有良好的物质基础

我国经济快速发展,综合国力大大增强,为解决民生问题提供了较好的物质基础。实践证明，经济越发展，群众基础就越扎实，群众工作也就越好做。经济没有搞上去，一切都是空的。我们现在已经解决温饱问题，目前正向小康社会迈进。

（三）党的方针政策深得人心

党的十一届三中全会以来，党的路线正确，政策对头，始终把发展作为第一要务，全面建设小康社会，让人民得到了实惠，物质生活不断提高，深得人心，符合人民群众的根本利益，这就从根本上密切了党和人民群众的联系。

（四）有做群众工作的优良传统和实践经验

我们有几十年群众工作的经验，公安民警整天与群众打交道，没有哪一个部门能像我们这样与群众联系这么多，这是一个天然的优势。公安机关在人民群众中有比较高的威信，群众有困难特别是在危难时首先想到找警察。这些都是我们做好群众工作的优势，因此我们有信心把群众工作做好。

三、做好群众工作要打好三个基础

（一）感情基础

感情是做好一切工作、解决一切问题的基础。"心系群众鱼得水，背离群众树断根"。群众在我们心里的分量有多重，我们在群众心中的分量就有多重；我们对群众的感情有多深，群众对我们的感情就有多深。

共产党员孔繁森同志说过："一个人爱的最高境界是爱别人，一个共产党员爱的最高境界是爱人民。"郑培民同志更是把"做官先做人、万事民为先"作为行为准则。感情是密切关系的基础，感情决定态度，感情决定行动，感情关乎成败。对群众充满真情，不是恻隐之心，而是政治责任；不是策略安排，而是价值取向；不是权宜之计，而是根本要求。衡量一名警察对老百姓是否有真情，一个重要标尺就是看工作有没有责任心。"代表不代表，行为见分晓；先进不先进，实践来说明。"对群众真心实意，想群众所想，急群众所急，把责任心落实到具体岗位上，体现到每一个工作环节和细节中。经常保持与群众的血肉联系，把群众的欢乐当做自己的欢乐，把群众的疾苦当做自己的疾苦，一刻也不脱离群众。这是我们做好群众工作的感情基础。

(二) 信任基础

一个社会的运行必须以人与人的基本信任做润滑剂，不然，社会就无法正常有序地运转。警民相互信任是一种强大的精神力量，它有助于警民之间的和谐共享。人民群众的信任、拥护和支持，是公安工作的力量源泉和胜利之本，而服务好群众则是取得群众信任的前提。

事实表明，群众对公安工作越信任，一些矛盾和问题就越容易解决。信任不是靠权力更不是凭空产生的，是靠平时的工作、平时的形象、平时的执法为民，一点一滴取得的。一方面，要通过履行保人民平安的职责，增强公安机关的公信力。很难想象一个地方社会治安很差，老百姓没有多少安全感，还能很信任公安机关。我们必须抓好社会治安工作，创造和谐平安的社会环境。另一方面，我们要通过严格公正文明执法树立良好形象，赢得群众的信任。警察是代表国家执法，既要体现国家的威严，也要能准确地理解和适用法律，更要有爱民为民的深情，也就是我们说的"法理情"和谐统一。只有这样才能既维护法律的尊严，又能赢得广大群众的赞誉。

过去，我们做了不少得不偿失的事。警察天天在战斗、时时要流血，是和平年代牺牲奉献最多的职业，也是国家公务员中风险最大、最辛苦的一部分，但在人民群众中的形象并不很理想。这不是我们工作没做好，而是少数民警做了一些伤害群众感情的事，影响了群众对我们的看法和评价。做一件影响很大的坏事，可能做一百件好事都挽回不了其造成的恶劣影响，这就是得不偿失。因此，我们必须狠抓警风警纪，加强队伍建设，切实树好形象。同时，要通过向社会多做正面宣传，让群众更多地理解和支持我们。过去我们有许多好的东西没有宣传出去，在老百姓心里，公安机关好的形象似乎就是能破案子，其他方面宣传很少，给公众的印象很不全面。好的事情我们自己宣传得少，负面的事情却被媒体炒作，这种现象必须扭转。

(三) 心理基础

打牢为群众办实事的心理基础。群众工作是做人的工作，做人的工作首先要尊重人、理解人、关心人。解决群众的问题要靠耐心细致地说服教育。要善于与群众平等交流，在交流中把道理讲清、讲透、讲深、讲实，寓灌输于交流之中。在这样的交流中，可以听到群众的各种意见，对正确意见虚心接受，对不同意见认真考虑，对错误意见进行教育和引导；要努力使自己的感情与群众的感情融洽起来。感情是教育的"疏导管"，有助于群众接受意见。要创造良好的氛围，使有怨气、有情绪的群众心平气和地听取解释。使群众感到亲切、可信，从而起到鼓舞、激励作用。

四、群众工作方法要创新实用

群众工作的新特点、新变化和新任务、新要求，决定了在观念上、思路上、方法上都要与时俱进，不断创新。因循守旧，还用老的一套是不行的。工作方法实用，做群众工作才有效果。结合群众工作的实际，运用"六个一"工作方法：多一次走访、多敬一杯水、多讲一句话、多为群众办一件事、多交一个朋友、多解决一宗矛盾。

"多一次走访"就是要求民警经常深入群众家中走访，联络好与群众的感情。"多敬一杯水"就是群众到公安机关办事，民警要敬上一杯水，让群众有亲切感。"多讲一句话"就是多说一句理解群众、关心群众的话，同时多向群众了解社会治安情况，多宣传法律、法规。"多为群众办一件事"就是要结合公安业务工作，多为群众做好事、办实事，为群众解决实际困难。"多交一个朋友"就是利用到群众家中走访的机会，真心与群众交朋友，拉近民警与群众的距离。"多解决一宗矛盾"就是主动配合有关单位做好调处矛盾工作,争取将矛盾化解在基层、化解在萌芽状态,特别是对涉及公安信访工作的问题,主动地做好调处工作。

通过开展"六个一"工作,转变民警的工作作风、生活作风,树立为群众服务的理念;通过开展"六个一"工作,在警队中倡导尊重人、理解人、办实事的风气;通过平时开展"六个一"工作,打牢群众基础,争取更多的人对公安工作的支持和理解。更重要的是,通过开展"六个一"工作,密切警民关系,为构建和谐社会打下良好的群众基础。

五、做好群众工作要实现"三个转变"

(一)工作理念,由"管理为主"向"服务为主"转变

在群众工作中,我们习惯于强化管理职能、习惯于以管理者的心态进行工作,过于注重检查、指导、审批等带有浓厚行政指令色彩的工作,使群众很多时间处于被动接受的地位。因此,我们必须转变工作理念,打造服务型的民警队伍,寓管理于服务之中。

(二)工作态度,由"居高临下"向"平等互动"转变

长期以来,我们不少民警习惯于以管人者自居,对待群众高高在上,工作中"我说了算",人为地疏远了与群众的距离,伤害了警群关系。因此,要真正做到立党为公、执政为民,必须首先从改变工作态度做起,由"居高临下"向"平等互动"转变。关键要先解决对人民群众的感情问题,而后才能解决与人民群众的互动问题。

(三)工作方式,由"粗放随意"向"严格规范"转变

要对基层民警的言行举止进行规范。严禁"乱说话、乱表态,乱发脾气、乱作承诺",做到语言文明,举止得体,办事干练,给群众留下平易近人、亲民爱民的印象,拉近与群众的距离。

六、如何提高民警对群众工作的能力和水平

（一）夯实业务知识，提高自身素质，做个知识型民警

当今社会是知识大爆炸时代，各种新知识、新观念、新技术、新思维日新月异，科学技术正以前所未有的速度广泛地运用并深刻影响着公安工作。做知识型民警，努力适应公安工作信息化、现代化发展要求，是摆在我们每个民警的首要任务。与新形势新任务相比，我们基层民警队伍存在执法能力、科学素质、管理方式等不完全适应问题。要树立学习至上和终身学习的理念，将学习工作化、工作学习化，学习促进工作，工作促进学习；学习成果能够转化为工作成果，工作成果能够转化为学习成果。社会越是走向知识化、信息化时代，学习和工作越是密不可分，在许多情况下，学习就意味着工作，工作就意味着学习。因此，我们应该学会在工作中学习和在学习中工作，不断总结归纳，不断提高进步。

我们重点要学习两个方面的知识：一是熟悉自身业务知识。作为一名服务于基层的民警，日常工作中涉及的业务知识点多且面广，因此我们要积极主动地学习各项有关公安工作的法律、法规，练就扎实的基本功，不断地提高自己的法律知识和执法水平。二是熟悉其他相关业务知识。为了保证我们在工作中能够更好地发挥作用，就必须在保证熟悉自身业务知识的同时熟悉其他相关的业务知识，以丰富的业务知识和灵活的工作方法更好地服务于辖区群众。

（二）积极用心工作，提高服务质量，做个服务型民警

首先，要积极转变角色，适应公安机关由管理型向服务型的过渡。"没事老在晃，有事看不见"，以前一些老百姓感觉与警察距离很远。我们要积极转变角色，要放下架子和面子，从传统的"管制型"转向便民利民的"管理服务型"。让警务工作由"被动警务"变为"主动警务"，由"全时警务"变为"实效警务"。由以前的高高在上转换到主动深入社区，变被动服务为主动服务、上门服务，以真心暖民心。

其次，群众工作看效果，服务讲质量。效果和质量是检验我们社区民警工作的最终标准，各项工作必须见成效，服务群众必须有较高的质量。如果我们每天到辖区只是转转、看看，不用心工作，没有标准，只是摆摆架子、做做样子，长此以往，既没有效果，也没有质量。就像一只无头苍蝇到处乱撞，到头来还是稀里糊涂。所以说，只工作没有效果不行，只讲服务不提高质量同样也不行。因此，我们必须杜绝"三难"：门难进、脸难看、事难办，任何时候都要做到"四个第一"：把人民群众的呼声作为第一信号，把人民群众的需要作为第一选择，把人民群众的利益作为第一考虑，把人民群众的满意作为第一标准。

（三）以办理案件为契机，提高执法质量，做个法制型民警

社区民警在日常工作中，涉及办理因民间纠纷引起的各类案件。这些案件虽然算不上大案、要案，但处理好也并非易事。社区民警要坚持以执法质量为生命线，带着对人民群众的深厚感情去执法，严格依法办事。主要体现为以下三点：

一是要体现执法公正。社区民警在调解、处理纠纷案件中，要不偏不倚，公平公正，耐心做好双方的劝解教育工作，以化解矛盾为主，以处罚为辅，让当事人心服口服。二是要预防执法问题。社区民警接触面广，执法对象复杂，要在加大内部监督检查力度的同时，实行警务公开，从社区聘请执法监督员，坚持群众民主评议民警活动，自觉将民警执法、服务工作置于辖区单位群众的监督之下，做到"阳光作业"，坚决预防和遏制"为钱办案，办案为钱"等问题发生。三是要规范执法行为。除了严格落实执法责任制和执法过错责任追究制外，社区民警办理每一起案件，要严格实行"一案一卷，多级把关"，狠抓每一个执法环节和执法程序。进一步规范执法行为，确保依法行政。通过狠抓执法质量建设和执法监督，将执法问题整改落在平时，把执法水平提高放在平时，既要做到实体公正，又要做到程序公正，确保依法办事、依法行政，严格执法、公正执法、文明执法。

(四)分清主次办事，雷厉风行工作，做个高效型民警

社区民警日常工作涉及方方面面、复杂烦琐，如何做到高效运转，必须抓好以下三点：

一是要做到分清主次、急事急办、缓事缓办，统筹兼顾，件件有结果、件件圆满完成。例如，在日常检查居住人口时，我们应该同时建立出租房屋和消防管理的台账，以及进行法律、法规的宣传，做到事半功倍。如果我们办事拖拉，分不清主次，那么就会造成件件无结果、层层不满意，很容易造成群众上访。二是要实行首问负责制度。凡最先接待群众的民警作为首问负责制责任人，必须认真负责接待、处理群众提出的问题，不属于自己职责范围的，必须热情引导到相关部门，确保群众不跑冤枉路、不做无用功。三是要培养开拓创新、雷厉风行、求真务实的作风。能做到的事立即去做，一时做不完的事要科学安排，分步完成，确保进度，绝不能拖拉。

第二章 学点交际心理 更好接触群众

第一节 揭开人际关系心理的面纱

一、什么是人际关系

人际关系是人与人交往关系的总称,也被称为"人际交往",包括亲属关系、朋友关系、学友(同学)关系、师生关系、雇佣关系、战友关系、同事及领导与被领导关系等。本书所说的人际关系,是指民警与具体群众个人的关系。一言以蔽之,人际关系是指人与人在相互交往过程中所形成的心理关系。

人际关系的形成是认知、情感和行为三种心理因素作用的结果。首先,认知成分是对他人的认知,这是决定是否与对方建立人际关系的前提;其次,情感成分是指交往双方相互之间在情绪上的好恶程度及对交往现状的满意程度;最后,行为成分主要包括人际关系活动和举止的气度、表情、手势以及言语等。在以上三个因素中,情感因素起着主导作用,制约着人际关系的亲密程度、深浅程度和稳定程度。

二、人际关系的重要性

(一)人际关系不好"寸步难行"

小林是一位女民警,其丈夫是出色的职业经理,家庭收入颇丰。事业家庭都很成功的她理应是春风得意、无忧无虑,然而她却向心理专家提出了她的苦恼:没有朋友。用她自己的话描述,就是朋友交一个,丢一个,和人打交道时,会不经意地压抑自己,聚会时冷场、尴尬的局面时有发生,因此怎么也找不到一个推心置腹的朋友。在她看来,没有朋友、缺乏人脉的生活,就像是被关在狭小的牢笼中,如同一潭死水。长期的忧虑影响到了她的自信,也逐渐干扰着她正常的工作。她一直不明白自己在人际关系哪个环节出了问题。

心理专家经过和她几次谈心后发现,小林的关键问题在于对自身言辞及对方的反应过度关注。她总是怀疑自身措辞不够完美,敏感地关注对方的反应,甚至为任何失误感到焦虑。当然,她也会这样严格地要求别人。时间长了就会让她的自信心大打折扣。找到了原因,经过一段时间的心理行为训练,小林终于逐渐克服原先苛刻的眼光,改变了谨慎的态度,能以放松的心情,愉快地和朋友们谈天说地了。

在现代社会中,人们追求高质量的生活,需要人与人之间的真诚、理解、和睦相处,人们追求事业上的成功,需要团结互助、平等友爱、共同前进的人际关系。就我们警察来说,良好的人际关系是工作和生活的润滑剂,特别有利于我们做好群众工作。

(二)人际关系对工作的意义

1. 良好的人际关系有利于身心健康

一个人如果有良好的人际关系,处在相互关心爱护、关系密切融洽的氛围中,一定心情舒畅,心境轻松乐观,有益于身心健康。人际关系不好,处在矛盾的旋涡中,必然干扰人的情绪,使人产生焦虑、不安和抑郁。良好的人际关系形成了一个和谐、信任、友爱、团结、理解、互相关心的客观环境。在这样的客观环境中,人感到精神舒畅,精神舒畅了,身体就会健康,只有身心健康了才能更好去工作和生活。

2. 良好的人际关系有利于事业成功

人际关系对人生事业的影响很大,是人们取得成功的重要条件之一。在良好的人际关系环境中,人与人之间交流思想感情能使我们从中汲取力量和勇气。使我们在工作中碰到挫折与困难时,得到别人及时的安慰和帮助，通过交流达到互相理解和支持，从而战胜工作中的困难；良好的人际关系能使人处在一种舒畅、欣慰、奔放的精神状态中，从而形成乐观、自信、积极的人生态度，并产生追求事业的动力。在追求事业的过程中，更容易得到别人的支持和帮助，使我们百折不挠地排除困难去取得事业的成功。

3. 良好的人际关系有利于做好群众工作

警察与群众的良好的人际关系，就是和谐的警民关系。和谐警民关系实际上就是建立在人民警察和人民群众之间深厚感情之上的一种特殊的社会关系。一方面，人民警察产生于人民群众，职权来源于人民，工作是为了人民，在感情上与人民群众有一种天然的联系，因此对人民忠诚、全心全意为人民服务是公安机关和人民警察的宗旨。另一方面，人民群众对待人民警察就像自己的亲人一样，不仅在感情上充满着关心和爱护，在行动上更是充满着理解和包容，对于人民警察的工作能够不遗余力地支持配合，对于人民警察做得不妥的地方能够及时善意地指出并进行帮助。

因此，我们不仅要建立警民安全信任、执法信任、互动信任，更要建立情感信任。真正在思想上、行动上重视维护人民群众的利益，在情感上与人民群众密不可分，形成相互默契、亲如一家的警民和谐关系。

三、人际交往的原则

（一）德字当头的原则

德乃立身之本，为人之道。常修为人之德既是做人的基础，又是从警的根本。作为一名警察，要修好"立党为公、执政为民、诚实守信、甘愿奉献"的职业道德，才能保证自己不以物惑、不以情移、不以权贵，成为有志于国家、有益于人民的警察，才能使自己与不同层次的群众进行正常、健康的交往。

（二）平等相待的原则

社会主义社会人与人之间的关系是平等的关系，人们之间只有社会分工和职责范围的差别,而没有高低贵贱之分。无论职业差别、职位高低、能力大小,还是经济状况不同,人人享有平等的政治、法律权利和人格的尊严,都应得到同等的对待。因此,人与人之间交往要平等相待,一视同仁,相互尊重,不卑不亢。我们人民警察要平等相待不同的群众,尊重别人的爱好、习惯、风俗。只有尊重别人,别人才会尊重自己;只有以朋友的身份平等进行交往,交往才能深入。

(三)相容忍让的原则

人与人之间要心理相容,容人者,人容之;不能容人者,人际关系的路会越走越窄。互相尊重,虚怀若谷,宽宏大度才能建立起良好的人际关系。要主动与人交往,广交朋友,交好朋友,不但交与自己相似的人、还要交与自己性格相反的人,求同存异、互学互补,更好地完善自己。与群众打交道,应设身处地去为其着想,应学会理解他人的痛苦,要与人为善,宽容大度,真心待人,热情有度。即使被对方误解与责难,也要对对方宽厚与容忍,这样才会取得对方的理解。

(四)互助互惠的原则

在生活中,每个人都难免有困难,需要他人帮助;在工作中,也需要在各自的职位上互相配合、互相支持、通力合作。互相帮助是中华民族的传统美德,一人有难,众人相帮;一方有难,八方支援。相互帮助就是要乐于帮助别人,别人有困难需要帮助时一定要热情帮助。一个不愿意帮助别人的人,很难要求别人自愿帮助他。互相帮助不是互相利用,而是互助互惠有正义感。当我们周围的群众需要帮助时,要毫不犹豫伸出援助之手,献出一份爱心,那么群众也会不遗余力地支持公安工作。

(五)言必有信的原则

言必有信,一诺千金。对自己讲的话承担责任和义务;答应他人的事,一定要做到;同他人约定见面,一定要准时赴约;参加各种活动,一定要准时赶到。特别要注意,许诺是非常慎重的行为,对不应办或办不到的事情，不能轻易许诺，一旦许诺，就要努力兑现。如果我们失信于人，就等于贬低了自己。如果我们在履行诺言过程中情况有变，以致无法兑现自己的诺言，就要向对方如实说明情况并表示歉意。总之，在与他人交往中，要诚实，避免说假话、大话、空话，坚持信守诺言。

（六）切忌背后非议他人的原则

在人与人接触交往中，不负责的议论，不仅失去交往的目的，而且会伤害人与人之间融洽的感情。特别是在大庭广众之下，尽可能避免谈论他人的短处，避免披露他人的隐私、秘密。有时言者无意，听者有心，传扬出去，会挫伤他人的自尊心，同时弄僵与他人的关系。

四、学点人际关系心理学知识

在有些人的眼里，心理学是一门很神秘的学科，认为学过心理学的人会看出别人正在想什么，会洞悉别人的情感，或者以为心理学家与相面、算命的人差不多。这是对心理学的误解。那么，什么是心理学呢？心理学一词源于古希腊语，意即"灵魂之科学"。在汉语中，我们习惯于把思想和感情称为"心"，把条理和规则称为"理"。心理就是心思、感情的总称，而心理学则是关于心思、感情等规律的学问。也就是说，心理学是研究人的心理活动及其发生、发展规律的科学。

心理学是一门既古老又年轻的学科。说它古老，是指人类探索自己的心理现象，已有两千多年的历史。说它年轻，是指心理学最初包含在哲学中，并不是一门独立的学科，直到19世纪70年代末，心理学才从哲学中分离出来，成为一门独立的专门研究人的心理现象的科学。心理学尽管年轻，但有着巨大的生命力。当前，心理学已越来越广泛地应用于人们生活实践的各个领域。

良好的心理素质，是人们进行广泛社交活动的必要条件，也是语言技巧、交际能力得以充分发挥的前提。相反地，心理状态不佳，会形成某些隔膜和屏障，在一定程度上阻碍了人们交朋结友和适应社会。因此，我们在工作生活中应该注重自身心理修养。民警更要学习心理学方面的常识，提高自身心理素质，这有利于做好群众工作。

第二节 人的气质与性格类型

一、你了解气质类型吗

（一）什么是气质

在日常生活和工作中，我们常常会发现人和人之间有许多不同之处：有的人容易激动，做事雷厉风行；有的人机智灵活；有的人天生慢性子；有的人非常顽强，屡经挫折也不动摇；而有的人非常脆弱，经不起一点风浪，如此等等。这种性格的差异就是"气质"。

人的气质带有先天遗传的性质，它能影响人的行为方式、能力的形成和发展。各种气质都有自己的优缺点。只有充分了解自己的气质类型，才能充分发挥优点，克服缺点，实现自己心理素质的提高。

（二）气质分四种类型

人的体内有四种液体，即黏粘液、黄胆汁、墨胆汁和血液。其中粘液生于脑，黄胆汁生于肝，墨胆汁生于胃，血液生于心脏。

黄胆汁占优势的人是热和干的配合，热而燥像夏天一样，这就是胆汁质气质类型。

如果在液体的混合比例中血液占优势的人，是湿和热的配合，其特点是湿而润，好像春天一样，这就是多血质气质类型。

粘液占优势的人是冷和湿的配合，其特点是凉而爽，像秋天一样，这就是粘液质气质类型。

墨胆汁占优势的人是冷和干的配合，像冬天一样冷而冰，这就是抑郁质气质类型。

一般来说，各种气质类型都有其优点和缺点。

气质决定性格，性格又影响气质。气质与性格影响人际关系，因此若要了解人际关系知识，必须先了解气质与性格。

（三）不同气质类型的特点

在现实中，完全属于某一典型气质类型的人较少，多数人以某一典型气质类型为主，兼有其他质类型。

1. 胆汁质（战斗型）

胆汁质类型的特征：感受性低，耐受性、敏捷性、可塑性均较强；不随意的反应度高，而且占优势；反应速度快但不灵活；情绪兴奋性高，抑制能力差；外倾性明显。在日常生活中，胆汁质的人精力旺盛、不易疲倦，但易冲动、自制力差、性情急躁、办事粗心等。

胆汁质的男人多表现为敏捷、热情、坚毅，情绪反应强烈而难以自制；胆汁质的女人更多地表现为热情肯干、积极主动、思维敏捷、精力充沛，但易感情用事，不善于思考能否克服前进道路上的重重困难和障碍。

这类人的心理特点：坦率热情；精力旺盛，容易冲动；脾气暴躁；思维敏捷；准确性差；情感外露，但持续时间不长。

典型的外在表现：胆汁质又称为不可遏制型或战斗型。具有强烈的兴奋过程和比较弱的抑郁过程，情绪易激动，反应迅速，行动敏捷，暴躁而有力；在语言上、表情上、姿态上都有一种强烈而迅速的情感表现；在克服困难上有不可遏制和坚韧不拔的劲头。其不足是，虽有冲劲而不善于考虑是否能做到；性急，易爆发而不能自制；工作带有明显的周期性，能埋头克服通向目标的重重困难和障碍，但是当精力耗尽时，易失去信心。胆汁质类型特别突出的人因脾气暴躁而自制力差，一般不适合做公安民警。

2. 多血质（活泼型）

多血质类型的特征：有朝气、热情、活泼、爱交际、有同情心、思想灵活；也容易变化无常、粗枝大叶、浮躁、缺乏一贯性等。这种人活泼、好动、敏感，反应迅速，喜欢与人交往，注意力容易转移，兴趣和情感易变换等。

这类人的心理特点：活泼好动，善于交际，思维敏捷，容易接受新鲜事物，情绪情感容易产生，也容易变化和消失，而且容易外露，体验不深刻。

典型的外在表现：多血质又称为活泼型，敏捷好动，善于交际，在新的环境里适应性强，不感到拘束。事业心较强，工作富有精力而效率高，而且有机敏的应对能力。在集体中比较活跃，朝气蓬勃。能迅速地把握新事物，并表现出很大的积极性，兴趣广泛。其不足是，情感易变，如果工作事业上不顺利，热情容易消退。

多血质类型的人灵活、善于交际，思维敏捷、反应快的特点突出，比较适合做公安民警。

3. 粘液质（安静型）

黏液质类型的特征：性情沉静，情感发生缓慢而微弱，不外露、动作迟缓、善抑制、沉默少言。在情绪方面表现为沉着、平静、迟缓、心境平稳、不易激动，很少发脾气、情感很少外露。

这类人的心理特点：稳重，考虑问题比较全面；安静，沉默，善于克制与忍耐，情绪不易外露；注意力稳定而不容易转移，外部动作少而缓慢。

典型的外在表现：这类人不爱说话、面部表情单一，胸怀宽广，不计小事，能委曲求全，自制力强；活动中表现为有条有理、深思熟虑、坚韧不拔。行动缓慢而沉着，交际适度，不爱空泛地清谈，情感上不易激动，不易发脾气，也不易流露情感，能自制，也不爱故意显露自己的才能。在生活中是一个坚持而稳健的辛勤工作者。其不足是，有些事情不够灵活，不善于转移自己的注意力。也会因循守旧，表现出固执有余，而灵活性不足。

粘液质类型的人因沉着、冷静、不易激动的特点突出，比较适合做公安民警。

4. 抑郁质（抑制型）

抑郁质类型的特征：性情脆弱、情感发生缓慢而持久；动作迟钝、柔弱易倦。

具有这种类型特征的人在情绪方面表现为情感不易老化，比较平静，不易动情。情感脆弱、易神经过敏，容易变得孤僻。

这类人的心理特点：对问题感受和体验深刻，情绪不容易表露，反应迟缓但是深刻，胆小不喜欢抛头露面。易形成伤感、沮丧、犹豫、深沉、悲观等不良心理特征。

典型的外在表现：言语动作细小无力，有较强的感受能力，易动感情，能观察到别人不容易察觉到的细节，对外部环境变化敏感，内心体验深刻。其不足是，外表行为非常迟缓、忸怩、怯弱、怀疑、孤僻、优柔寡断，容易恐惧。

抑郁质类型突出的人因情感脆弱、易神经过敏、犹豫、孤僻的特点，不适合做公安民警。

二、性格与气质的关系

（一）性格与气质的关系

气质主要受遗传因素影响，人刚出生就表现出了一定的气质差异，所以它比较难以改变，即使改变，这个改变过程也是比较缓慢的。而性格是后天形成的，生活实践起决定性作用，虽然性格也是比较稳定的，但是，比气质的变化要容易一些。

气质是先天的，没有好坏之分，只有当气质的表现涉及人的社会关系时，才能评价这种品质是否有价值。如热情这个品质，表现在对同事热情，这是一个好的品质，是有价值的；而对不法分子热情，对其犯罪事实不愿揭露，就是不良的品质了，这种热情没有任何价值。人的性格是后天形成的，它是在个体和社会环境之间相互作用中形成的，受社会关系制约，从某种程度而言，性格是有好坏之分的。

（二）气质对性格的影响

首先，气质给性格特征全部"打上烙印，涂上色彩"。例如，同样是热爱工作的人，热爱工作这一性格特征相同，但不同气质类型的人在工作中的表现则大不一样。胆汁质的人干起活来精力旺盛，热情很高，汗流浃背；多血质的人则总想找点窍门，提高效率，巧用力；粘液质的人则踏实苦干，操作精细；抑郁质的人则累得汗流浃背，还是追不上别人。

又如，同样是吹牛，胆汁质的人可能直接说大话，甚至口出狂言，让人一听就知道他吹牛。而多血质的人很可能把别人表扬一通，最后露出略比别人高明一点，牛吹得很婉转。粘液质的人一般不会声言抬高自己，只是从心理上自傲，表现出对人的蔑视。

另外，气质对性格的影响还表现在，气质可以影响性格形成和发展的速度及动态。比如，胆汁质的人比粘液质、抑郁质的人更容易作出草率决定，而粘液质的人则比多血质的人办事更稳重。胆汁质、多血质的人易于形成外向性格，粘液质、抑郁质易于形成内向性格。

（三）性格对气质的影响

性格在一定条件下可以改变某些气质特征，或者可以掩盖某些气质特征。例如，从反应快和操作速度上来说，胆汁质和多血质的人适于当外科医生，但胆汁质的人易轻率，多血质的人缺乏耐心。如果他们真的当了外科医生，在医疗过程中，他们必然时时处处要小心谨慎。这种"时时处处要小心谨慎"的性格，慢慢会改变上述两种气质"易轻率、缺耐心"的特征。

具有相同气质类型的人又可形成不同的性格特征。如同样是多血质的民警，有的民警具有自制力强的性格特征，有的多血质的民警则具有自制力弱这个特征。

而不同的气质类型也可以形成相同的性格。如四种气质类型的民警都可以形成自制力强这个性格特征，也都可以形成自制力弱这个特征。不同的气质有利于形成某种性格特征，从而影响性格形成的难易和速度。如要形成自制力的品质，胆汁质的人就需要花较大的努力；抑郁质的人则比较容易形成这种性格特征；胆汁质和多血质的人比抑郁质更容易形成勇敢和果断的性格特征；粘液质的人比胆汁质和多血质类型的人较容易形成冷静忍耐等方面的性格特征。

第三节 按气质性格类型巧妙配置工作搭挡

无论是公安机关基层领导班子，还是各种警务小组，最好都按各人的气质、性格巧妙配置工作搭挡，这样比较容易相融协调，有利于搞好工作。否则，会互相冲突，不利于工作。

一、基层领导班子气质性格不合理的配置

（一）基层领导班子成员属于相同的气质类型，会造成两人的长处和短处不能互补，工作不能协调

例如，有一个派出所的两位主要领导，基本都属于多血质的气质，这种气质使他们习惯于驾驭全局，而不愿受别人的过多干涉。所长定的一些事，教导员便认为缺乏商量，眼里没人；所长则认为教导员干涉太多，而无法履行自己的职责。两人劲使不到一块，虽然他们精明强干，但是才能却在矛盾中相互抵消，缺点也得不到对方的弥补。他们的不协调，也影响了班子其他成员的工作。

再如，一个治安大队的两位主要领导，基本都属于粘液质的气质类型，又兼有抑郁质的气质特点。他俩都具有内倾性，善于忍耐，情绪不易外露，可谓稳定性有余但灵活性不足。对治安大队的主要工作，两位主要领导都等着对方来找自己，不能主动统一思想。两人心里有意见，又不敢及时交换。工作上出现问题，背后互相埋怨，导致工作不协调。

（二）领导班子成员的气质类型与分管的工作性质不吻合，使其不能得心应手地开展工作，影响班子整体效能的发挥

例如，一个派出所抓治安业务工作的副所长，他的气质类型属

于抑郁质的，沉默寡言，不善言辞，也胆小怕事。而派出所治安业务工作复杂多变，分工负责的领导需要具有大胆泼辣、处事果断的气质特点，否则就难以开展工作。这个派出所的另一名副所长，气质特点与工作性质也不相吻合。其分管社区警务工作，天天和群众打交道，自己却是脾气暴躁的胆汁质气质类型，因此常和群众争吵。

派出所所长作为主要负责人，本应协调和解决这些问题，但他恰恰又是粘液质的气质特征，经常扮演和事老，许多问题都不能协调解决。

（三）班子成员孤僻、冷漠的性格，是与普通民警交流的最大障碍

基层领导是孤僻、冷淡待人的性格，不会和普通民警有感情上的交流，这样就会给正常工作带来困难。基层领导性格孤僻、待人冷淡，和民警见面也不打招呼，年节也不给予问候，平时基本不和民警谈心。谈的只是工作，对民警的思想、工作情绪、家庭生活一概不问。民警有心里话，看到领导那张严肃的面孔，也只好咽回肚子。虽然这样的基层领导在工作上兢兢业业、不谋私利，但心理上还是和民警隔了一道深深的沟。民警对他有意见，而他却常常感到冤枉、委屈，认为自己就是这种性格，不爱说那些客套话。这种性格使他无法有效地领导民警同心协力地做好工作。

（四）班子成员"以我为中心"的傲慢性格，会造成班子能量内耗

有一个县公安局的局长和政委，能力都比较强，但他俩都属于力量型性格的人，固执己见，认为自己比任何人都强，做事我行我素。因此各自都想推行自己的一套治局之方，但谁也说服不了谁。其他副职都不吭声，怕说错话得罪哪方都不好，或者分成两派，各站局长和政委一边，无形中造成班子能量内耗。下面各派出所、大队班子也如此，如果派出所（大队）长和教导员都属于力量型性格的人，也容易造成班子能量内耗。一个单位的主要负责人，他在

领导班子中应该是"主导型"的,但不应该是"以我为中心"的。

(五)班子成员都是谨小慎微或老好人性格,会造成班子能量不能发挥

如果局长和政委,派出所(大队)长和教导员都是谨小慎微、墨守成规的人,其班子就会是缺乏开拓精神的保守型班子;如果都是和平型性格的人搭配在一起,彼此都是老好人、说话少,易听别人话,虽然不喜欢与人起冲突,但班子就会是懒散型的,缺乏积极进取的精神,这样的领导班子的能量肯定发挥不出来。

二、如何按气质性格配置合理的基层领导班子

(一)工作搭挡彼此气质要"互补"

公安机关基层领导班子,或是各种警务小组,工作搭挡彼此间不能都是相同气质类型的,而应该是不同类型的。不同气质类型的才能互补,只有互补才能协调。张三的长处正是李四的短处,李四的短处正是王五的长处。在一个整体内,各自的不足都能得到别人的补充,其长处也就能有效地得到发挥,整体效能就会大于个体效能之和。

例如,多血质的人往往在工作受挫后,热情锐减,粘液质人的耐性可以弥补,使他坚强起来,继续前进;胆汁质的人急躁和爱发脾气,粘液质人的沉着可以弥补,使他冷静下来。另外,粘液质的人缺乏朝气蓬勃、泼辣果断的作风,又可以从多血质和胆汁质的人身上得到补充。实践证明,警务工作搭挡的气质互补尤其重要,他们最好是一个内倾型、一个外倾型,一个泼泼辣辣、一个深沉稳定。对做好群众工作乃至整个警务工作,尤其重要。

(二)气质类型的人要与其工作性质相吻合

公安局长、派出所(大队)长等行政主要负责人,应以多血质类型的人为好。这类人善于面对复杂多变的警务工作,反应迅速,思维活跃,工作效能高,有驾驭全局的魄力和气度,这种气质特点适合抓全面警务工作。

公安局政委、派出所（大队）教导员等政工主要负责人，应以粘液质类型的人为好。因为这类人性情沉静、心境平稳、不易激动，少发脾气，好恶情感也少外露，交际适度、不尚空谈。特别是他们善于协调关系做思想工作，能使大家团结一致，努力工作。

分管一线警务工作的副职，最好是胆汁质类型的人。因为这类人精力旺盛，不辞辛苦，能以极大的热情投入工作，特别善于去执行既定的方针和任务，能成为指挥一线警务的一把好手。

直接做社区警务工作的民警，最好是多血质或粘液质类型的人。多血质类型的人反应迅速，思维活跃，善于表达，精于沟通；粘液质类型的人心境平稳、不易激动，做事扎实。这两类人能容易接触群众，成为群众的知心人，极为有利于去做好群众工作。

（三）工作搭档应当"内向与外向性格兼备"、"柔性与刚性相济"

工作搭档的性格兼备，能使每个人的长处得到发挥，短处能得到补充。性格合理的组合，使工作搭档刚柔相济，就能应付各种复杂困难的局面。金属锰的性质硬而脆，但把它掺入其他钢中，就能成为一种具有韧性和耐磨性较高、用途很广的锰钢。它们各自补充了对方的优点，又弥补了各自的不足，产生了一种新的力量。

一个公安局或派出所（大队）的领导班子，其成员的性格不能是一致的，不一致才能协调。就是说不能都是内向性格或都是外向的性格，也不能都是"刚健"或都是"柔和"的性格，而应该是各种性格兼备，才能形成性格结构的最佳整体。

一个班子中应该有一个性格内向、经验丰富、遇事冷静、成熟老练的人物，他们善于处理人事关系，协调矛盾，涵养性很高，能以沉着的态度创造良好的工作气氛，他们有原则性和辨别是非的能力，这应该是政委、教导员应具备的性格特点。行政主要负责人应该是性格外向、思想活跃、勇于改革、决策能力强、有战略思想，是开拓型的创新人才。

从事一线警务工作的民警，需要性格外向，能冲锋陷阵，敢管敢干，不怕吃苦。他们性格豪爽，办事迅速果断，善于把决策付之于行动。但也需要有性格内向的人搭档，这类人性格沉着、心境平稳、不易激动，在关键时候能冷静，制约搭档的冲动，避免了不良后果。

（四）科学搭配领导班子

以往我们在配备领导班子时，只是考虑干部的个人政治及能力条件，而忽视不同气质不同性格者的科学搭配。这种思维方式偏重对个人政治、能力的考察和选定，好像把每一个人选好，班子结构自然会合理，其实往往事与愿违。若干个优秀的个体组合在一起，不一定是优秀的整体，这已被许多事实所证明。

现代科学配备领导班子的思维方式应该是，单位现状→班子配备→个人条件这样一个公式。就是说配备班子时，首先考虑这个单位是个什么现状，存在什么问题；领导班子除了个人政治、能力之外，还需要具备什么类型的气质和性格特征的人组成，班子的结构才合理，才能适应这个单位的领导工作，解决这个单位的问题。这样根据现实提出一个配备干部的原则，并按这个原则和条件去物色干部。这样的配备就不是盲目的组合，而是根据客观要求，有意识、有针对性的、比较科学的组合方法。

三、普通民警工作搭档气质性格配置

基层警务工作人员搭配大都是以老带新的模式，一般是两三人一组，老民警和新民警搭配。当然，既要考虑以老带新，但又要注意不同气质性格的民警搭配，才是最优化组合。

多血质可以与其他任何气质类型搭配。最折中适用、万能通行的气质是多血质。多血质的人即使面对一个牢骚不断、惹人讨厌的人，他却反倒无所谓，反倒能用自己的情绪去感染别人。总之，多血质的人能与不同气质的民警组成搭档，互相弥补，取长补短。

胆汁质与黏液质搭配。假如两个民警都是胆汁质型的，都易冲动、易发脾气，执法活动将会很被动；如果与一个粘液质的民警在一起，其比较沉稳，执法工作就很容易展开了。胆汁质者有良好的自我教育能力，他们意志坚强。相对来说，黏液质者成熟稳健；多血质者尽管举止轻率，但有良好的环境适应能力，抑郁质者尽管缺乏自信，但其内心世界敏感，能够注意细节问题。

工作搭档都属于多血质的气质，这种气质使他们习惯于驾驭全局，而不愿受别人的过多干涉。两人劲使不到一块，虽然他们精明强干，但才能却在矛盾中相互抵消，缺点也得不到对方的弥补，影响了工作。

工作搭档都属于粘液质气质类型，他们都具有内倾性，情绪不易外露，善于忍耐。可灵活性不足，不能主动统一思想，都等着对方来找自己。他们心里有意见，又不能及时交换，工作出现问题，彼此互相埋怨，工作不协调。

四、民警要加强自身修养，培养自己的良好气质和性格特征

更主动、更积极的办法是对民警包括基层领导加强心理教育，提高自身的修养，认识到公安事业需要我们具有良好的气质和性格特征，要有意识地去调整和改变自己的气质、性格和行为方式。

人的气质和性格比较难改，但不是不可以改变。经过良好的自我修养，胆汁质的人可以发展成积极热情、生气勃勃的人；多血质的人可以发展成活泼亲切的人；粘液质的人可以发展为沉着冷静的人；抑郁质的人可以发展成为感情深沉而稳定的人。人的性格更是如此，通过良好的教育和自我修养，可以使人产生良好的性格特征。进行自我修养的方法很多，如自我分析、自我控制、自我努力、自我鼓励、自我誓约、自我命令、自我禁止、自我监督，等等，当然这需要有坚强的毅力和持之以恒的态度。

第四节　走出人际关系认知的误区

懂得建立良好的人际关系，是做好群众工作的基本前提。然

而，我们对于人际关系存在种种错误认知，只有走出对人际关系的错误认知，才能建立良好的人际关系，去做好群众工作。

一、走出对他人认知的心理误区

（一）首因效应的误区

首因效应就是指第一次对陌生人交往时，而对此人形成的第一印象，并左右自己对此人今后的印象。在人际关系交往中，第一印象不管正确与否，总是最鲜明、最牢固、最深刻，而且常会成为一种基本印象而影响对他人各方面的评价。俗话说，先入为主，讲的就是这个道理。第一印象往往左右着对对方的评价，也影响着以后的交往。一个民警如果对某一个人的第一印象好，就会愿意与他交往下去，建立友谊。相反地，如果对某一个人一开始就产生反感，那么就不乐意与其交往下去，即使因为工作关系不得不与其接触，也会表现得态度冷淡。首因效应会使我们对认知他人造成偏差。所以要审慎对待对他人的第一印象，不以第一印象作为取舍判断的标准。第一印象得之于较短时间的接触，又没有以往的经验作为参照，主观性、片面性较强。所以，既不能因第一印象不好而全盘否定，又要防止被表面现象迷惑。要透过现象看本质，在长期的相处中全面、正确地认识和了解他人。

（二）晕轮效应的误区

对人的看法，人们常有一种以点概面、以偏概全的认识倾向，犹如大风前的月晕逐步扩散，形成一个更大的光环，这种现象称为晕轮效应，也叫做光环效应。如果认识到一个人具有某种突出的优点，就认为其其他方面也都好，这个人就被一种积极肯定的光环笼罩，并被赋予更多好的品质；相反地，如果认识到一个人具有某种突出的缺点，这个人就被一种消极否定的光环笼罩，认为他的其他方面都不好。这种对人的看法，即我们常说的一俊遮百丑或一丑遮百俊，在日常生活中时有发生。晕轮效应不但常表现在以言取人上，而且还常表现在以貌取人，以服装定地位，以一件事来定人的才能等方面。比如,当看到一个民警警容整齐、姿态端正,就认为他做事心细,有条有理,意志坚强,工作负责;当看到一个民警外形邋邋遢遢,就觉得其办事拖沓、责任心差,看不到他身上的优点。在对不太熟悉的人进行评价时,这种效应体现得尤其明显。

(三) 刻板效应的误区

刻板效应是指对某人或某一类人产生的一种比较固定的、类化的看法。比如,人们一般认为警察豪爽、军人雷厉风行、教师文质彬彬、农民质朴、商人大多精明,这些看法都是类化的看法,都是人脑中形成的刻板、固定的印象。由于刻板效应的作用,人们在认知某人时,会先将他的一些特别的特征归属为某类成员,再把属于这类成员所具有的典型特征归属到他的身上,以此为根据去认知他。例如,这个人是教师,那他肯定是文质彬彬的;这个人是警察,那他肯定是豪爽的。其实,教师也不一定文质彬彬;警察也有不豪爽的。刻板效应既有积极作用,也有消极作用。由于刻板印象建立在对某类成员个性品质抽象认识的基础上,反映了这类成员的共性,有一定的合理性和可信度,但它也容易让人产生认识上的错误。人们一旦形成不正确的刻板印象,用这种定型去衡量一切,就会造成认知上的偏差,如同戴上有色眼镜去看人。

(四) 投射效应的误区

投射效应是指以己度人的效应,就是常说的"以己之心度他人之腹"。投射效应对他人的感情、意向往往作出错误的评价。比如,一个心地善良的人会以为别人都是善良的;一个经常算计别人的人会觉得别人也在算计他等。投射效应的表现形式是多种多样的,感情投射就是其中的一种。感情投射就是认为别人的好恶也与自己相同。如自己喜欢某一事物,认为别人也喜欢,跟别人谈论时总是离不开这件事,也不管别人是不是感兴趣,能不能听进去。投射效应的另一种表现,是对自己喜欢的人或事物越看越喜欢、越看优点越多;对自己不喜欢的人或事越看越讨厌、越看缺点越多。因而表现出过分地赞扬和吹捧自己所喜爱的人或事,过分地指责甚至中伤自己所厌恶的人和事。克服投射效应这种心理倾向的关键是认清别人与自己的差异,以避免以己之心度他人之腹。

(五) 定式效应的误区

定式效应是指人们在认知活动中用"老眼光"来看当前事物的一种心理倾向。定式效应在人际交往中的消极影响显而易见,使人在认知过程中产生有害的偏见、成见,甚至错觉,从而给人际交往带来负面的影响。在人际交往中,定式效应常使自己对他人的认知固定化。比如,与老年人交往,我们往往会认为他们思想僵化、墨守成规、过时落伍;与年轻人交往,又会认为他们"嘴上无毛,办事不牢";与男性交往,往往会觉得他们粗手粗脚、大大咧咧;与女性交往,则会觉得她们柔柔弱弱、婆婆妈妈;与一向诚实的人交往,会觉得他始终不会说谎;对于曾经欺骗过你的人,会认为今后他什么都会骗人。知道了定式效应的负面影响,我们就应该注意克服,看待别人要"与时俱进",要用发展的眼光去看。

二、走出对自己认知的心理误区

(一) 在人际关系中要求自己十全十美

有人往往对自己提出苛刻的、非分的期望与要求,在人际关系中要求自己十全十美。与人交往的每一句话、每个细小的表情和动作,都十分在意,生怕有一丝一毫的差错,损了自己的形象,又搞糟了人际关系。一旦有一点点差错,心里总是自责、自怨,甚至自卑。自己常常反省、检讨自己,对自己在人际交往方面总是不满意。因此,面对人际交往,对自己任何小的失误或不完善,都能产生极大失望和恐慌。一遇人际交往挫折,就有彻底失败的感觉,进而觉得自身已不具有任何与人打交道的价值。任何个人在人际交往中不免要遇到这方面或那方面的挫折,很难尽如人意。任何人都不是绝顶聪明,也不是生来就是愚蠢,但只要你有一颗真诚的心,在人际交往中最终会得到真诚的友谊。

(二) 错误的心理定式

很多人都有这样的心理定式,即自己某一天因为一件事使情绪变坏,以后就主观地认为日后再遇到类似的事情绪肯定糟糕。挫折只要发生一次,就认为以后还会发生。在人际交往中,如果自己遇到别人的冷淡、拒绝,甚至是粗暴对待,就认为这个人今后肯定也是这样冷淡、拒绝,甚至是粗暴地对待自己。这是错误的心理定式,会使自己在人际交往中,一旦遇到挫折,就畏缩不前,不敢再继续交往。不能让这种错误的心理定式长期支配你的情绪,在人际交往中,即使是真的有人故意冷淡、拒绝,甚至是冒犯、刁难你,你要冷静思考原因。是自己的原因找出具体问题,改过就好了;如果是对方的原因,要耐心接近他,委婉地帮他指出问题所在,彼此关系就会好转。只要我们用发展的眼光去看、去努力,关系总会改变的。

(三) 一朝被蛇咬,十年怕井绳

你很可能在人际交往中有过痛苦的经历,深深地刺痛了你的心。此后每当想起这件事,就会越想心越凉,乃至今后不敢进行人际交往。某民警吴某与另外一名民警前往某村屯,去说服群众,解救一名被村民围攻的计生干部。该民警被群众殴打致伤,住了一段时间的医院。此后,只要领导派该民警去做群众工作,他都拒绝不去,并说,"就是辞退我也不去。"该民警的这次人际交往的痛苦经历,使他产生"一朝被蛇咬,十年怕井绳"的恐惧心理,失去了自己与群众交往的信心,以致不敢再进行与群众交往、封闭自己交往的心理与行为。没有了人际交往,最终使你本应丰富多彩、赏心悦目的生活,变得乏味单调、暗淡无光,工作也无法开展。其实,"一朝被蛇咬",并不意味着经常会被"蛇咬",人际交往,特别是做群众工作,有顺利也有挫折,关键是我们只要把握好方式方法,就能把群众工作做好。

(四) 自己看不起自己

这是一种妄自菲薄、毫无根据地否定自己的不良心态。这种心理使自己在与他人打交道的时候,总是产生一种"别人看不起自己"的假设。在交往时,对方一句话或一个表情、动作,如果不顺自己的心意,即断定对方就是看不起自己,却从不验证一下别人是否真的看不起自己。这种主观臆断的消极结论,使自己在交往上缩手缩脚,而且更容易产生对立情绪,诱发争端,最后因小失大。这种"自我击溃"的交往情绪,使本来并没有矛盾的人际关系,会人为地罩上一层阴影。要知道,在与他人打交道的时候,对方可能因为其他种种原因,心情不顺,说话或表情、动作可能有些异样,而不是针对我们,不要胡思乱想,更不能把自己的感觉当成事实。

(五)习惯于"应该"二字

你可能常用这样一种语言来激发自己:"我应该这样,我应该那样。"心理学家称这种心理现象为生活中的"应该倾向"。这种"应该"习惯了,不但使自己产生精神上的负担,而且在与他人打交道的时候,也习惯将这种"应该倾向"施用于他人。例如,"你应该这样,你应该那样"。这样就会被他人看成是喜欢指手画脚的人,被他人不喜欢,甚至疏远你。在人际交往中,大家的地位是平等的,特别是做群众工作,更要把握平等交往这个尺度,注意语言表达,否则对方会认为你是在给他发号施令,从而在心理或行为上拒绝你,这样你就达不到交往的目的了,自然就做不好工作。

(六)认为顺从别人,才有良好的人际关系

有的人认为,在人际交往中,只有顺从别人,别人才喜欢你,你才有良好的人际关系。如果不顺从别人,别人肯定不喜欢你,人际关系会好吗?这是缺乏内在自信的表现。没有人会真正喜欢并尊重一个时时事事只会说"是"的人,因为和这样的人相处久了,人家就会觉得你这个人没头脑,久之会让人感觉厌倦和成为负担。要知道,这个世界上没有一个人能被所有交往的人喜欢,因为我们周围的人各式各样,都有不同的价值观与行为准则,谁也不可能符合每一个人的要求。另外,再随和的人也不可能做到完全顺从别人，真正良好的人际关系是平等的伙伴关系，而不是不平等的主从关系。有些人因为做不到完全顺从别人，干脆走向另一个极端，即躲避与人交往，久而久之，在与人交往时就会感到焦虑和恐慌。在完全顺从和完全不顺从之间有许多其他状态，其中一个比较适中的状态是，小事随和，大事慎重考虑后再决定是否顺从。

（七）认为拒绝别人就是伤害别人

许多人认为，有求必应才会有良好的人际关系，拒绝别人会使人下不来台，从而给人造成伤害，因此拒绝别人会使人丢面子从而得罪人。在日常生活中，热情助人的人确实容易有良好的人际关系，人民警察是为人民服务的，更应该为群众做好事，但是对一些不合理的要求就不能相助。另外，超出我们能力的要求，也难以相助。有的人对别人的要求随口承诺，当你无能力兑现自己的诺言时，就给人家留下"不守信用"的印象。恰当的认知是，量力而行，向那些确实力不从心而又求助于你的人提供支持和帮助。换言之，与人交往要雪中送炭，不要锦上添花。如果我们拒绝别人时，只要注意方式方法，就不会给人造成伤害。有理由的拒绝不会伤害别人，只有不得体的拒绝才会伤害别人。

（八）认为称赞他人就是奉承和虚伪

人都需要社会或别人称赞。我们实事求是地称赞他人，不仅是向他人表达自己的欣赏与肯定，而且也是在传递一种友好的信息。人都喜欢那些悦纳自己的人，因此，称赞他人往往是人际交往的润滑剂。有的人认为称赞他人就是奉承和虚伪，因此与人交往时不会称赞他人；另外，自己对别人称赞也认为别人是另有所图。称赞不等于奉承和虚伪，只要我们的称赞是真诚的、实事求是的，就会满足对方对称赞的需要，还会让对方由衷地感到快乐。想一想我们自己，别人发自内心的真诚称赞会让我们感觉愉快，并且心存感激，因为那是对方对我们价值的确认；反之也是一样。记住，真诚、实事求是地称赞别人，是人际关系的润滑剂。

（九）认为批评有损人际关系

真正健康的人际关系不仅需要合作，需要相互支持与帮助，而且也需要彼此中肯的批评。因为人都有认知上的盲点，所以难免有错。消除认知盲点的方法除了靠自身的摸索外，更主要的还要依赖周围人的指点。在真诚的人际交往中，少不了相互的批评与指导。中国词语中的"诤友"，指的就是能直言规劝的好朋友。即使是一般的人际关系，如果你真诚、中肯、得体地指出对方的问题或错误，对方通常也会由衷地感谢你，因为由于你的提醒，他少走了一段弯路。所以，方法恰当而又就事论事的批评，即等于关心与爱护。

第五节 人际交往的心理障碍与克服

一、自负心理

（一）自负心理特点

首先是自以为是，固执己见。这种人将自己的观点强加于人，甚至明知别人是正确的，也不愿意改变自己的态度或接受别人的观点。这种自尊心在日常生活中容易表现为极强的防御心理，对外来的任何"侵犯"的信息都极为敏感。还经常感到别人不尊重自己，易因小事与别人发生争执。凡事爱走极端、自以为是，听不进别人的意见。

其次是以自我为中心，人际关系淡漠。这种人时时事事都从自己的利益出发，从不顾及别人。不求人时，对人没有丝毫热情。即使有求于人，也不懂基本礼节，好像人人都应为他服务。在生活中谁也不会愿意同这种人进行交往，人际关系淡漠。

再次是自尊过度，忌妒心强。这种人有很强的自尊心和逞能心理，事物无论大小都希望自己超过别人。对别人的成绩非常忌妒，看到别人取得成功时又说三道四。对别人的失败却幸灾乐祸，不愿向别人提供帮助。

最后是缺乏自知之明。有自负心理的人往往高估自己的条件和能力，总是千方百计地贬低他人，甚至把别人看得一无是处。好大喜功是自负心理的自然延伸，取得一点小小的成绩就认为自己了不起。成功时完全归功于自己的主观努力，失败时又完全归咎于客观条件。自负的人往往只爱听吹捧的话，并自鸣得意，认为自己十全十美。

(二) 克服自负心理

1. 越有才干越要自谦

要克服自负心理必须以理性认识评估自己的优缺点，既要看到自己的长处和优点，又要看到自己的缺点和不足。不要总拿自己的长处去同别人的短处相比较，把别人看得一无是处。任何人只要有所长就会有所短，有所短就会有所长。切记，一山更比一山高！另外，在看待自己过去已取得的成绩时，要知道过去的成绩只能说明过去，并不代表你的现在，更不预示你的将来。总在别人面前炫耀你过去的辉煌，是你自负的表现。要牢记，除了从你的过去经历中得到一些经验和教训外，没有人对你的过去感兴趣！

2. 谦以待人多受益

在人际交往过程中，谦虚豁达的人往往能赢得友情和信任。正所谓"收其锐气，虚怀若谷"。谦虚为人除了得到别人的信任外，还可以避免别人把自己当成威胁，不会成为别人攻击的对象。自负者视自己为上帝，无论是心理还是行动都无理地要求别人服从自己。在言语举止中，自以为是、趾高气扬、锋芒毕露、苛刻他人、咄咄逼人等。自负的言行极容易挫折他人的自尊心，引起对方的厌恶。以谦恭的心态待人接物，他人才会认为你是坦诚的、可信赖的、是值得交往的。相反地，如果在人际交往中自以为是、恃才傲物，不知进退，便会给交往对方一个自命不凡，目空一切的不良印象，别人也就懒得与我们交往。

3. 常常自省找不足

自负心理强的人常常沉浸在过去的成功喜悦中,眼前浮现的往往是昔日的鲜花与掌声。他们不能经常反省自己,不能给过去的辉煌画上一个句号,更不能静下心来想想自己,今天都做了什么,有哪些收获,明天又该做什么,怎么做。一个人如果能常常自省,发现自己的不足,不断寻找新目标,提高自己追求的需要层次,使自己永远处于人生追求的进程中,自负心理就不易产生。如果我们能以善心待人,则会"人有善心,则仁",就能宽以待人,与人为善,不苛求他人;就能公正地看待自己和他人的优缺点;就能抛去自负之心,取他人之长补己之短,不断充实自己和他人一起共同进步。

二、忌妒心理

(一) 忌妒心理特点

忌妒是通过把自己与他人进行对比,对强过自己的人的一种不服、不悦、失落、仇视的消极心态。当看到与自己有某种联系的人取得了比自己优越的地位或成绩,便产生一种忌恨心理;当对方面临或陷入灾难时,就隔岸观火、幸灾乐祸。正如黑格尔所说:"有忌妒心的人自己不能完成伟大事业,便尽量去低估他人的伟大,贬低他人的伟大,想使之与他本人相齐。"

忌妒心理产生的根源是个人主义思想作怪,把个人利益看得高于一切,事事先替自己打算,对个人利益斤斤计较,总希望自己超过别人、至少不要让对方超过自己,而且习惯贬低别人,抬高自己。这种人给人的感觉是自我意识过强,心胸狭窄,不会宽容别人,而且心境阴暗,会使用各种见不得人的小动作诋毁被忌妒者。这种人在人际交往中,一旦面对某方面比自己强的人时,就语言讥讽,或背后造谣、中伤,以填补自己不平衡的心态。人们对这种人是极力回避,谁也不愿意与之交朋友。

(二) 克服忌妒心理

1. 努力实现自我价值，就没空忌妒别人

培根说过："每一个埋头沉入自己事业的人，是没有功夫去忌妒别人的。"目标不仅仅是奋斗的方向，更是一种对自己的激励。奋斗目标有高有低，有大有小，各人可根据自己的情况而定。我们公安民警在自己的本职岗位上，把工作做好，使群众满意、领导满意，这也是一种奋斗目标。能实现目标，也就体现了自己的价值。我们有了自己的奋斗目标，一方面，没有时间与心思去忌妒别人；另一方面，当你成功之时，也可以弥补因别人在其他方面超过自己而产生的心理失衡。

2. 客观评价自己，就不会忌妒别人

忌妒的一般产生在原来水平大致相同，彼此又有许多联系的人之间，特别是看到那些认为不如自己的人在某方面表现出色，超过了自己，就产生了忌妒心。因此，当忌妒心萌发之时，首先，要冷静地分析自己，客观地评价自己。人家是否真的在某方面比自己强，该折服的就折服。其次，要主动调整自己的心态，控制自己的感情，应是理智而不是感情化地看待别人的成功。哲学家周国平先生说过："在我们忌妒别人的成功中，有不如我们的成功者，也有胜于我们的成功者。对于不如我们的成功者，我们不值得去忌妒，因为他徒有虚名。对于胜于我们的成功者，我们不应该忌妒，因为人家确实比我们强。如果对方虚实掺半，那就让他徒有虚名和确有其实好了。我们对前者谈不上忌妒，对后者是不该忌妒，两者抵消，无须忌妒。"周先生的观点其实就是，不管任何情况，就是不要忌妒。

3. 转化角度去比，就心理平衡无妒意

有忌妒心的人一个最大特点，就是喜欢比较，但总是拿别人的成功比自己的不足。比如，别人提职了，自己不提。别人又拿本科、硕士文凭了，自己没有。别人又得表扬立功了，自己没得，如此等等。这样比较，心理必定失衡，忌妒心理就自然产生。其实，每个人都有强过别人的一面,也有不如别人的一面。如果当别人在某方面优于我们时,我们就不要在这方面与之比较,而是转化一个角度,从我们比对方强的方面比较。比如,我们人缘关系好,或家庭和睦,或孩子读书有出息等。从这些较别人强的方面比,心理就平衡了。这样一来,你就心理平衡无妒意了。

三、多疑心理

（一）多疑心理特点

猜疑是缺乏客观依据的盲目的主观猜测。"疑"是建立在"猜"的基础上的,具有太多的想象成分。而习惯猜疑的人总认为自己的猜测是有根据的,妻子打扮"漂亮"而怀疑妻子可能有外遇;几个同事在一起说"悄悄话",总以为他们正在说自己的坏话;路遇领导,看见领导表情"冷"一点,就觉得是领导对自己有不好的看法等。猜疑者就是这样从"疑点"开始,以疑点为中心展开自我想象,进行"想当然"的推断。于是,越想越像,越像越疑,越疑越见鬼,仿佛"疑点"得到了自我证实。

抑郁质气质类型的人易猜疑。神经系统过分敏感、多疑,容易受暗示,对周围发生的事,过分去关注,并习惯性去联想、猜测。有过被骗经历的人易猜疑。对同类的人和事极易产生条件反射。事事谨小慎微,处处设防戒备,不敢掉以轻心,仿佛"草木皆兵"。有时,就连对方的善意帮助也疑是圈套、陷阱,变得神经质。认识方式以偏赅全的人易猜疑。疑心重的人普遍有"窥一斑而知全豹"的片面认识,看人和事习惯以小见大、以点概面、以表概里、以偏赅全。

（二）克服多疑心理

1. 调查清楚再发言

猜疑的人多缺乏实证就信口开河评价人,用想当然来代替事实。这是对他人不负责任的表现。鲁迅先生形象地批评这种人是"看见女人的大腿就想到生殖器,接着想到性交;由想到性交又想到生孩子……"许多谣言就是由此而生。听到传言不要先信以为真,查实后再说。没有事实根据的所谓合理推断只是说明了一种可能性而已。比如,一个异性看见你就微笑,你说这是什么意思?你大概猜得最多的答案是:他(她)可能对我产生了好感,看上我了。其实,对方这一简单的"微笑"存在多种可能性,也许你猜对了,也可能是表面微笑,也可能是嘲笑等。所以,有的人围在一起背着你说话,有没有说你的坏话呢?有可能,但这只是多种可能性中的一种,也可能在说别人或者在夸奖你。那么,真正何意呢?观察和调查相结合是寻找真实答案的最好方法。

2. 改变以偏概全的思维方式

不要用固定思路去看人和事。比如,给你两张男人相片,一张是一位相貌英俊、温文尔雅的男子,另一张是一个长相丑陋而且凶恶的男子。要你指出他们谁更像抢劫犯、杀人犯,你会毫不犹疑地说是后者,为什么?因为你总觉得"面善"的人心地善良,而"面恶"的人靠不住。这就是思维刻板、定式的消极作用。这种凭对方的相貌来推测人格的思维方式就是偏见。改变的方法是培养思维的广阔性和灵活性,多设想几种可能的答案,并注重调查验证。在没有查实之前,宁可先"冻结"这种无根据的看法为妥。

3. 看人不要先入为主

古代流传的"疑人偷斧"的故事,说的是,有个农夫丢了斧头,怀疑是他邻居的儿子偷了,于是从这个假想出发,怎么看他都像小偷的样子,断定他就是偷斧贼。可是不久,他在山谷里找到了自己的斧头后,又怎么看,那人都不像偷斧贼了。这就是凭空进行假想,带着偏见先入为主地先定结论,作"有罪推定",极易冤枉别人。其实,这个农夫是没有必要这样猜疑的,他应该做的是,放弃假想目标,冷静地回忆一下,斧头是不是自己砍柴时丢在山里了?或者是挑柴时掉在路上了?最重要的是沿途找一找,证实一下。如果疑惑消除不了,还可以用善意的方式真诚与被疑者开诚布公地交谈了解情况,化解心中的疑点,避免冤枉好人,以致破坏与他人的关系。

4. 重调查了解

消除疑心的根本方法是重调查了解，不乱假想、猜测，真诚与人沟通。没有根据的事情宁可信其无，不可信其有。这样才能建立一个双向信任的基础，远离猜疑。记住哲人亚未契斯的话："猜疑是破坏友谊的毒素，而信任则是唯一医治它的良药。"

四、自卑心理

(一) 自卑心理特点

自卑心理源于心理上的一种消极的自我暗示。自卑心理的产生主要是盲目比较。如相貌不如人家端正，脑瓜没别人聪明，工作效率没有别人高；家庭地位经济条件也不如别人好；提级提职没有别人快等。总有某些方面不如人，自卑感就由劣势而生，就不敢与人交际。心理学家指出，自卑感与本人的智力、受教育程度、所处的社会地位等因素无关，而仅仅是对"自己不如他人"的确信。如果不能自觉地对待自卑，自卑心就会产生反向动力，使自己气馁、消沉。

自卑心理不能及时解开，就会越积越重，明明只是某一方面不如人，其心理感受就会扩散到处处不如人，陷入自卑沼泽地里不能自拔，继而产生惰性，对工作也失去了兴趣与干劲。其实，人无完人，每个人都有自己的优缺点，对于一些不可改变的事实，如相貌、身高等，完全可以用别处的成就来弥补，大可不必自惭形秽。发现他人的长处，这本身不是坏事，可是他老是用别人的长处与自己的短处比，不是激发起奋起直追的勇气，而是越比越泄气，从而贬低、否定自己，以偏赅全。

(二) 克服自卑心理

1. 做个不完美的人

一个人如果对自己要求过高，总是追求完美，我们则可以称这类性格的人为完美主义者。完美主义者总是对自己设定一个很高的标准,非要达到不可,受到挫折就感到很痛苦,不能接受。完美主义者往往不愿接受自己的弱点和不足。完美主义者表面上很自负,内心深处却很自卑,因为他很少看到自己的优点,总是关注缺点,很少肯定自己,很少有机会获得信心,当然就会自卑了,因此痛苦就常常跟随着他,周围的人也一样被其感染得不快乐。有的民警总是喜欢在他人面前表现完美,于是处处小心翼翼,唯恐一不小心做错了事,给自己带来反面影响。其实这样一来,反使自己在工作中放不开手脚,在领导同事面前唯唯诺诺,对别人不敢提意见,对错误不敢反对,最终只落个"老好人"的评价。世界上没有绝对完美的事物,如果有也只是存在于人们的理想中而已。所以我们不要一味追求完美,而要做个真实的自己。

2. 没有人会把你的错误与缺陷老放在心上

平时自己不会记住人家的错误,又有谁会有那么多时间去记住你的错误?所以别太在意别人的眼光,否则会局限自己的个性发展,使自己更加放不开手脚,变得越来越没自信,在与群众交往中带来越来越多的障碍。太在意别人的眼光,就是跟自己过不去,就是跟自己的前程、事业过不去,这是你们想要的结果吗?经常与广大群众打交道的人民警察,不要老是担心自己会在群众面前出丑,出丑没什么大不了的,出丑只是说明我们的工作还有待进一步改进,我们的服务质量还有待进一步提高。不出丑就难以取得进步,难以发现自己的不足,使自己无法及时改正自己的错误。所以我们要敢于坦然地面对出丑,不要刻意隐瞒自己的缺陷与不足。对于别人的缺陷与不足,我们也要懂得理解与尊重,因为没有谁是天生的完美者。

3. 敢于接受自己的缺点,还要善于发现自己的优点

俗话说"人有百短,必有一长",这说明社会生活中的每个人,无论他在别的方面是多么糟糕、失意,但只要静下心来认真寻找,都会找到令自己自豪、骄傲的地方。不同的个体引以为豪的方面是不一样的,有的人字写得好,有的人歌唱得好,有的人球打得

好,有的人善于动脑筋思考,有的人擅长艺术,有的人擅长文学等,正所谓"三百六十行,行行出状元"。但实际生活中,人们往往在世俗的纷争中迷失了自己的方向,找不到自己的优势和长处,而是和他人一样,看看大家在做什么,我就做什么,从而丧失了自己的优势。发现自己的优势时不要盲从,像种反季节蔬菜瓜果一样,十二月天西瓜的价钱一般要比六月天高得多,知道在十二月种西瓜的人就不是盲从的人。找到自己的优势,这是我们每一个人都要好好考虑的问题,如果我们真正做到了,并且把它发挥出来了,我们还有什么可遗憾的?

4. 学会正确比较

相声演员说过这么一段顺口溜:"扁担长板凳宽,扁担绑在板凳上,扁担要比板凳长,板凳要比扁担宽……"如此相比是没有什么错误的,可也没有什么意义,因为它们相比的标准不一。但是有些人却不这样,他硬要反过来比,扁担要比板凳宽,板凳要比扁担长,这岂不累吗?可实际上在我们的生活中,有的人就喜欢这样比,自己的工资没有别人高,自己的房子没有别人的大,自己的职位没有别人好,自己没有别人长得好看,自己没有别人长得高,甚至自己的老婆没有别人的漂亮……想到这些,他就会浑身不爽,甚至整夜通宵失眠。不会比的人永远心理失衡,就像上面提到的一样,他可能永远也得不到快乐。会比的人能在很短的时间里找到平衡点,得到自己的快乐。

五、自闭心理

(一)自闭心理特点

黄某,从警二十多年,至今仍是普通的民警,论条件,他是够提拔的,关键是跟同志们少沟通。新的分局领导了解到这位"老黄牛"的情况,与他聊天,肯定他的工作,也点出他人际交往太少,自我封闭。黄某终于明白了,一直以来的自我封闭给自己带来了太多的遗憾。自我封闭是指个人将自己与外界隔绝开来,很少或根本没有社交活动，除了必要的工作、学习、购物以外，大部分时间将自己关在家里，不与他人来往。自我封闭者都很孤独，没有朋友，就像生活在篱笆里，自己的心理是很难受的。自我封闭阻隔了个人与社会的正常交往，它使人认知狭窄、情感淡漠、人格扭曲，最终可能导致人格异常与变态。

动物喜欢成群，人类需要交际，但这类人却害怕交际。这多发生在那些性格内向的自闭者身上。由于幼年时期受到过多的保护或管制，他们内心比较脆弱，自信心也很差，只要有人一说点什么，就乱对号入座，心理紧张起来。他们最怕到公开场合去，在生人面前常显得束手无策，于是干脆躲在家中不出来。一些人在生活、事业上遇到挫折与打击之后，大部分生活被消极情绪占领，或哀叹吁嗟、灰心丧气，或牢骚满腹、怨天尤人，精神上受到压抑，对周围环境逐渐变得敏感，变得不可接受，于是逐渐出现回避社交的行为。过于敏感他人的言行，非常注意别人的评价，甚至别人的目光，最后干脆拒绝与人来往。

（二）克服自闭心理

1. 要乐于接受自己

有时不妨将成功归因于自己，把失败归因于外部因素，不在乎别人的说三道四，要有"走自己的路，让别人去说吧"的心态，世界上没有相同的树叶，也同样没有相同的人。一千个人看《王子复仇记》，就有一千个哈姆雷特，何况我们也是人群的其中一个，既然生活在人群中，就会有一千个一百个别人谈论"你"，但关键是你自己要乐于认可的那个"我"。

2. 要提高对社会交往有益的认识

社会交往有益，交往能使人的思维能力和生活能力逐步提高并得到完善，交往会使人的思想观念保持新陈代谢，交往能丰富人的情感维护人的心理健康。一个人的发展程度，决定于自我开放、自我表现的程度。要克服孤独感，就是要把自己向交往对象开放，既要了解他人，又要让他人了解自己。在社交活动中确认自己的价值,实现人生的目标,成为生活的强者。

3. 要让自己"合群"

也就是要与别人合得来,上述提到自闭者的最大弱点就是不合群。心理专家指出,这种不合群的性格,不仅有碍于和谐的人际关系的建立,不适应以社交对事业成功起重要作用的现代社会生活的需要,而且还会使心理上缺乏安全感和归属感,形成退缩感和孤独感,从而有碍于人的身心健康。

4. 学会一些交际的技能

在与人的交往中,如果你能够学习一点交往的艺术,当然更有助于你交往的成功。例如,多掌握几种文体活动技能,如跳舞、打球、下棋之类,你会发现自己在许多场合都会成为一个受别人喜欢的人。当然,你如果与人交往,开始总是失败,由此引起消极情绪,当然会影响你的合群性格。这时,千万别打退堂鼓,要坚持暗示自己,坚持学习以下的方法:学习打招呼,在今后的1~10天内你每天都要主动和你遇到的同事、群众打招呼。如果你不知与别人谈些什么,别怕,你可以询问对方有关一件事的立场,他的爱好、兴趣、对周围环境的感受,等等。与人约会,要做好准备,首先了解对方嗜好兴趣,然后投其所好,肯定谈得来。多关心别人,关心他们的喜怒哀乐,做一个好听众。

六、冷漠心理

(一)冷漠心理特点

曾经在湖南省某市107国道1723公里路段,29岁的青年张衡生被人发现死亡在公路边。据调查,张衡生在一起交通事故中受伤后,虽然该市公安局110指挥中心、事故辖区交警大队、派出所等单位相继接到报案电话,但他们均未采取得力的营救措施。无助的张衡生最后在交加的雨雪中因伤势和饥寒悲惨死去。市公安局在调查后认为,警方在四个环节上存在问题:110指挥中心接处警要求不严格;接警员严重违反接处警规定;县交警大队严重违反值班备勤规定，没有切实履行职责，对工作极不负责任；派出所民警对群众报警推诿，不采取相应的处置措施。

从表面来看，这起见死不救的事件是当事民警违反制度、责任心不强的问题，但从更深层次进行分析，事件折射出当今社会人际交往中心态扭曲的一面。正如一名资深的专家指出：我们个别的警务人员在对人民群众的利益和态度上是冷漠的。人一出生，就要与人打交道，建立良好的人际关系，对于一个人的成长和进步，是必不可少的。情感相容是密切人际关系的必要条件。它是以彼此喜欢、感觉亲切、互相同情、无私关怀、倾心照顾等方式表现出来的。冷漠的人，是不可能将自己的热情与真诚、无私与奉献、关怀与同情奉献出来，不求索取地给予对方。

严重的冷漠心理即为冷漠症。冷漠症者对他人"冷如冰霜"，甚至对亲人也如此。他们几乎不想参加活动，与人交往仅限于生活或工作中必须接触的人际关系，此外无知心朋友，自己很难与人建立深切的情感联系。因此，他们的人际关系很差。某公安局技侦支队有位民警，今年30多岁，但看上去却像50岁。他是搞指纹鉴定的，是个工作很认真、守纪律的人，但在人际交往中却很不注意与同事合作沟通。他从来不愿帮助别人，也不需要别人的任何帮助，他给人的印象是一个"怪人"。如果一个人在社会交往中表现孤独、为人沉默寡言，别人就不喜欢与他交往。而他自己，也变得不喜欢和别人交往，长期下去，就加剧了人际交往之间的冷漠。

（二）克服冷漠心理

1. 热情是消融冷漠的一剂良药

要多一点善意的举动，永远不要让自己失去那份应有的热情，若能保持有一颗热情的心，那么，冷漠就会化去。有一个八岁的孩子，每天下午三点过一道街口，他执意要搀扶一位老婆婆过街。其实，老婆婆每天站在这里是等车，不用过街，她完全可以说："我不用过街。"但是面对热心的孩子，老婆婆不愿伤害他纯洁的热情，让孩子扶着过街，等孩子走远了，老婆婆再走回来。孩子有热情,老婆婆同样也以热情去尊重孩子的热情。老婆婆尽管"白走"了一个来回,但她的心中充满了热情带来的温馨。

2. 多与别人握手

要经常伸出你热情的双手,与别人握在一起,就会感受到一种力量与温暖。虽然各地礼节不同,但握手却是世界上共同的礼节。彼此熟识的人相遇时,第一个动作一定就是握手。当然,脸上洋溢着笑容是少不了的。随着感情亲疏的不同,握手前后的神情、态度也有差异。久别重逢的人在乍见的那一刹那间,总免不了有一丝的生疏及惊喜,故而脸上的表情会闪过一丝的腼腆。外人是很难察觉这种变化的,当然就只能看到微笑的表情而已。这一阵生涩过后、热情涌现之下,爽朗的笑声随即而来。至于泛泛之交或是公事往来,握一下手,彼此之间似乎变成了熟悉的朋友。如果彼此之间有矛盾,握一下手,或许矛盾就会烟消云散。

3. 凡事多为别人想

冷漠行为表现之根本是爱的缺乏。改变冷漠,不是要你去干惊天动地的功绩,而只是从身边的小事开始。比如,每天多问候一声同事,多给群众一个微笑,帮上门的群众倒一杯水……这样坚持做下去,你并不会为此失去什么,而得到的却是爱与热情所带来的充实和快乐。每个人都不是生活在真空里。在社交中,每个人的愿望是得到别人的认可,如果你能满足朋友、同事的一个心愿,那么他们就会觉得你很重要,"你看到有我,你心中有我"。当你这样对待别人,别人同样会这样地敬你,因而在人际交往上就会减少冷漠而增多热情。

4. 多与人交流

交流不仅是克服冷漠的良方,也是攻克一切情感障碍的武器。当你感觉孤独、冷漠时,多与上下级沟通,互相谈心,参加集体活动,都会有效的。一个人如果在生活上充满活力,他的精神、情感也会充满活力。凡充满活力的人斗志昂扬、精神抖擞、精力充沛、不畏困难,在竞争中成长,把冷漠处世的包袱抛于脑后。

七、自私心理

（一）自私心理特点

人为什么自私？民间流传的"三个和尚"的故事也给我们启发。一个和尚为了生存需要，会自觉挑水喝。无论挑多少水都是自己喝，因此不存在也没有必要自私。两个和尚就面临着分水喝，有了对比，谁喝多，谁喝少，不平衡，于是才产生了自私的心理。解决的办法是通过一起出去抬水来实现水资源和劳动量的平均分配，来获得心态的平衡。三个和尚没有水喝，三人成众，充分说明了随着人口的增多，水资源的分配、消耗和利用频率的增加，劳动强度的加大，人的私心在对比中显得更加严重。所以说一个人本源是无私的。利己，发生在两个人以上的人在利益均衡的时候，也是在后天环境中产生的。

有的人与别人交往时处处为自己着想，只关心自己的需要和利益，强调自己的感受，把别人当做自己达到目的的工具，不尊重他人的价值，漠视他人的处境和利益。在交往中，不顾场合，也不考虑别人的情绪，自己高兴时，高谈阔论，手舞足蹈；不高兴时，抑郁寡欢或乱发脾气。这种人缺乏对自己的正确认识，无论他们多么精明，永远也不会与人建立牢固的良好人际关系。只有那些心地善良、待人以诚、能设身处地为别人着想的人，才可获得挚友。

有一种恶性自私者，较多表现损人利己的行为，持恶性自私观念的人，不仅第一考虑的是自己的利益，而且常常企图夺取或损害他人及社会的利益来满足自己的欲望。他们不顾法律，不讲道德，缺乏同情心、良心。尽管在很多情况下，他们中的一些人也将一些漂亮、美妙的词句挂在口上，但那不过是幌子，是为了更巧妙、更方便地骗取、掠夺他人及社会的利益。

（二）克服自私心理

1. 我们反对"以个人利益为中心"，而不是反对个人利益

个人利益是否正当，衡量的关键是个人在获得满足个人需要的

利益时，获得的方式、手段是否正当。凡是符合国家法令、政策，符合社会公德，不损害社会和他人利益的个人利益就是正当的，个人正当利益应得到尊重和保护。有一哲学家说得好："按每个人的需要来说，东西是够用的，但按每个人的贪欲来说，就不够用了。"可见，人满足适当欲望是正常的，试图满足贪欲是病态的，不正常的。

2. 要有乐于助人的价值取向

当他人有困难需要帮助时，首先考虑的是自己如何尽力给予对方以有益的帮助。这一层次的价值取向所采用的价值标准是，把方便让给别人，把困难留给自己，为他人排忧解难，虽苦犹乐。俗话说，一个篱笆三个桩，一个好汉三个帮。人与人之间需要友谊，需要相互支持。没有友谊的人生是凄凉的，没有朋友的人便是孤家寡人。乐于助人者，向有困难的人真心诚意地伸出援助之手，不考虑自己的辛劳与得失，把帮助别人看做自己的应当采取的道义行为。助人，可以是物质经济上的帮助，也可以是思想上的开导、智力上的启迪、精神上的安慰、学习上的解惑释疑、职业上的服务，等等。

3. 慷慨自有回报

慷慨是和吝啬相对而言。慷慨就是大方，吝啬就是自私。自私之人非常计较个人得失，遇事总怕自己吃亏。对别人的苦楚冷漠无情，毫无怜悯之心，甚至幸灾乐祸。自私之人不愿意帮助别人，因此很少有知心朋友，有了困难也就很难得到他人的帮助。阿贵是一个非常热情的人，无论大事小事，只要别人需要，他都会尽力相助。一位大学应届毕业生去一家公司应聘，在办公室等候面试的时候，看到该公司的一位工作人员往档案室搬文件，但出出进进好几趟，在场的十多位应聘者都眼睁睁地看着他艰难地开门关门，竟没有一个主动过来帮他一下。这位大学生见状赶忙相助。那位工作人员是经理的秘书，他把情况向经理一说，经理顿生好感，便破格录用了他。慷慨自有回报。利人者，人利之；助人者，人助之。记住一位哲人的话:"当你怀有奉献之心善待世人的时候,你会发现世人都在为你奉献真情。"

4. 关心和帮助别人,从来都是互通、互利和互助的

每个人都有需要别人帮助的时候,今天你帮助别人一把,日后自己有难处时,也一定会得到别人的帮助和关心。让这种领悟时时萦绕心头,就可以时时警示自己、激励自己,制约私心的萌发,改正不良的自私心理。如果自己自私,就会使自己割断友情、葬送友谊,在社会上变成一个孤家寡人。自己在遇到困难需要别人帮助时,会变得无助无援。所以平时不要斤斤计较自己的得失,关心与帮助别人,也使自己从中得到收获,得到的却是千金难买的人心。

第六节 提高与群众打交道的心理素质

一、与群众打交道要具备亲和力

(一) 什么是亲和力

古人云:"天时不如地利,地利不如人和。"有了亲和力,人际关系才和谐,才能做好警务工作。亲和力的魅力在于"亲",体现为爱心、关心、温暖等,有亲才有近,有亲才有爱,有亲才有力。一个人,如果一脸威严和冷漠,就让人望而生畏,群众避之唯恐而不及,是不会有亲和力的。任长霞之所以受到民众的拥戴,关键在于她与人民群众的亲密无间。警察执法经常接触群众,特别是派出所工作直接与群众打交道,更需要具有亲和力。有了亲和力,不但群众愿意配合我们的工作,也树立了我们警察的良好形象。

(二) 如何培养亲和力

1. 微笑常挂在脸上

世界上有一种不会凋谢的花朵,那就是微笑。微笑是美好的传递,微笑把灿烂写在脸上。微笑是朋友心灵的默契,是陌生人心理距离的缩短。微笑可以让你表现出爱心,充满活力,温暖人心;微

笑像冬日里的暖阳,融化坚冰。微笑不需要成本,但能表达对别人的尊重、理解和信任;同时微笑的人也会收获别人的微笑,得到别人的尊重、理解和信任。

2. 要有亲和的态度

在日常交往中,我们文明的言谈举止,会体现亲和的态度,使他人乐于接近;粗俗的言谈举止,会使他人疏而远之。此外,一声亲切的称呼、一句得体的问候、一次善意的交谈等细节,看似微不足道,却会表现出自己的亲和的态度。此外,谦逊自称,出语谦逊,适时地说"拜托"、"请赐教"、"麻烦你了"等话语,既表现了你对对方的尊重,又体现了你知书达理的美好形象。

3. 学会尊重别人

学会一些日常的礼节礼貌是很必要的,在态度上尊重别人,与别人谈话时,我们要注意倾听;相约时尊重别人,约好聚会,就应当准时赴约;说话尊重别人,不谈对方不愿听的话题,不揭对方的伤疤等;称呼上尊重别人,打招呼时不要"喂喂……"一个很讲究礼貌的人,给人的第一印象就是"他有修养,很尊重我"的好感,即使与别人交往中有些小的过失,别人也不会责怪或计较。

4. 乐于助人

在力所能及的情况下,常做点好事,能使别人快乐,自己心中也快乐,因为在做好事后往往会感受到一种道义上的满足感。在帮助别人的同时,也修养了自己。这种精神上的欢愉、轻松和幸福感,对于助人者的健康是非常有好处的。特别是这种助人为乐的行为,体现了崇高的做人的境界,不但让他人敬佩,而且让他人更喜欢接近你,从而让你拥有良好的人际关系。

二、与群众打交道要具备耐心

(一) 什么是耐心

耐心是信心的持久和延续,是决心和毅力的外在表现。"急于求成"、"急功近利"是没有耐心的具体表现。当然,耐心不能和慢性子画等号。耐心等待的是机会；慢性子失去的是机会。缺乏耐心的人，是一种内心浮躁的表现。现场勘查是一项比较复杂而又需要耐心细致的工作，特别是重大、特大犯罪案件的现场勘查，不仅参加勘查人员多，而且工作量大，花费时间长，更需要耐心细致去工作。审讯是侦查的一个重要环节，同样是一场依靠耐心的心理战斗，最终摧垮犯罪嫌疑人的心理防线，取得审讯工作的胜利。做群众工作同样需要耐心，我们经常遇到的情况是，你以一颗火热的心去对待他人，对方可能会以一副冰冷的脸面来回敬你，要融冻三尺之冰，也不能指望一日之暖，需要耐心。

（二）如何培养耐心

1. 坚持训练某一种重复单调的动作

早在1915年，心理学家博伊德·巴雷特就提出一套锻炼耐心的方法。包括从椅子起身和坐下30次；把一盒火柴全部倒出，然后一根一根地装回盒子里；散步的时候，坚持数数，走多久就数多久，一直数下去。这些练习可以增强耐心，以便日后去面对更严重更困难的挑战。不管做什么事，只要我们能够坚持训练某一种重复单调的动作，就能培养耐心。

2. 坚持"再努力一次"的心态

想一想石匠吧，他在石头上锤击了一百次，没有留下一点缝，他再敲击第一百零一下时，石头一分为二。这绝不是最后一锤的缘故，而是先前敲击的共同作用的结果。谁都知道凡尔纳是一位世界闻名的法国科幻小说作家，但很少有人知道，凡尔纳发表他的第一部作品时，曾遭受过多大的挫折。他的第一部科幻小说被出版社退了15次稿。他深知，出版社看不起他这个无名作者，发誓再也不写作了，拿起手稿向壁炉走去，准备付之一炬。这时其妻冲过来，一把抢过他的手稿说："不要灰心，再试一次吧。"凡尔纳接受了妻子劝告，第16次向另一家出版社寄出去。谁知这家出版社看中了他的手稿，与他签订了20年的出书合同。从此，他的创作便一发不可收拾。因此，我们无论做什么工作，在没有出结果时，都一定要"努力一次,再努力一次",有了这种耐心,终会成功。

3. 要培养自己的挫折耐受力

人做事不可能没有挫折,但要记住,挫折了一定要振作起来,否则一跌下去,永远失去了耐心。当你遇到挫折的时候,应该保持头脑清醒,不要急于去追究责任或是责怪自己,而应该想想事情是否还有挽回的余地呢?要是有的话,应该怎样做才能把损失或伤痛减到最低呢?当你遇到困难的时候,请记住一句话——没有解决不了的困难,只是解决时间的长短而已。当你遇到困难的时候,不要逃避问题或是借酒消愁,只要对自己有信心,那么什么困难都难不倒你。

4. 不要沉湎于会降低你耐心的活动

例如,饮酒过量会降低你身体的忍耐力,降低你清晰思考的能力,也会降低大脑发挥正常作用的能力。在酒精作用下,血流加快,大脑极度兴奋,而兴奋点又难以抑制,稍有刺激便冲动。特别是有酒精症的人,时间一长,无酒精补充,心理也就会烦躁,都会大大削弱其耐心。因此,不要过度饮酒,要适当进行体育锻炼,无论是什么类型的体育锻炼,只要你能持之以恒,都会增强你的体质,而且还可以增加你的忍耐力。

三、与群众打交道须具备细心

(一)什么是细心

集中精力就是"细心",精力不集中就是"粗心"。集中精力认真做事情,事情的细节就会把握得比较好,就不会轻易出错。反之,精力不集中而马虎做事情,就容易出错,而且还会造成重大的过失。刑事侦查必须细之又细,才能发现各种细微的现场痕迹、遗留物证。调查访问阶段同样要细心,从中发现犯罪嫌疑人的线索。审讯工作需要细心,才能从犯罪嫌疑人动作、语言、表情中找到突破口。在群众工作中,我们只有善于从小处发现问题,从细微处了解真情,才能真正将民声"听于耳、印于脑、记于心",才能真正构建起和谐警民关系。

(二) 如何培养细心

1. 平时要养成观察思考的习惯

平时一定要有心观察思考，并养成习惯。例如，你坐上公交车，车上比较拥挤，你多留心观察你的包和你好友的包，或者观察你周围的人，都在做什么，这叫细心观察。如果你有女朋友，你们交谈很愉快，但突然她有不高兴的表情，你要仔细想什么事情或说错了什么话导致这样。再如，对每一项工作，认真分析可能出现的问题，才能及时发现工作中存在的比较容易忽视的细节。细心一定要有心，细节决定成败，所以培养自己做一个有心的人，要多留心观察事物、多细心考虑问题。

2. 培养对工作的责任心

对一件事，敢于负责任，就可以激发我们的智慧，十分细致地把事情办好。从这个意义上说，细心依赖于责任心。要坚持用干一行、爱一行的心态和热忱来开展工作，把做好自己手头上的各项工作，作为对自己、对科室、对整个单位的责任。细节的实质，也并非一日学成，是从日常生活中的一点一滴积累起来的，只有甘于平淡，认真做好、做细生活中的每一件事，才能不断训练和提高细心。

3. 习惯记录观察到的素材

南宁市公安局有一个刑侦民警，曾被评为全国特级优秀人民警察。他有一个奇特的本事，在其辖区发生的盗窃抢劫案，只要他看了现场了解了其作案手段，或者听目击者描绘作案者的特征，他脑子一转，很快就猜是某个人作的案，把人抓来审讯，八九不离十。他的神奇得益于平时习惯记录，每一个案件，作案人的体貌、行为特征及作案方式等各种细节，一一记录，有空就翻看。他记录了很多这样的素材，人称活档案。我们要培养细心，平时多留意，随身带一个小本子，把观察到的细节马上记录下来备忘，到了一定时候把它整理出来，这样就慢慢养成了细心的习惯。

4. 细心应当有度

过度的细心，甚至到了谨小慎微的程度，将会成为心理障碍，尤其是强迫症的"温床"。过度的细心容易盲目夸大细节，形成草木皆兵的心态，会使自己的神经难以驾驭理性，反而把事情做错。因而要把握好细心的"度"，做到灵活性与原则性的完美结合。

四、与群众打交道要具备心理承受能力

（一）什么是心理承受能力

所谓心理承受能力，是指一个人在遭遇打击或挫折时，能摆脱困扰而免于心理与行为失常的能力。人生不可能一帆风顺，免不了会遇到一些困难和挫折，这些都需要良好的心理承受能力去化解。如果一个人的心理承受能力差，遇到问题就会心绪不宁、胡思乱想、内心痛苦，严重时会酿成心理危机，诱发心理疾病，甚至导致极端的行为。我们行使的警察权，是一种享有剥夺和限制他人财产乃至人身自由的公权力，并且日常工作中要与千家万户打交道，涉及人们生活中方方面面的琐碎事务，必然使我们处于社会矛盾的风口浪尖上。特别是现实发生的一些谩骂、侮辱警察、揪打警察的事情，以及一些群众的恶意投诉等，因此，警察没有较高的心理承受能力是不行的。

（二）怎样培养心理承受能力

1. 学会开拓性思维，培养心理承受能力

俗话说："男人的胸怀是被委屈、挫折撑大的。"这话说得很对，但问题是自己如何看待委屈。如果能够用开拓性思维去想，心理就容易承受了。例如，失恋了，你就想，她早走早好，自己还会找到更合适的人。要是有人骂你是"乌龟王八"，你就想，乌龟王八的寿命都很长，能不高兴？同是一件事，想通了就是天堂，想不通就会郁闷痛苦，就会失去心理承受能力。人的一辈子有时也会遇到委屈、挫折，如果心理上自己不把自己打倒，再大的委屈、挫折也伤害不了你。所以，一个人的心理承受力提高的过程，实际上就

是自己做自己的心理医生的过程。

2. 学会积极的心理暗示，培养心理承受能力

积极的心理暗示就是需要我们用积极向上的语言，不断地提示自己，使自己不安的情绪镇定下来，从而战胜困难。一是多做自我鼓励，面对重大任务或困难时，站在镜子面前，看着自己的眼睛，说一些鼓励的话，给自己加油打气，调动内心深处的"潜意识"，增强自信心。二是把每一次失败都当做最后一次，这样做会增强自己的信心。三是遇到挫折不要轻易否定自己，心里只能说是做这一件事失败了，而不是自己失败了；这一次失败了，而不是自己次次都会失败。这样在潜移默化中，一点一滴积累向上的信心，提高心理承受能力。

3. 培养弹性的容忍度，提高心理承受能力

在自然现象中我们可能会看到，在一场飓风之后，有的大树连根拔起，有的则拦腰折断，而那些小树苗因为身干有弹性，尽管被刮得前俯后仰，过后却安然无事。这让我们感到，人的心理承受能力也需要有一定的弹性。我们做任何事，都可能出现正反两个方面的结果，不要把全部的希望都押在成功的赌注上，也要想到可能会失败。当然，这不等于我们被动地去接受失败的结果，恰恰相反，敢于承认和面对挫折与失败，并把挫折和失败控制在最小的范围之内，或把不利因素转化成有利因素，这正是有较高"挫折容忍度"的人一种理智表现。鲁迅曾给这样的人作了画像说："伟大的心胸，应该表现出这样的气概——用笑脸来迎接悲惨的厄运，用百倍的勇气来应付一切的不幸。"理智地控制自己的情感和欲望，自觉地调节和控制自己的行为，最后才能取得成功。

五、与群众打交道要具备心理应激能力

（一）什么是心理应激能力

心理应激是人在某种环境刺激作用下，由于客观要求和自己的应付能力不平衡所产生的一种紧张反应状态。警察的心理应激能力

包括：实战应急反应能力，在实战中要面对各种各样复杂的情况，我们稍微迟疑，就有可能受到伤害。具备了实战应急反应能力，才能从容应对执法战斗，保护自己，克敌制胜。其次是日常工作的应变能力。警察工作涉及的社会面广泛而复杂，要求我们在执法执勤、依法办案过程中，始终保持清醒的头脑，冷静思考预判，认真分析决断，切不可简单粗暴、鲁莽行事，以致造成工作失误和被动。三是人际关系的应激能力，在群众工作中，如何避免矛盾，出现了矛盾，又如何消除矛盾，都要靠应变技巧。

（二）怎样培养心理的应激能力

1. 加强心理承受能力的训练，提高心理应激能力

人在遭遇突发事件时，心理素质较好者，也会感到紧张害怕，但大脑清醒，反应敏捷，行动有力。心理素质不好者，就会目瞪口呆、不知所措。人对突发事件的反应能力，与平时训练有关。可以聘请一些大学、医院的专家、学者来讲授心理应激能力的训练。另外，在日常工作中也可以注重自身的心理训练，来提高心理应激能力。例如，在工作中要深入了解可能会遇到的困境和挑战，尤其是要从其他同事的切身体会中借鉴经验教训，以便在未来的工作实战中加以运用。还要运用科学方法排解心中的焦虑和障碍，更好地使自己积极适应高危险、高应激的警务工作，维护执法的尊严。

2. 经常参加体育运动，提高心理应激能力

搞体育运动，特别是打篮球、羽毛球或乒乓球，如果你反应慢的话，就很难判断球飞过来的落点，接不到球。特别是乒乓球运动是一项范围很广的群众体育项目，而且能够锻炼人的灵敏反应素质。乒乓球运动具有球体小、球速快、旋转变化多、技巧性强的特点。在打球中，不仅需要能迅速准确地判断对方来球的速度、旋转、落点以及战术意图，而且能迅速、果断地采用相应的击球技术进行还击，这就要求运动员判断快、启动快、步法移动快、出手击球快、动作还原快的决策。长期进行乒乓球运动锻炼，能使锻炼者中枢神经系统工作能力得到改善和提高，从而使反应速度、动作协

调性和快速应激能力得以充分的改善和提高。

3. 经常进行冲击训练，提高心理应激能力

冲击训练是创设"实战"情景，置受训者于"实战"之中，逐步提高应激能力的一种心理训练方法。冲击训练必须遵守以下几个特殊的训练原则：一是出其不意，攻其不备。一般的模拟训练方法比较"假"，受训时，受训者有比较充足的心理准备，而且还有训练人员实施帮助。而冲击训练法，则是在事先有限的训练提醒后，在受训者没有多少心理准备的情况下的突然行动，受训者根本不知道将发生的冲击训练的内容及训练发生的时间。二是高度的"真实性"。冲击训练几乎就是"实战"，如训练歹徒抢劫时的防范，就是现实生活中曾经发生过的歹徒抢劫行为的"翻版"，包括抢劫的时间、方式、手段、工具等都具有高度的真实性。由于高度的"真实"，训练效果就会显著提高。三是安全性。冲击训练必须保证安全性，不能因为追求"真实"，而忽视安全，结果使受训者发生误会，发生"擦枪走火"。另外，有某种心脏等严重生理疾病的人，以及其他不能受强刺激的人，不适合进行冲击训练。

第三章　了解风俗礼仪
懂得尊重群众

第一节　尊重民族风俗习惯

一、民族风俗习惯的特点

（一）稳定性

民族风俗习惯是一定社会历史条件和生产力水平下的产物，具有深刻的社会、历史和自然根源，因此只要民族存在，民族风俗习惯就会长期存在。民族风俗习惯一旦形成，就具有相对的稳定性，因此，民族风俗习惯的变迁远远落后于社会经济文化的发展变化。

（二）民族性

民族风俗习惯反映着民族的生产和生活方式、历史和文化传统、心理素质和感情境界，是民族特点的重要组成部分，也是一个民族区别于另一个民族的重要标志之一，因而具有鲜明的民族性。

（三）敏感性

风俗习惯具有鲜明的民族性。一个民族往往会把其他民族对本民族风俗习惯的态度看做对本民族的态度，把冒犯本民族风俗习惯的行为当做对本民族的不敬，因此风俗习惯具有非常敏感的特点。

（四）群众性

民族风俗习惯世代相传，渗透到民族日常生活的各个方面，影响着民族的每个成员，因此具有广泛的群众性。

（五）地域性

中国幅员辽阔，各民族居住地区的地理、气候等自然条件和经济状况有很大差异。受这种情况影响，不但各民族之间风俗习惯不同，就是同一民族在不同的地区，风俗习惯上也不尽相同。

二、要尊重少数民族的风俗习惯

尊重少数民族风俗习惯，是党和国家民族政策的重要组成部分，是民族平等和民族团结的重要内容。实践证明，尊重少数民族风俗习惯，有着重要的意义。

（一）有利于保护各民族的平等权利和民主权利

我国《宪法》规定："中华人民共和国各民族一律平等。"各民族"都有保持或者改革自己的风俗习惯的自由"。由此说明，各民族无论是保持还是改革自己的风俗习惯，都是各民族的平等权利和民主权利。尊重各民族的风俗习惯，实质上是坚持各民族平等原则和发展社会主义民主的具体体现，对民族风俗习惯的侵犯，就意味着对民族平等权利和民主权利的践踏。我国《刑法》第251条规定："国家工作人员非法剥夺公民的宗教信仰自由和侵犯少数民族风俗习惯，情节严重的，处二年以下有期徒刑或者拘役。"刑法把"侵犯少数民族风俗习惯罪"归入"侵犯公民人身权利、民主权利罪"，其实质就是从法律上保护民族的平等权利和民主权利。

（二）有利于维护民族团结

每个民族对自己的风俗习惯都有着深厚的感情，他们往往把其他民族对本民族风俗习惯的尊重，看做对本民族的尊重，把对本民族风俗习惯的冒犯，看做对本民族的歧视。因此，任何不尊重少数民族风俗习惯的言行，哪怕是出于开玩笑，都容易刺激以致伤害民族感情，不利于民族团结。

（三）有利于繁荣和发展民族文化

少数民族风俗习惯是民族文化的重要组成部分，各民族的一些风俗习惯本身就是以歌曲、舞蹈、体育的形式来表现的。许多民族往往通过自己的风俗习惯来保存和发展自己民族的文化艺术。例如，我国少数民族在长期的社会生活中，创造了自己富有特色的文学艺术，有很多是以唱山歌和讲故事的民间口头文学形式在群众中代代相传，并不断得到巩固和发展。有些表现在他们具有特色的日常用具、衣饰、建筑、手工艺品等方面。正是由于民族风俗习惯上的千差万别，构成了民族文化的多彩多姿，使文化艺术的内容和形式具有鲜明的民族特色。

三、民族风俗习惯类型

（一）物质民俗

1. 居住民俗

包括了民居的建筑类型、材料、住宅布局、房间分布、辅助性建筑、入住建筑的民俗表现等方面。

2. 服饰民俗

包括了头饰、体饰、足饰、佩饰以及服饰的性别、年龄、职业等表现方面。

3. 饮食民俗

包括饮食的结构、类型、加工、制作及食用礼仪等方面。各民族的饮食原则都是生产什么吃什么，出产什么吃什么。牧业民族多吃肉食和奶制品，从事渔猎经济的吃鱼和野味就很在行，而农耕民族又多在米面食物及蔬菜、禽、蛋上变换花样。

4. 生产民俗

包括了由生产实践派生出来的民俗事象，是和生产活动直接相关的民俗，其范围相当广泛，如农业生产中的有关粮食及经济作物栽培、收获习俗；林业生产中的有关森林、采集、狩猎习俗；牧业生产中的有关牲畜繁殖、放牧习俗；渔业生产中的有关水产养殖、捕捞、加工习俗，以及副业生产中的各种习俗等。

（二）精神民俗

1. 节日民俗

节日民俗，是一种综合性的文化现象，其内容包罗万象，表现形式也多种多样。主要分宗教性节日、生产性节日、文娱性节日、年节等类型，其活动形式大部分随季节变换而进行，成为无须刻意组织，但又约定俗成的活动。

2. 婚姻习俗

婚姻习俗，包括婚姻形态、婚礼仪式、家庭制度等。

3. 丧葬习俗

丧葬习俗因经济、地域、宗教等因素的不同而异。在我国各民族中，自古以来活人料理死者的方式是多种多样的，各自形成了独特的丧葬习俗。有些民族随着社会的变化或其他因素，丧葬习俗已有多次变化，其中许多葬俗已消失。如悬棺葬、食葬、瓮葬等。我国各民族比较流行的葬俗有天葬、水葬、火葬、土葬、塔葬、二次葬、合葬等，其中以土葬的民族居多，兼行火葬和土葬的民族次之。

第二节 生活中的专项礼仪

一、什么是礼仪

礼仪是人们在长期共同生活和相互交往中逐渐形成，并以风俗、习惯和传统等方式固定下来，以建立社会和谐关系、维系人们正常生活为目的的行为准则或规范。它是一个国家社会文明程度、道德修养、审美情趣和文化品位的外在表现形式，是人际交往的通告证。礼仪的核心是尊敬友善、和谐共生。

礼仪是由许多特定的、专门的，却又是具体的甚至是琐碎的动作和形式组成的，这便是各种礼仪规范。如在个人礼仪形象上有容貌、举止、言谈、服饰、神态、气质等要求；在迎来送往上有迎送往来的规矩，在国际交往中有各种交往礼节；在长幼亲疏间有各种交往的规矩；甚至不同行业间也有各个不同行业内部的礼节规范；不同的时间、不同的场合、不同的事件也有着各自不同的礼仪。

礼仪规范可分为社会通用礼仪与专项礼仪两大类。

社会通用礼仪是用来约束每一个社会人的，例如，不随地吐痰、不乱扔垃圾、尊老爱幼、女士优先等。

专项礼仪则是各行业根据自身的特殊需要设立的各种形式规范，用以约束本行业内部或对外交往的需要。如果按内容分类，大致分为政务礼仪、商务礼仪、服务礼仪、社交礼仪、涉外礼仪等。如果按职业分类，有警察礼仪、教师礼仪、军人礼仪等。

社会通用礼仪与专项礼仪共同构成了礼仪的表层范畴，也就是礼仪概念的形式范畴。作为一个社会人，必须学习并遵守社会通行的礼仪规范，而不同行业的从业者除了学习社会通用礼仪外，还必须学习各自行业的专项礼仪规范。不同的行业有不同的礼仪素质要求，而在一些特殊行业，如秘书、服务等行业对礼仪素质的要求更高，这些行业的从业人员就必须严格要求自己，按礼仪规范行事。

二、基本的社会通用礼仪

体态的高雅得体与否，直接反映出人的内在素养；举止的规范与否，直接影响他人对自己的印象和评价。良好的体态，也能给人以深刻的印象，从而获得他人的好感。

（一）站姿

站立是人们生活交往中的一种最基本的举止，是生活静力造型的动作。男士要求"站如松"，刚毅洒脱；女士则应秀雅优美，亭亭玉立。

标准的站姿是：头正，双目平视，嘴角微闭，下颌微收，面容平和自然；双肩放松，稍向下沉，人有向上的感觉；躯干挺直、挺胸、收腹、立腰；双臂自然下垂于身体两侧，中指贴拢裤缝，两手自然放松；双腿直、并拢，脚跟相靠，两脚尖张开约60度，身体重心落于两脚正中。正确健美的站姿会给人以挺拔笔直、舒展俊美、庄重大方、精力充沛、信心十足、积极向上的印象。

（二）坐姿

坐，作为一种举止，有着美与丑、优雅与粗俗之分。坐姿要求

"坐如钟",指人的坐姿像座钟般端直,当然这里的端直指上体的端直。优美的坐姿让人觉得安详、舒适、端正、舒展大方。

正确的坐姿:入座时要轻、稳、缓。走到座位前,转身后轻稳地坐下。女子入座时,若是裙装,应用手将裙子稍稍拢一下,不要坐下后再拉拽衣裙,否则不优雅。正式场合一般从椅子的左边入座,离座时也要从椅子左边离开,这是一种礼貌;双肩平正放松,两臂自然弯曲放在腿上,也可放在椅子或是沙发扶手上,以自然得体为宜,掌心向下;坐在椅子上,要立腰、挺胸、上体自然挺直;双膝自然并拢,双腿正放或侧放,双脚并拢或交叠或成小"V"字形。男士两膝间可分开一拳左右的距离,脚态可取小八字步或稍分开以显自然洒脱之美,但不可尽情打开腿脚,那样会显得粗俗和傲慢;坐在椅子上,应至少坐满椅子的2/3,宽座沙发则至少坐1/2。落座后至少10分钟左右时间不要靠椅背。时间久了,可轻靠椅背;谈话时应根据交谈者方位,将上体双膝侧转向交谈者,上身仍保持挺直,不要出现自卑、恭维、讨好的姿态;离座时,要自然稳当,右脚向后收半步,而后站起。

(三)走姿

走姿又称步态,要求"行如风",有一种轻快自然的美。步态要体现步伐稳健、轻松灵活、富有弹性。行路时弯腰驼背、低头无神、步履蹒跚,给人以倦怠、老态龙钟的感觉,这些步态都十分难看。

正确的步态:双目向前平视,面容平和自然,不左顾右盼,不回头张望,不盯住行人乱打量;双肩平稳、肩峰稍后张,大臂带动小臂自然前后摆动,肩勿摇晃;上身自然挺拔,头正、挺胸、收腹、立腰,重心稍向前倾;注意步位,行走时,假设下方有条直线,男士两脚跟交替踩在直线上,脚跟先着地,然后迅速过渡到前脚掌,脚尖略向外,距离直线约5厘米;女士则应走一字步走姿,即两腿交替迈步,两脚交替踏在直线上;男性步伐矫健、稳重、刚毅、洒脱、豪迈,好似雄壮的"进行曲",气势磅礴,具有阳刚之美；女性步伐轻盈、玲珑、贤淑，具有阴柔秀雅之美；跨出的步子应是全部脚掌着地，膝和脚腕不可过于僵直，应该富有弹性，膝盖要尽量绷直，双臂应自然轻松摆动，使步伐因有韵律节奏感而显优美柔韧；行走时不可把手插进衣服口袋里，尤其不可插在裤袋里。

（四）手势

手势是人们交往时不可缺少的动作，是最有表现力的一种"体态语言"，俗话说："心有所思，手有所指。"能够恰当地运用手势表情达意，会为交际形象增辉。

使用手势应该注意：在交往中，手势不宜过多，动作不宜过大，切忌"指手画脚"和"手舞足蹈"；打招呼、告别、欢呼、鼓掌属于手势范围，应该注意其力度大小、速度的快慢、时间的长短，不可过度；在任何情况下都不要用大拇指指自己的鼻尖和用指尖指点他人。谈到自己时应用手掌轻按自己的左胸，那样会显得端庄、大方、可信。用手指指点他人的手势是不礼貌的；掌心向上的手势有诚恳、尊重他人的含义，因此，在介绍某人、为某人引路指示方向、请人做某事时，应该掌心向上，以肘关节为轴，上身稍向前倾，以示尊敬。这种手势被认为是诚恳、恭敬、有礼貌的。此外还要注意，咳嗽、打喷嚏时，请用手帕或手巾纸捂住嘴转向一侧，避免发出大声。口中有痰请吐在手纸里、手帕中，手中的废物请扔进垃圾箱。日常生活中某些不雅的行为举止会严重影响自我形象，如当众搔头皮、掏耳朵、抠鼻孔、剔牙、咬指甲、剜眼屎、搓泥垢等。

（五）表情

表情是人内心的情感在面部、声音或身体姿态上的表现。健康的表情留给人们的印象是深刻的，它是优雅风度的重要组成部分。

1. 目光

眼睛是人体传递信息最有效的器官，它能表达出人们最细微、最精妙的内心情思。在与人交谈时，目光应该是注视对方，不应该躲闪或游移不定，注视的位置在对方唇心到双眼之间的三角区域。

当你的目光看着对方脸部这个区域时，会营造出一种社交气氛，让人感到轻松自然。这种凝视主要用于茶话会、舞会及各种类型的友谊聚会。如果注视的对象是亲人、恋人、好友，使用的注视方式是亲密凝视，凝视的位置在对方双眼到胸之间。与他人交谈时，要将目光转向交谈人，以示自己在倾听，这时应将目光放虚，相对集中于对方某个区域上，切忌"聚焦"，死盯对方眼睛或脸上的某个部位，因为这样会使对方难受、不安，甚至有受侮之感，易产生敌意情绪。

2. 微笑

笑有很多种，轻笑、微笑、狂笑、奸笑、羞怯的笑、爽朗的笑、开怀大笑、尴尬的笑、嘲笑、苦笑，等等，其中微笑是最美的。微笑是指不露牙齿，嘴角的两端略提起的笑。微笑是社交场合中最富吸引力、最令人愉悦、最有价值的面部表情。它可以与语言和动作相互配合起互补作用，它不但表现着人际交往中友善、诚信、谦恭、和谐、融洽等最美好的感情因素，而且反映出交往人的自信、涵养与和睦的人际关系及健康的心理。不仅能传递和表达友好、和善，而且还能表达歉意、谅解。

微笑着接受批评，显示你承认错误但不诚惶诚恐；微笑着接受荣誉，说明你充满喜悦但不骄傲自满；遇见领导、群众，给一个微笑，表达了你的尊敬和友善之情；用微笑面对困难，用笑脸迎接悲惨的厄运，用百倍的勇气来应付一切的不幸，说明你经得住考验和磨炼，你有战胜困难的勇气和信心。应该注意的是：微笑一定要发自内心、亲切自然。只有发自内心的微笑才富有魅力，让人愉悦欢心。不要为了讨好别人故作笑颜、满脸堆笑。要注意，参加追悼会、扫墓或在别人悲伤的时候、非常严肃庄重的场合就不可以微笑了。

第三节 人民警察专项礼仪

《公安机关人民警察礼仪规范》中,除了规定警容仪表、值勤礼仪之外,与人民群众交往方面的礼节就有接待礼仪、走访礼仪、公务礼仪等。

一、接待礼仪

1. 公安民警接待前来办事、求助、咨询的群众,态度热情诚恳,语言文明礼貌,语气谦和客气,表述准确通俗,内容言之有理;一般应讲普通话,不得讲粗话、脏话。

2. 接待群众报警、报案,应用亲切的语言进行安抚,设法消除其焦急、紧张的情绪,引导其尽快讲清案由、事件、地点等要素,做好记录,并迅速通知有关部门出警。

3. 接待群众信访和投诉,应主动招呼来访者入座,倒杯热水,作些寒暄,缓解和打消其不满和对立情绪,耐心倾听和记录其谈话,做到事事有回音,件件有落实。

4. 接待办理证、照事项的群众,坚持公平、公正、公开的原则,对符合政策、手续齐全的应及时办理;对需要补充材料的,应提供相应的"公开告知单",并作耐心详细的说明;对不符合规定、不能办理的事情,应做好解释工作。

5. 接待老弱病残者,主动上前搀扶就座,服务给予优先照顾;对有特殊困难者,在政策允许的范围内,应本着急事急办、特事特办的精神,想方设法为群众排忧解难,并视情提供特殊服务。

6. 对群众提出的意见和建议,应虚心听取;属误解的,可作适当解释,消除疑虑;工作有失误的,应立即向群众致歉,并及时改正,取得谅解;不能马上答复的,要做好记录,同时告知来人再次联系的方法,并表示抱歉。

7. 清正廉洁,秉公办事,不徇私情。对群众的请客、送礼应委婉拒绝，无法返还的礼品，应上交组织处理。

二、走访礼仪

1. 走访应因地制宜，讲究实际，以不予打扰、少添麻烦为原则；事先应与被访单位或人员约定时间，并简单交代走访有关事项，使对方有所准备。

2. 走访机关、企事业单位、居（村）委会时，应遵守上述单位的内部规章制度，做到举止文明礼貌，态度谦虚随和；指导布置工作时应多与协商，少下命令，帮其所需，解其所忧。

3. 走访一般居民，应选择适当时间，尽量避免用餐时间，做到仪态谦谨，谈话礼貌，注意简洁，并准确把握好话题，掌握好告辞时间。

4. 走访外来人口、鳏寡孤独和特困户及刑满释放、解除劳教和帮教对象等特殊群众，应语言文明，态度真诚，平等待人，注意了解和帮助其解决困难。

5. 走访遭受不法侵害者，应给予同情和安慰，并以负责的态度，认真、细致地了解案情，帮助寻找隐患，做好补救工作；对调解纠纷、查处违章等有关人员，要尽力避免对立和过激情绪，在充分调查、全面分析的基础上，讲清利弊得失，做到有利、有理、有节，妥善解决问题。

6. 走访少数民族、宗教人士，港、澳、台同胞和外国人，应预先了解他们的礼仪禁忌、风俗习惯及有关国家和地区的政治、经济等情况，态度要热情友好，语言要亲切自然，举止要有节有度，谈话要讲究策略，不卑不亢。

三、公务礼仪

1. 公安民警拨打或接听电话，应首先问好，然后根据需要报出自己的单位、部门、姓名和职务，简洁、明确地告知公务联系事项，结束时应道谢；接听重要电话，应及时进行记录，并做好善后工作。

2. 参加会议应准时入场，注意倾听，并认真做好记录；发言人开始或结束发言时应鼓掌致意，以示尊重；与会期间不要与他人交头接耳或者睡觉。

3. 向上级汇报工作，应按约定的时间到达，经敲门允许后方可进入；汇报时应中心明确，要点突出，精神集中，讲究效率。

4. 陪同上级领导视察工作，应注重礼节。一般两人同行时，以前者、左者为尊；三人同行时，以中者、前者为尊；进门、上车时，应让尊者先行，并用手起好保护作用；引领时，要一边用手示意，一边辅以说明，切忌独自在前，背对着领导。

5. 参加重大庆典和集会及出入其他比较正规的场合，应该着较新的、整洁的警服；着便服时，男民警一般应穿西装，配单色衬衫，系领带，穿皮鞋；女民警应着西装、套裙、礼服等，并保持服装整洁、挺括。

6. 公务场合与他人握手时，应身体向前微倾，握力、握距要适中，同时点头示意；与上级和女士见面，应由对方先伸手；介绍他人身份时，应将年轻的、职位低的先介绍给年长的、职位高的。

7. 着装执行公务，除路面执勤交通民警、巡警和驾驶机动车外，不得戴有色眼镜；非工作需要，不得着警服进入宾馆、酒店和营业性娱乐场所。

四、遵守人民警察礼仪的意义

（一）遵守人民警察礼仪是新时期公安机关完成新的历史使命的需要

"巩固共产党执政地位，维护国家长治久安，保障人民安居乐业"是公安机关在新时期肩负的三大政治和社会责任。没有良好的警察形象，公安工作就不可能得到广大人民群众的理解和支持，就不可能完成任务。只有加强警察形象建设，才能造就出一批适应新形势、新任务、新要求的合格人才，才能从容应对并正确解决各种复杂问题，更好地完成公安机关的光荣使命，为全面建设小康社会作出公安机关应有的贡献。

（二）遵守人民警察礼仪是深入践行"三个代表"重要思想的需要

人民警察的宗旨是全心全意为人民服务。"三个代表"重要思想以实现人民的愿望、满足人民的需要、维护人民的利益为出发点和落脚点，"全心全意为人民服务"反映了"三个代表"重要思想的根本要求，与其一脉相承。通过警察形象建设，人民警察可以更好地亲近群众，从而更好地为人民服务，让人民满意。

（三）遵守人民警察礼仪是实施依法治国方略的需要

随着我国依法治国方略的深入实施，法律体系越来越完善，人民群众的法律意识越来越强，对人民警察的要求也越来越高，警察的不当言行也越来越容易引起广大群众的误解或纠纷。因此，只有树立良好的警察形象，才能更好地推进依法治国进程。

（四）遵守人民警察礼仪是树立新形势下警察公共关系理念的需要

加强警察形象建设，有利于不断促进警察与社会各阶层群众的沟通，实现警察与群众零距离接触。在与群众密切接触中改善和树立人民警察形象，使群众在经常沟通与交流中达到对公安工作的理解，从而树立警察公共关系新理念，使专门工作与群众路线相结合方针在新形势下得到更好的贯彻落实。

第四节 与群众接触的基本礼貌

礼貌与礼仪都是道德规范要求，但两者有区别：礼仪一般用于外交及其他公务场合，往往表现为庄重，要求比较规范或者相对规范；礼貌一般用于平时人与人的交流，不带庄重色彩，要求不那么规范。

一、与人打交道的礼貌常识

（一）做客的礼貌常识

（1）做客拜访要选择一个对方方便的时间。一般可在假日的下午或平时晚饭后，要避免在吃饭和休息的时间登门造访。拜访前，应尽可能事先告知，约定一个时间，以免扑空或打乱对方的日程安排。约定时间后，不能轻易失约或迟到。如因特殊情况不能前去，一定要设法通知对方，并表示歉意。

（2）拜访时，应先轻轻敲门或按门铃，当有人应声允许进入或出来迎接时方可入内。敲门不宜太重或太急，一般轻敲两三下即可。即使门开着，也不可不打招呼擅自闯入，要敲门或以其他方式告知主人有客来访。

（3）进入室内后，未请坐，不可坐下。提袋、雨伞等物，应放在主人指定处。

（4）对室内的人，无论认识与否，都应主动打招呼。如果你带孩子或其他人来，要介绍给主人，并教孩子如何称呼。主人端上茶来，应从座位上欠身，双手捧接，并表示感谢。吸烟者应在主人敬烟或征得主人同意后，方可吸烟。和主人交谈时，应注意掌握时间。有要事必须要与主人商量或向对方请教时，应尽快表明来意，不要东拉西扯，浪费时间。

（5）室中珍贵之物，未经允许，不要拿起玩弄。

（6）坐应讲究姿势，注意适当和自然。如坐得笔挺，不敢动弹，会显拘束，主人也尴尬；坐没坐相，跷腿乱抖，过于放肆，主人会难堪。

（7）离开时要主动告别，如果主人出门相送，拜访人应请主人留步并道谢，热情说声"再见"。

（二）待客的礼貌常识

（1）有客敲门，应回答"请进"或到门口相迎。

（2）客人进来，应起立热情迎接。如果家中不够干净整齐，显得凌乱，要做些必要的整理，并向客人致歉。

（3）敬茶须用双手端送，放在客人右边。如果是夏天酷热，要开电扇或者空调。

（4）吃饭时，来客要热情邀请客人一同进餐。

（5）向客人介绍家中的其他客人时，姓名职务必须讲清楚；须先将年轻者向年老者介绍。

（6）客人来时，如自己恰巧有重要事不能相陪，要先打招呼，致以歉意，并安排家属陪着，然后再去干自己的事。

（7）客人坚持要回去，不要勉强挽留。

（8）送客应到大门外，走在长者后面。

（9）分手告别时，应招呼"再见"或"慢走"。

（三）握手的礼貌常识

（1）上下级之间，上级伸手后，下级才能伸手相握。

（2）长辈与晚辈之间，长辈伸出手后，晚辈才能伸手相握。

（3）男女之间，女士伸出手后，男士才能伸手相握。

（4）应该站着握手，不能坐着握手。如果你坐着，有人走来和你握手，你必须站起来。

（5）握手的时间通常是2~3秒钟。匆匆碰一下就松手，是在敷衍；长久地握着不放，会令人尴尬。

（6）别人伸手同你握手，而你不伸手，是一种不友好的行为。

（7）握手一定要用右手，除非右手受伤或太脏不能使用，用左手与人相握是不礼貌的，在特殊情况下用左手与人相握应当说明或道歉。

（8）握手时不可以把另一只手放在口袋里。

（9）男士戴着帽子或手套同他人握手，握手前一定要脱下帽子和手套，实在来不及的话，应该向对方道歉；女士与他人握手时不必脱去帽子和手套。

（10）男士与女士握手时，时间要更短一些，用力要更轻一些。一般握一下女士的手指就可以了，不要拉住对方的手忘了松开或用劲显示自己的热情。

（11）当另外两人正握手时，自己跑上去与正握手的人相握，这是失礼的，应该等别人握完再伸手。

（12）握手时不能目光他顾，心不在焉，与别人握手时东张西望是不礼貌的。

（四）交谈的礼貌常识

（1）和客人交谈时应站在客人面前约一手臂距离，注意力集中，耐心聆听，不可作忙碌状。

（2）保持微笑，并与客人时不时保持眼光接触。

（3）交谈时，应力戒口头禅，注意谈吐文明、措辞雅洁。

（4）不要随便打断对方说话，不要轻易在他人交谈时插嘴。

（5）交谈时，勿打哈欠，勿抓耳挖腮、搔首摆膝摇头。

（6）别人说话，勿持冷漠态度，如斜视、看书、看报等。

（7）要面对说话的人，不要东张西望。

（8）对于生客，不要贸然问人家收入多少；对女青年，不要贸然问她的年龄和地址。

（9）抽烟时，不要朝着别人的脸擦火柴，吐烟雾。

（10）咳嗽、打喷嚏，最好先用手帕捂住嘴，不要朝向人。

（11）路上遇见长者，不论师长、亲戚，应主动招呼，并加以问候。

（12）三人以上对话，须用相互都能听懂的语言。

（13）不可在客人背后突然说话，容易惊吓客人。

（五）介绍客人的礼貌常识

（1）介绍是人与人之间相识的一种手段，日常交往中的介绍可以使不相识的人相互认识，通过正确的介绍和自我介绍，可以显示一个人良好的交际风度。

（2）介绍的角色分为介绍者和被介绍者，自我介绍则是把介绍者和被介绍者两种角色集于一身了。

（3）作为介绍者，是为他人作介绍，其规矩是：应先把男士介绍给女士,再把女士介绍给男士;先把年轻的、辈分低的介绍给年长的、辈分高的,再把年长的、辈分高的介绍经年轻的、辈分低的;先把职位低者介绍给职位高者,再把职位高者介绍给职位低者;同级、同身份、同年龄时,应将先到者介绍给后到者。

(4)介绍时,不要用手指点被介绍者,更不能拍打被介绍者的肩膀或胳膊,"这位是某某"。应该把手掌伸直并掌心向上,向着被介绍者介绍。

(5)作为被介绍者,应该表现出结识对方的热情。被介绍时,应该面向对方并注视对方,不要东张西望,心不在焉,或是羞怯得不敢抬头。介绍完毕,被介绍的双方应该互相问候或微笑点头致意。

(6)介绍双方姓名时,口齿要清楚,说得慢一些,能让双方彼此记住。

二、基本礼貌用词

(一)"谢谢你"

"谢谢",无论别人给予你的帮助是多么微不足道,你都应该诚恳地说声"谢谢"。正确地运用"谢谢"一词,会使你的语言充满魅力,使对方倍感温暖。道谢时要及时注意对方的反应。对方对你的感谢感到茫然时,你要用简洁的语言向他说明致谢的原因。对他人的道谢要答谢,答谢可以说"没什么,别客气"、"我很乐意帮忙"、"应该的"等。

(二)"对不起"

社交场合学会向人道歉,是缓和双方可能产生的紧张关系的一贴灵药。如你在公共汽车上踩了别人的脚,一声"对不起"即可化解对方的不快。道歉时最重要的是有诚意,切忌道歉时先辩解,好似推脱责任;同时要注意及时道歉,犹豫不决会失去道歉的良机。在需要烦人帮忙时,说句"对不起,你能替我把东西递过来吗",则能体现一个人的谦和及修养。

（三）"请"

在任何需要麻烦他人的时候，"请"是必须挂在嘴边的礼貌语。如"请问"、"请原谅"、"请留步"、"请用餐"、"请指教"、"请稍候"、"请关照"，等等。频繁使用"请"字，会使话语变得委婉而礼貌，是比较自然地把自己的位置降低，将对方的位置抬高的最好的办法。

（四）其他礼貌用词

初次见面：久仰

好久未见：久违

赞美别人主意：高见

请求原谅：包涵

请出主意：赐教、请教

请人让路：借光

请人帮助：劳驾

要先离去：失陪

让人不要送：留步

送客回家：请慢走

请客人来：光临

表示等候：恭候

第五节 群众最厌恶民警的几种不良形象

一、衣冠不整动作不雅

说起衣冠不整的人，不由使人想起社会上的那种二流子。然而，我们民警也有衣冠不整、敞胸露怀的人，在农村又比在城市多见些。有人把这种当做一种威风、一种派头，实属一种无知。有一些同志特别是在酒足饭饱之后，容易露出这种丑态。举一个简单例子，剔牙，懂礼貌讲文明的剔牙，要用另一只手掩住嘴，头略向侧偏，吐出碎屑时用手巾接住。但是，有的民警却不然，剔牙时露着牙齿对着人，而且把碎屑乱吐一番，非常失礼。还有一些民警只要看见什么可以用，就随手拿来掏耳朵，也不管大家正在饮茶还是在吃东西。掏完耳朵，又用手指挖鼻孔，挖出的污垢弹在地上。当众剔牙、掏耳、挖鼻同样也令旁观者感到恶心，令人讨厌。

衣着对一个人来说影响非常大，大多数人对他人的认识，可以说是从衣着开始的，特别是对公安机关的民警，制服本身就是一种威严、一种形象。当群众遇到困难需要求救时，远远望见穿警服的来了，力量和勇气就会立即倍增；当不法分子行凶作恶时，只要看见警察，就会闻风丧胆、逃之夭夭。我们非常重视警容风纪的养成，因为它不仅仅反映出一个民警的个人气质、性格、内心世界，而且代表着正义、代表着国家和法律。

二、言语低俗不讲技巧

有一些基层民警素养低，做群众工作时，说话随便、言语粗俗，不讲文明用语。有的民警讲话不礼貌、不贴心、不热情，甚至用审讯犯罪嫌疑人的口气来对待群众，训斥责难、盛气凌人，带刺的话多、和风细语的话少。有的与群众说话不讲艺术，不看对象，不分场合，想怎么说就怎么说，无意之间得罪人；有时自己所说的话自相矛盾，反而被群众问得哑口无言，甚至被人抓住把柄，造成工作被动。有的民警虽然做了大量的群众工作，但由于缺少耐心细致的说服和解释，使群众误解，甚至引发群众不满情绪。

有些民警自以为是"管人的"，感觉高高在上，瞧不起普通群众，特别瞧不起弱势群体的群众。遇到群众有事多问几遍就不耐烦，说话都带有讽刺挖苦的意味，刺伤对方的自尊心。另外，有的民警语言粗鲁，也是群众反映民警"话难听"的一个主要问题。有的民警在朋友之间、同事之间，认为彼此熟悉，因此说话随便，满口粗话，别的群众听了会摇头。而且说粗话惯了，面对群众时也会情不自禁地说出粗话来。有的甚至粗话、脏话连篇，会给人粗俗不堪的印象。群众会认为你没文化、没品行、没层次，而不愿跟你打交道。

作为一个民警，你不仅代表你自己，而且代表着警察整体、代表政府，因此你对群众话中带刺、语言粗鲁，不仅损害了你自己的形象，而且损害警察队伍形象、损害政府的形象。一定要文明你的语言，要养成尊重人格、平等待人的美德。特别在接触群众时，要根据对象、年龄、职务的不同，使用恰当的称呼。对年长者，可称"老大爷"、"老大娘"；年龄与自己相近的，可称为"同志"；对少年儿童可称"小朋友"、"小同学"；对外国人和港澳台同胞，可称"先生"、"小姐"，等等。在特定的环境下，如已知对方是违法犯罪人员，可直呼其名。接待群众时要有迎声："请进"、"您请坐"、"您要办什么事情"。若工作正忙时，一定不要忘了对群众示意"请坐"、"请稍候"。群众离开时要有送声："再见"、"慢走"。

三、不讲礼貌眼冷待人

有些民警语言俗气、态度傲气、身子娇气，群众不满意。这些年来在公安队伍中出现的"冷、横、硬、推"，在老百姓面前抖威风耍特权、利用手中的职权"吃、拿、卡、要"，派出所或巡警队利用查处嫖娼的机会搞创收、罚款不给票据等不良现象，这些问题群众看在眼里，气在心上。个别民警为了个人的蝇头小利而极大地损害了公安机关在群众心目中的形象，极大地挫伤了警民关系，从而严重地影响了公安工作的正常开展。我们要加强队伍建设，切实解决这些问题。

谁都愿意听好话。我们民警接触群众时，遇见年长的喊一声："大爷"、"大娘"、"大叔"、"大婶"，遇见同龄人喊一声："同志"，对方心里舒服，热心接纳你。但有一些民警不太注意这些所谓的小节，穿一身警服，戴一顶大檐帽，说话就气粗了三分，问人、问路、问事不知称谓，先来一声"喂"，谁听了都不高兴。还有，群众到我们公安机关办事，一些民警看谁都不顺眼，或一问三不知，或一脸冷相，人家多问了几句就不耐烦，甚至横鼻子竖眼。

群众能不从心眼里讨厌你吗？

可能我们的民警认为自己是警察，需要的是一种冷峻、威严，不需要轻松愉快的感情或把它露在脸上。其实，在现实生活当中，民警打交道最多的就是群众。群众之所以时常抱怨我们、反感我们，是因为我们平时总是绷着一副冰冷的面孔，让人感到没有丝毫的善意和友好。改变冰冷面孔的唯一办法，就是应当学会微笑。微笑能给人留下谦和、含蓄、宽厚、亲近等好印象，微笑在某种程度上能表现你对群众的理解、关心和爱，微笑可以缩短人们彼此间的距离。

四、长发蓄胡摇头晃脑

一些男民警不但头发过长，而且蓄着胡子；一些女民警留着披肩长发，描眉涂口红。公安部对民警上述行为早已明令禁止，但这些民警却把这种行为当做一种美、一种洒脱。岂不知，当你和群众打交道时，你的长发、小胡、披肩长发、描眉、口红赫然在目，实在不雅。另外一些民警由于经常与犯罪嫌疑人及其他违法人员打交道，说话语气生硬，又摇头晃脑、指手画脚，就更给人没有素养的印象。有的民警与群众坐在一起时，习惯抖动双腿；有的习惯将腿搭在椅子或者沙发的扶手上；有的干脆将脚蹬在桌子上，使人感到轻浮、不稳重。

作为公安民警，由于自己的职业身份需要同社会各界、各阶层、各民族、各行业的人发生交往，很多人都注视着你，外表形象一定要按照公安部的有关规定严格执行。在各种不同的交往场合，与各种人打交道，要恰如其分地施行自己的礼仪。着装时遇见过往群众，不但要热情打招呼，而且要抬起你的右手向群众敬个礼，以良好的职业涵养展示自己的警察风貌。事实上，群众对公安民警的认识和了解，主要是通过大量日常观察和接触到的表象来判断民警素质的好坏的。如果你时时处处都表现出讲文明、懂礼貌、有道德、守纪律，这样，千万个民警的文明相互辉映，就能在群众中形成公安民警文明、威武的形象，从而赢得群众的信任。

第四章 掌握交流技巧
能够沟通群众

第一节 与群众交往，技巧是关键

一、几个小故事

故事一：三九严冬，凌晨一时半。值班民警老张带领110处警队正在辖区巡逻，突然接到指挥中心指令，辖区一居民楼内有一老太突发急病，要求救助。时间就是生命！老张立即带领处警队迅速赶往求助地点。老太家住六楼，待老张等人气喘吁吁地敲开房门，迎面而来的是老太儿媳的一阵埋怨："你们110怎么这么慢，我妈要是有个三长两短，你们负得起责任吗？"老张听了，心里很不是滋味，但又不能说什么，见老太儿子不在家，背老太下楼的活儿只能是老张干了。好不容易送到医院，还没喘口气，指挥中心又传来指令，在开发区发生一起抢劫案。老张把老太安放在急诊室床上，便要带领处警队离开。老太儿媳又不乐意了："你们警察就是这样为人民服务啊，把我妈放在这儿就不管了？"旁边的辅警听不下去了，回敬了一句："110不是为你们一家服务的！"老太儿媳大为不满，于是投诉老张他们。

故事二：在一次拆除违章建筑工作中，当地党委、政府要求公安机关安排民警到现场维持秩序。公安机关作为政府的一个职能部门，当然得不折不扣地完成党委、政府布置的任务。由于对拆违工作不满意，个别群众无理取闹，大声辱骂在场的拆违干部。民警小刘上前想劝说几句，却被骂了祖宗十八代。小刘坚持做到"骂不还口，打不还手"，心里却难受得要命。在那次执行任务中，群众的印象是：在场的民警个个都铁青着脸，对待人民群众态度生硬冰冷。

故事三：星期六，民警小杨加了一晚上的班，累得实在不行，就趴在办公桌上休息一会儿。这时，有位中年男子走进办公室，要求出个证明。小杨看了看，明确答复他不能出具证明，并详细解释了理由。那位中年男子竟撒起泼来，无理指责小杨，说人民警察是为人民服务的，你像个警察吗？上班睡大觉，群众进了门，既不让座，也不沏茶，要求办个事还推三阻四的。小杨听着听着，心里就有火了，一拳头狠狠地砸在办公桌上。这下更不得了，中年男子大声喊起来："警察打人啦！"边说边上前拉扯小杨的衣服。争执中，小杨的衣服被扯破了，闻声赶来的同事连忙将中年男子拉开，中年男子见谁拉就打谁，嘴里还一个劲儿地嚷嚷："我要告你们去！"

二、从中悟出的启示

上面三个例子在警察的日常工作中时有发生，这也意味着在真诚服务这条路上，我们的公安民警走得有多辛苦！"有困难找警察"是公安机关的承诺，"全心全意为人民服务"是公安机关的宗旨，"让人民满意"是公安机关的目标。公安机关通过开展各项思想政治教育、纪律作风整顿、争创人民满意、争创文明行业活动，全面提高公安民警的执法素质和服务质量，但在具体工作中还有不少群众对公安机关及公安民警不满意，这其中的原因是什么呢？

公安机关是政府行政机关中工作最繁杂、涉及社会面最广泛的一个特殊的行政机关。公安民警每天面对的不仅是各类违法犯罪分子，还有许多求助和服务的对象。作为公安民警，面对超负荷的工作量，面对复杂多变的人际关系，他们所承受的压力和委屈，并非常人所能理解。据统计，基层一线民警3年所接触到的社会阴暗面比普通人30年接触到的总和还多！金无足赤，人无完人，难免有少数公安民警会因此而脾气暴躁、态度冷硬，于是在个别前来办事的群众眼里，有的民警的服务态度实在很差。

"全心全意为人民服务"不是一句空话，而是要有一颗装着对人民群众的真诚的心。如果在具体工作中，公安民警能从群众的角度，想群众所想，急群众所急，那么就会把工作做得再细致些、再周到点，而群众也会在公安民警全心全意的服务中学会理解、学会体谅。比如救助老太的民警老张，如果当时来不及解释，事后打个招呼，想必老太的家人也会通情达理。面对辱骂拆违干部的群众，在场民警如果能动之以情、晓之以理地做好调解工作，稳定群众的过激情绪，我们的工作就会变得更加主动。至于民警小杨，面对无理取闹的群众，首先想到的不能仅仅是自己的委屈，既然当了一名人民警察，就要比普通百姓多一份责任和义务，在打击违法犯罪时应该雷厉风行，但在与群众接触中，就不必过分斤斤计较，只有多一分宽容和豁达，才能显示出人民警察的良好形象。

更重要的是我们要学会与群众交往的技巧，否则，即使有全心全意为人民服务的心，也难以从心理上接近群众。只要学会与群众交往的心理技巧，再远的心理距离也能拉近；反之，人近在咫尺也难接近。因此，必须要学会与群众交往的技巧。

第二节 注意与群众正常交往的细节

一、要塑造"好人缘"的公众形象

河南省有一乡派出所民警，上级要将这位民警调到另一单位。这位民警离开时，有上万群众路上一层层阻拦，不愿让他走。上级不得不在调离不久又将他调回该乡派出所。群众为什么不愿让他走？这位民警肯定有非常好的"人缘"。"人缘"，其实就是得人心。一个人的人际关系状况，即是否有个好"人缘"，直接影响到与群众的关系。怎样才能有个好"人缘"呢？

（一）要有容人之量

我们经常说："这个人有容人之量"，这里说的容人之量就是我们经常说的"肚量"。肚量就是一个人对待那些对自己不敬、不恭甚至得罪自己的人或事的处理方法，也就是气量。俗话说，大人有大量，小人不量。这其实就是告诉我们要做大事就要学会有容人之量，如果没有容人之量那就不会成大事。

你的气量大了，你就不会再遇到过多的气恼之事，那就会很容易地容纳很多的事情，那就会避免许多的麻烦。气量还会引来他人对你的帮助，引来许多人对你的敬佩，同时也为你在事业上预备了扶助之人。在人际关系中，有时会发生矛盾，心存芥蒂，产生隔阂，剪不断，理还乱，当何以处之呢？一种方法是"冤家路窄"，小肚鸡肠，耿耿于怀；另一种方法则是冤家宜解不宜结，"相逢一笑泯恩仇"。毫无疑问，在处理人际关系时，后一种态度是值得称道的。

（二）做人要厚道

人要厚道是一种做人的原则，人生活的环境不是真空，每个人的周围都有这样那样的人，大家聚在一起，便形成了多彩的世界。人是需要厚道的，厚道的人才会得到别人的尊重，厚道的人才能得到众多的真心朋友。记得著名教育家陶行知先生讲过这样一句至理名言：千做万做学做真人。这与做人要厚道是相吻合的。

俗话说得好，地基愈厚，愈能载高；础石愈厚，愈能负重；湖床愈厚，愈能纳深；人性愈厚，愈能受众。厚道有如参天的大树，为你遮挡暑热炎凉；厚道有如坚实的舞台，容你演绎生旦末丑；厚道有如母性的怀抱，替你抚慰喜怒哀乐；厚道有如宽广的大海，载你搏击风雨浪涛。

大地不厚，承不了山川海岳；人心不厚，得不到道义情谊。厚道，就是心地单纯，化复杂的人生为简单处世；厚道，就是心胸宽广，化恩怨干戈为真情玉帛；厚道，就是心存善良，人负我而我不负人；厚道，就是心向美好。在处理人际关系时特别要厚道，不能待人苛刻，使小心眼。别人有了成功，不能眼红，不能忌妒；别人有了问题，不能幸灾乐祸，给人"穿小鞋"，更不能落井下石。

(三) 为人处世要有人情味

卢俊说:"对别人表示关心和善意,比任何礼物都能产生更多的效果,比任何礼物对别人都有更多的实际利益。"人是情感动物,情是人类最美好、最神圣的东西,是人们之间信任与理解的桥梁。如何做到有人情味?

平时对群众关爱。见面时,问一问对方的父母身体、配偶的工作、孩子的学习情况等。这样让对方觉得你很在意他、关心他。特殊时候的关爱。人在"特殊"的时候得到关爱,特别容易感动。"特殊"时候指:正当的权益受损害、遇到困难、亲人去世、工作挫折、生病、生日等。

工作中需要有人情味,人与人之间需要有人情味,因为在爱的同时也是一种满足。让我们做个有人情味的人吧,它是社会和谐的润滑剂,是人与人之间的纽带,只要我们人人都有人情味,都献出一点爱,世界将变成美好的人间。

(四) 要以诚待人

人要真诚,以诚待人,才会在人和人之间架起一座心灵之桥,打开对方心灵大门,并在此基础上并肩携手,合作共事。"敞开心扉让人看",对方会感到你信任他,从而消除对你的猜疑和戒备心理,把你当成自己的知心朋友,乐意向你诉说一切!

以诚待人,要光明正大,坦荡无私。一旦发现对方有缺点和错误,一定要及时指正并督促他立即改正。虽然人人都不喜欢被批评,但是当他知道批评者是为他自己好,那他就会理解接受了。这样彼此的心灵得到了沟通,朋友感情也能更进一步加深。诚实是人的第一美德。做人要坦诚,更要有一些侠骨柔肠,光明磊落,襟怀坦荡,使人如沐春风,这样才能有个好人缘。

(五) 要想人缘好,还要靠近"好人缘"

在你选择朋友、建立人际关系网络时,最好能选择好人缘的人。而且能与这种人关系越密切越好。为什么呢?首先,"近朱者赤,近墨者黑"这道理大家都懂。其次,他会给你带来很多的好处：其一，人缘好的人他的朋友肯定不少，如果你与他成为关系密切的朋友，那么他的朋友自然也会成为你的朋友。这对于你迅速建立或扩大人际关系网有很大的促进作用。其二，"人缘好"的人朋友众多，群众基础好，他的能量也就越大，有时你会感觉到，找这种人帮忙，要比找其他人要容易、迅速得多。

二、与人交往要注意"亲切"感

"亲切"具有很好的人际吸引力，会缩短你与别人之间的心理距离。如果你是一个让人感到亲切的人，交谈时，对方情感的大门会主动向你敞开。那么，怎样做才能使自己成为一个亲切的人呢？

（一）主动问候

"你好"、"见到你很高兴"之类的问候语，虽然只有片言只字，但它是通向对方心理的一座桥梁，同时它也是你向别人主动示好的一种方式。向别人示好，别人自然会觉得你很亲切，谁不愿意与亲切的人交谈呢？

（二）认真聆听

如果你能认真听取别人的谈话，那么对方会愉快地向你敞开心扉。因为无论是谁，都或多或少地存在显示自己并能得到别人认可的心理。同时，你认真聆听别人的谈话，别人会感到你尊重他。尊重别人，别人自然也会尊重你。

（三）拉近距离

如果你想让群众成为自己的朋友，就首先要想法拉近你与群众之间的距离，距离缩短了，交谈起来才会自然、随和，彼此之间才能尽快熟悉和了解。缩短距离的方式有很多，如寄张贺卡、发个信息表示关心，开个"派对"等，都会有接近对方的机会。

（四）密切来往

"疏则远，密则亲。"互动频率越密，就越容易认识和了解人，交往的渠道也就越来越畅通。来往的次数与亲密程度往往成正比，有些聪明的民警，就常常有事无事地到群众家中坐一坐，说声

"路过此地，顺便来看看你"，这很能博得群众的好感。

（五）取得共识

你要让对方感受你的亲切，就应努力寻找观点的共识，保持话题的一致，因为只有有了共同的观点和话题，彼此之间才能谈得投机，才能取得共鸣。千万不要在人家谈某一话题的时候，你却扯到其他地方，这样话不投机半句多，人家自然不想再与你交谈。更要注意避免谈有争执的问题，有争执容易产生矛盾。

（六）态度真诚

谈话时应以温和的目光注视对方，脸上露出微笑，关注中体现真诚，会给人一见如故的感觉，也能让对方感受到你亲人般的温暖。无论是何种场合的交往、谈话，你都要保持这种良好的心态，以真诚的态度来待人接物，因为只有付出诚心，才能换得真心。

（七）常说"我们"

"我们"和"我与你们"虽然指的是同一人群，但是二者给人的感受不一样。使用"我们"一词会让人觉得彼此关系密切，能让人产生伙伴意识。而"我与你们"则给人一种有距离的感觉，会让彼此间有陌生感。

（八）注意称呼

在称呼上要注意尊老爱幼，"大爷"、"大娘"、"大叔"、"大妈"，叫得人心里甜蜜蜜的；"老李"、"小张"或不要带姓直呼其名，对小孩叫小朋友，都让人觉得关系亲切。这样，既引起了对方的注意，又体现了自己的风度和修养。

（九）适当夸奖

交谈时，请不要吝啬你的"美言"，而要善于发现别人的优点并予以真诚的称赞。因为夸奖是人际交往中的"亲和剂"，适时而得体地夸赞别人，会激起别人的自信心和荣誉感，别人会因此对你产生好感。

（十）来点幽默

讲话呆板是不受人喜欢的，人需要点幽默。幽默是一种智慧，也是一种风度。言谈风趣诙谐，会增强你的人际吸引力，它是增进亲密度的催化剂，也是消除紧张的一剂良药，令人心理上产生愉悦，怎能不给人留下深刻的印象呢？

(十一) 语气柔和

如果语气尖声高调，就会给人凶巴巴的感觉。柔和低沉的语气，有如春风化雨，浸入心田，娓娓动听，又给人以亲切之感。要使语气柔和，应把声音放小些、讲得慢些，语调低些就行。但是注意，不要弄巧成拙，原本想追求语气柔和，结果却变成嗲声嗲气，令人反感。

(十二) 出语谦逊

谦逊是一种美德，它会产生让人亲近你的魅力。妄自高大，只见自己，不见他人，开口便自己如何如何，很遭人反感。自己降低自己，反而会在别人心中增加分量。因此说话要谦逊一点，多讲对方的长处，既表现了对对方的尊重，也展现了知书达理的美好形象。

(十三) 关注对方

你在与别人交往时，可以先从一些细节开始，比如，注意对方的爱好，指出对方穿戴上的变化，记住对方有纪念意义的日子等。能这样做，对方会觉得你很在意他、关心他，能引起对方的话题和谈话兴趣，你会因此而受到对方的热情"礼遇"。

第三节 教你怎样说话最受欢迎

说话是一门艺术。群众当中的许多具体问题，都可通过个别谈话加以解决。运用好个别谈话，不仅可以了解情况、沟通思想、交换意见、解决问题，还可以畅通言路，集思广益，凝聚人心，增进友谊。具体地说，怎样说话最受欢迎呢？

一、说话要适度

急事,慢慢地说;大事,清楚地说;小事,幽默地说;没把握的事,谨慎地说;没发生的事,不要胡说;做不到的事,别乱说;伤害人的事,不能说;讨厌的事,对事不对人说;开心的事,看场合说;伤心的事,不要见人就说;别人的事,小心地说;自己的事,不要像祥林嫂见人就说;现在的事,做了再说;未来的事,到来再说。

人与人相处,不可能始终默不作声,就是最沉默的人,在必要时也不能不说几句话。你能与熟人说话,不算本领,要能与生人讲话,谈得推心置腹、相见恨晚,才是你真正的本领。说话宜少不宜多,宜小心不宜大意,要出口以前,先想一想,替对方想,他愿意听的话,才出口,他不愿意听的话,还是不说为上。所谓不愿意听的话,是指反复说过的话,与他的心境相反的话,尖锐而又刻薄的话。在说话时不应"抢话",先多听。有一些人,由于具有强烈的表现欲,无论在任何场合都是喋喋不休的,甚至硬要别人聆听他的话,令人很反感。

总之,说话要适度。重要的、与对方有关系的话该说就说;无聊的、与对方无关系的话不要说;哪些话可多说、哪些话应少说要考虑清楚;对方忙时,要长话短说,对方闲暇时,可适当多说;对方心情不好时,要尽量少说。

二、说话要有情

"感人心者,莫先乎情"。感情真挚,态度诚恳,平等待人,亲切交心,是做好个别谈话的重要前提。说话要"动之以情",去吸引人、感染人、打动人。

情以"真诚"为本。民警要放下架子,把自己摆在与群众同等的地位,以消除群众的戒备心理和拘谨心态,不要居高临下,八面威风。谈心时态度要诚恳,要平等待人,尊重对方的人格;说话不装腔作势，更不能一味板起脸孔、傲横无礼。谈心的内容要实事求是，不夸大、不缩小、不隐瞒、不欺骗、不故弄玄虚。涉及方针、政策、规定等问题时要持虔诚的心理和严肃的态度，以引起群众的重视。答复群众要求，要审时度势，量力而行，不要因一时兴起，就随便拍胸脯、许诺言、夸海口，否则容易食言而失去信用。

有情还体现在相互信任的态度上，要尊重对方的感情，给予对方充分信任，减少对方紧张和戒备心理。个别谈话时，要耐心地、细心地听取对方谈话，对他们讲得好的地方要点头承认，给予鼓励，并通过提问启发对方讲话，使对方在轻松的气氛中把话讲完。其次，关心对方的家庭、工作、生活等方面，平时要掌握对方的家庭情况、社会交往，以及影响工作、学习、情绪等各方面的因素；同时，还要了解他们有什么特点，在这种情况下与对方进行个别谈话，才能使对方愿意敞开心扉，进而更好地解开对方的思想疙瘩，收到良好的谈话效果。

有情还体现在说话时精力集中，用柔和的眼光正视着对方，态度诚恳，语气诚恳；最不好的现象，是双手搭着天平架子在胸脯，双目视于他处。或者说话时头俯下看地，给人感觉一种可怜兮兮的神情，这也容易令听者不快，甚或引起反感。

三、说话要注意火候

做什么事都有火候，打铁要火候，炒菜要火候，说话也要火候。关于这个"火候"，自古以来就是最难把握的。欠则生，过则糊；浅则浮，深则沉，不知如何是好？自古以来，能把握住火候的人都是些很成功的人。那么什么是好的"火候"呢？花开半则止，酒微醉则停，言欲尽而意未了，这是好的"火候"。要把握它，就得十分注意"适可而止"。这个"度"，是要在说的过程中根据具体情况而作出判断和把握，根据当时的地点、场合、对象等来决定。只要你用心，你定会掌握那个火候。

例如，解决某个问题，说早了，条件不成熟，达不到预期目的；说晚了，失去了时机，不利问题的解决，甚至给工作造成被动。因此，选择恰当谈话时机，是开展好个别谈话的重要基础。谈话的时机应根据谈话目的、问题性质、迫切程度以及谈话对象的思想水平、觉悟高低、心理素质、当时心境、环境气氛等适当选择。当对方受到批评、处分、表扬、奖励或工作变动、接受新任务时，可及时与其进行个别谈话；某人责任心不强，工作出现失误，也应及时与之谈话，进行批评教育，帮助分析原因，总结经验，使之吸取教训。如果某人不讲团结，与同事吵架闹矛盾时，就应该进行"冷处理"，待该同志情绪稳定、自我反省后，再进行教育帮助，切忌"火上浇油"，扩大事态，加深矛盾。总之，选定个别谈话的适宜时机，要掌握好"火候"，既不要"坐等时机"，也不要"错失良机"。

四、说话要注意场合

某公安局为勤勤恳恳工作了几十年的两位退休老民警举行欢送会。与会同志和领导对两位老民警的工作和为人进行了肯定和赞扬。其中老民警甲曾多次荣获过"先进"称号，同志们对他的美誉尤多；而老民警乙从未荣获过"先进"称号，同志们对他的赞扬自然较少。轮到两位老民警致答谢辞，他俩分别对大家的赞誉作了深情的感谢。老民警乙答谢完，话本该说到这里为止，然而，他却并未就此打住："说到工作，我很遗憾，我从来也没有得过一次先进，说明我工作没做好……"话犹未尽，坐在他对面的一位青年民警突然插了话："不是你不配当先进，是我们都没想到提你的名。"一时间会场中出现了一种让人不悦的尴尬气氛。一位局领导见势不对，马上接过话茬儿，想把气氛缓和一下。照理说，这时，他应避开"先进"这个敏感的话题，转而谈论其他。然而，他却劝慰老民警乙，叫他对"先进"的问题不要在意，说没有评过先进，并不等于不够先进，先进不仅在名义，更要看事实。如此一来，等于是把本应避而不谈的话题作了重复和引申，使本已尴尬的局面显得更为尴尬。老民警乙、青年民警、局领导说话都不注意场合。

有的人说话口无遮拦，甚至不经过大脑思考脱口而出。说话要注意场合，会引起大家尴尬的话不要随便说，还要注意在场的有什么人，忌讳说什么话。如在场有生女孩的，你夸男孩怎么好，人家就不舒服了；在场有普通民警，甚至有长期得不到提拔的老民警，有职务的几个人却谈论自己得到提拔的事情，人家听了肯定会反感。

五、说话要因人而异

说话要看清对象，因人而异。任何交际，都离不开特定的对象，与人说话，要详细了解谈心对象的情况，对对方的职业、年龄、心理状况、思想状态、文化修养、性格特征、与谈心内容的关系等都务求了如指掌。讲话前仔细想一想，想前因、想后果，哪些该说，哪些不该说，如何表态，如何提问，如何作答，都要想透，尽量避免不准确甚至错误的话语。比如，不对身体有缺陷的人谈跳舞或是论及对方的婚姻、收入、家庭财产等方面的问题，以及私生活方面的问题。在长辈面前、在领导及师长面前，不可以指手画脚。在同事、同学面前不可妄加批评。特别要杜绝背后对人说长道短，这是最令人厌恶的事情。与女士交谈，不可以论及丑、美、胖、瘦等。对不大熟悉或初识的人，不要问到对方衣服的质量、价格，身上的首饰是真是假等问题，不要开庸俗的玩笑，那只会证明自己的格调不高。

说话的效果怎么样，不光看说话人的表达水平，还要看听话人是否能理解和接受。因此，说话时要根据听话人的思想、知识水平和接受能力来决定说话的内容和方式。一是要考虑对象。对象不同，爱好不同，需求也不同，谈话的内容、方式、语言等也有所不同，尽可能从对方熟悉的感兴趣的话题入手。二是要及时消除对方的各种心理障碍。谈话对象的心理活动大都有揣测心理、防御心理、恐惧心理、对立心理、懊丧心理等,根据对象的主要心理状态,及时消除影响谈话的消极因素,使谈话卓有成效地进行。

在谈心过程中,民警要认真听取对方的每一句话、每一个意见,并作出相应的反应。此外,还应该细致观察对方的动作、眼神、表情及其他体态语言,来把握对方的"真心实意",捕捉对方对自己观点的真实反应,从而衡量自己谈话的质量,调整自己的情绪,让自己的语言更实际、更得体,更有影响力。

六、说话要讲理

一个女子去照二代身份证的照片,照完相,女子把表递给那女民警。女民警把她的表放到一边,一直没处理。女子问:"怎么那么久不帮我办?"女民警回答:"你交20元了吗?"女子说:"你不说,我怎么知道应该交多少钱?"女民警白着眼说:"这还用我说吗?哪有办证不交成本费的?"女民警的交流方式就存在明显无理的状况,办证按规定该交多少钱,应该提示办证人交钱,不应责怪对方。说话要讲道理,以理服人。理是以事实为基础的,如果与群众说话不根据事实不讲道理,不仅不能服人,还会使人反感。

要实事求是,尊重客观实际,对人对事评价也是如此。对人对事要一分为二,不要说人家好,就什么都好;说人家坏,就一无是处。也不要一表扬,就都是成绩;一批评,就新账老账一起算,甚至抓住一点,不及其余,全面否定。更不要采取"木匠斧子一边砍"、"我一讲,你就得服"的态度。这样做,往往事与愿违。因此,讲理,首先要讲点辩证法,具体问题具体分析,做到"两点论",做到入情、入理、入心,使别人真正服气。

说话讲理表现在以下两个方面:一是说话要尊重事实。事实是怎么样就怎么样,应该实事求是地反映客观实际。有些人喜欢主观臆测,信口开河,这样往往会把事情搞糟。二是说话要依据法律。某地,一位先生驾车跟随一辆O牌照的汽车左转时,被值勤交警拦下,称此处禁止左转,并当场开了罚单。这位先生辩称,自己是跟随前车左转，为什么前面的不罚？该交警说："你看到前面的车是什么牌子了吗？你知道那是领导的车，我管得着吗？"在法律面前，怎么也分三六九等了。这种有违法律的话，让人听了实属无理，肯定不服。民警说话要依据法律，这就是讲理，人家自然得服。

第四节　批评人的艺术

批评不是用来泄愤、发泄不满，也不是为了抱怨、责备，更不是通过斥责别人来抬高自己，批评的目的只有一个：帮助别人进步。我们每个人都需要自尊和被他人尊重，而批评的最大弊端就是容易伤害到别人的自尊，所以不到万不得已，尽量不要批评他人。如果要批评，就要注意批评的艺术。

一、批评要尊重对方"面子"

人性深处最渴望的是自尊感，这是人类最强烈的精神需要。人人都爱面子，这也是维护自尊、渴望别人尊重的需要，是人自重的表示。民警小王担任某校校外辅导员，有一名男生，违纪现象天天都有，并经常拿别人的东西，多次教育都不见效果。一天下午，他妈妈来找班主任，说孩子中午拿回家两朵小红花，是因为他表现好，老师奖给他的。班主任对他妈妈说，红花不是老师奖给的。他妈妈听后又气又急，连声说："这孩子又撒谎，真该打！"民警小王在旁边听到这个消息说，不管怎样，孩子把红花拿回家，是想得到母亲的表扬，这说明他有上进心，我们应该引导教育他。课外活动时，小王把男生带到办公室，对他说："老师想让你做件好事，老师今天丢了两朵小红花，你能帮老师找回来吗？""老师，我能！"他的眼睛亮起来，接着又低下了头，说："红花是我拿的，我看到别的同学们都有小红花，我也渴望有一朵，今天中午放学后，我趁没人注意，从讲桌里拿走的。老师，我错了……"望着孩子天真的眼睛,小王说:"老师不批评你,而且还要奖给你两朵,一朵是因为你诚实,一朵是因为你敢于承认错误,你拿的两朵红花你自己留着,你每进步一次,得到老师的表扬,你就在光荣榜上自己名字的后面贴上一朵,好吗?"他泛着红光的脸上充满了自信,点了点头。第二天,班主任发现他从来没有像今天这样守纪律,上课听得非常认真,课间主动把教室里的桌椅板凳排得整整齐齐。班主任及时地表扬了他,并在光荣榜上帮他贴了一朵小红花。

有的人常犯的毛病是,遇事便发、逮到机会就大发宏论,把别人批评得脸一阵红一阵白,全然不顾他人面子。其实,赞扬和批评有一定的分寸和场合,既要坚持原则性,也要讲究灵活性;既要坚持真理,也不能得理不饶人,也要给人以面子。只有这样,自己才有面子。

盛气凌人的批评,使对方丢了面子,会引起抵触。因为当对方感到自己丢了面子时,他会固执己见,绝不退让。这种情况下对方考虑的不是问题的是与非,而是尽力维护自己的观点,维护自己的观点就是维护面子。因此,使别人丢面子的批评是起不到作用的。正是基于以上的原因,多数成功的领导会这样:表扬人时大造舆论,让更多的人分享成功的喜悦;但批评人时,则大多采取单独进行或私下谈话,在不知不觉中化解了不必要的矛盾。我们民警批评其他人时也应如此。

二、欲批评先表扬

美国心理学家戴尔·卡耐基说过:"当我们听别人对我们的某些长处表示赞赏之后,再听到他们批评,心里往往好受得多。"特别对于那种自尊心弱、感情脆弱者,更要寓批评于表扬之中,即先表扬,后批评,因为人受称赞后再听批评,心里容易接受。因此,想要批评一个人的时候,先表扬他某方面的长处或优点,使其心理进入高兴爽快的状态,然后提出你要批评的问题。这种批评方式,可以减缓挫伤感,比较容易被人接受。

希望被别人肯定是每个人的天性，表扬就可以在他的心里留下被肯定的深刻印象，这时候被批评，就像吃中间夹着一点"苦果子"的三明治一样，毕竟吃的还是甜的多。当批评者诚恳而客观地赞扬之后再进行批评时，被批评者会因为赞扬的首因效应，就觉得批评不那么刺耳。同时也给被批评者这样一种印象：虽然有点错误，但成绩与优点还是有的，从而获得了心理上的平衡。例如，社区小张不务正业，经常去赌博，夫妻俩经常吵架。为此，小张的父母、兄姐都经常批评他，但是都不管用。于是小张妻子求助于社区民警。社区民警小秦这样批评他："小张，你人聪明脑子活，听说你过去在中学还搞过小发明，前几年你做的小生意还不错啊。如果把这份聪明继续用在生意上，今天恐怕发小财了，但是没有一个聪明人是靠赌博发财的。"这些话让小张听起来舒服，心理上接受了社区民警的批评，后来慢慢改掉了赌博瘾。

三、批评要注意场合

人总是讲自尊要面子的，如果在有人的场合，特别是人多的场合被批评，总觉得是失面子伤自尊的事，往往很难接受，有的甚至冲动起来走极端。某市一高中生因沉迷网络游戏，被老师当着全班同学的面批评后，立即从窗口（六楼）跳了下去。还有一个更极端的例子，某高中生带女朋友回家，母亲当着他女朋友的面批评了他，他立即冲进厨房拿菜刀砍死了父母。有些成人同样也接受不了当众被批评，包括有的警察也是如此。某市原派出所所长刘某，在全市派出所所长重新公开竞聘上岗时，他竞聘不上，由所长变为普通民警。一次全所开大会，刘某迟到了，新所长当众批评了他。刘某觉得自己是老领导，当着全所民警的面被批评，很失面子，随后取枪射向众民警，杀死两人、伤三人。这些走极端的人，其心理素质差是主要原因，但是批评者不注意批评方式、不讲场合，结果使被批评人伤了自尊而冲动，也是要吸取教训的。

我们批评人的目的是让对方接受并改正错误，因此批评要讲究艺术。恰当的批评会对对方敲响警钟，改正错误。反之，则会适得其反。所以批评别人时，一定要注意场合，最好是在没有第三者在场的情况下进行。否则，再温和的批评也有可能会刺激受批评人的自尊，他会觉得在同事面前丢了面子，或许以为你是有意让他出丑，或许认为你这个人不讲情面、不讲方法，没有涵养，甚至在心里埋怨你动机不善。受批评者心生怨恨，批评人的目的就很难达到。如果必须在现场当众批评人，其态度、措辞要特别谨慎，巧妙暗示，提醒点到为止。总之，以不刺伤对方的自尊为前提，否则很难达到批评人、改变人的目的。

四、批评措辞要婉转柔和

批评别人时，措辞不能生硬直露，否则可能激怒对方。比如，"你必须听我的，改变那种做法，否则……"这种命令威吓很难使人心服口服，即使对方慑于你的权威，可能表面服从你，但他的心里一定不服你，甚至怨恨你。命令威吓是最伤人自尊的，为什么不可以尝试客观婉转一些呢？

某新局长到任不久，发现办公室内勤女民警的工作经常出现差错。办公室主任对局长说，我们包括老局长经常批评她，就是改不了，年轻的老油条了。局长听了不吭声。过几天"五一"节就要到了，局里搞活动，女民警们都穿上漂亮的时装参加活动。在活动中，局长面对这位内勤女民警说："今天你穿的这身衣服真漂亮，正适合你这样年轻漂亮的女警。"这位内勤女民警受宠若惊。但局长接着说："我相信你处理的公文也能和你一样漂亮。"果然此后，这位内勤女民警处理公文时很少出错了。直截了当的批评对这位内勤女民警已不起作用，所以局长采取婉转的批评方式起到了作用。如果批评的措辞不当，语气不婉转，许多可能是善意的批评，想帮助对方改正某些错误，结果不但谈不上实现批评的目的，还会导致对方怨恨。

另外，批评的语气要柔和。所谓柔和，包括以下几点：第一，声调要和悦柔顺，使听者悦耳；第二，态度要和悦诚恳，使见者动容；第三，措辞要圆润周到，使听者感动。批评措辞婉转，加上语气柔和，批评的效果肯定好。

五、批评要给对方台阶下

批评要特别注意为对方留面子，注意给对方"台阶下"。因为在社交场合，每个人都表现出比平时更为强烈的自尊心和虚荣心。在这种心态支配下，他会因你的批评使他下不了台而产生比平时更为强烈的反感，甚至与你结下终生的怨恨。同样地，也会因你为他提供了"台阶"，使他保住了面子、维护了自尊心，而对你更为感激，产生更强烈的好感。这些，对于今后的交往，会产生深远的影响。

某市公安局局长到某派出所检查工作，派出所所长外出有事晚了10分钟赶回所里。县公安局局长当面批评："局长来了你跑到哪里去了？"派出所所长很尴尬，不知如何解释。想不到给市局局长"台阶"下："基层派出所长总是很忙的，哪能按时回。"派出所所长一笑，解了围。

六、批评不要用定性的词语

我们在批评他人时，应本着实事求是的态度，对对方进行就事论事的评价，要避免使用绝对词语：如"你从来都听不进意见……"、"我看你是难改了……"、"没有哪一个人会相信你……"、"你不可救药……"、"世界上没有你这样蠢的人……"等等。使用这一类不留余地的绝对语句，作为受批评的人会很反感。其次，你的批评用语太绝对，给人蛮横不讲理的感觉，使批评者失去威信。任何批评，其根本目的不仅在于抑制对方的过错行为，更重要的在于激发起对方好的行为，所以批评时不要用极端的定性词语刺激对方，而是要加以引导、指明出路，是十分有效的批评方法。

同时，批评可以幽默一点。幽默是智慧的表现，它可以给人们带来精神上的愉悦。幽默批评是重语轻说，一语中的，让对方在诙谐、愉快中接受批评，改正缺点。适当地运用幽默可以在批评者与被批评者之间形成一种和谐气氛，使后者对此形成心理相容，从而在心理上比较容易接受批评意见。社区民警老张有一次到某社区，刚进社区管委会，就听到主任在骂人。民警老张幽默地说道："今天早上哪位同志忘记刷牙了，可要注意口腔卫生啊。"这样幽默的批评效果比直接批评好得多。如果民警老张批评："你这个人嘴巴就是臭……"这种定性的词语，让人听了心里肯定不爽。

第五节 说服对方的方法

一、以退为进，先在心理上满足对方

劝说别人特别是那些抱有成见的人，在眼前劝说受阻的情况下，你不妨先有意识地退一步，肯定对方的观点有其合理性，然后在获得对方信任的基础上再寻找机会，通过摆事实、讲道理等方法巧妙地提出你的观点，变退为进，化守为攻，从而最终有力地说服对方。

老王从部队复员回村后，各方面表现都不错。社区民警小谢找他谈，想请他承担村警务室治安员的工作。可是老王不愿意干，民警小谢对他说，不干也好，你可以有更多的时间护理自己的果园。果子丰收了对你家有好处，别人也很感谢你。民警小谢这时有意识地退了一步，肯定对方不愿意干治安员的"合理性"。其实，"别人也很感谢你"这话有含义，因为他的果园经常被人偷，还到派出所报了几次案。老王听出了这句话的含义，想了想，自己当过兵，身体又壮，为了村里的治安，也是为了自己的切身利益，自己不干谁还能干？于是主动找民警小谢要求承担治安员的工作。这就是以退为进的说服方法。

二、正话反说有效果

说出来的话，所表达的意思完全相反，就叫正话反说或反话正说。如说出来的话表面是肯定，而意义上否定；或表面是否定，而意义上肯定。依此，让听者自觉去领悟，从而自觉自愿地接受你的劝说意见，按照你的意图办事。

一个民警到某中学，发现一学生躲在一个角落抽烟。学生说学习太紧张，抽烟可以解乏。民警假装赞许，顺势就说："对，抽烟的好处还不止这些呢，抽烟可使人永远不老，因为不老而死；可以防盗，因为半夜咳嗽不止，小偷不敢来；可省布料，因为骨瘦如柴，小老头一个。"那学生笑了笑，低下了头说："我以后再也不抽烟了。"反话正说，不是挖苦嘲讽，而是含而不露地旁敲侧击，寓理其中，能起到有效的批评教育作用。

三、层层释疑，让对方消除疑虑

人的思想是复杂的，对某一事物不理解、想不通，往往是疑虑重重，这就需要我们善于把道理说透。对方疑虑消除了，自然就达到了说服、劝导的目的。但消除别人的疑虑并不是一件很容易的事情，需要一点一点地层层递进，穷追不舍，把道理讲明白、讲透彻，这就是层层释疑的方法。

某派出所所长认识了一位港商，所长希望他来本县投资，经营企业。港商听了，心存疑虑，默默不语。所长看透了港商的心事，给他讲了本县的经济政策。经过一番交谈，港商弄清了该县吸引外资企业的平等互利原则，于是有心想大干一番。但又动摇起来，想打退堂鼓。为什么？因为港商又听说该县政府机构人浮于事，手续繁多，尤其是机关人员办事拖拉的作风，令人吃不消。当所长听出港商的担心时，立即又安慰他道："我县有规定，办事遇到官僚主义，可以直接与县长通话解决。"而后，港商又担心在该县投资办企业，该县只顾发展自己的经济潜能，而不注意保证外商的利益，以致外商在该县办企业得不到什么实惠。所长马上又把话说得一清二楚:"我县有经济政策,保证投资的人有利可图。"所长对港商的一连串疑虑,像剥笋一样逐个加以廓清,并且斩钉截铁、干脆利落、毫不含糊,把政策交代得明明白白,使得港商的心好像一块石头落了地。

四、以理服人,让对方无话可说

"动之以情,晓之以理",这是劝导说服别人的最根本的两条原则。

晓之以理,就是讲道理。简单的事情,小道理,一两个典型事例,再加上简明、扼要的分析,道理就可以讲清楚。复杂的事情,大道理,涉及多方面的因素,触动一点就牵动全局,必须全方位、多层次、多角度地进行一系列的说服工作,从多方面展开心理攻势,并以严密的逻辑推理,如水到渠成般得出结论。这个结论不宜由自己单方面推断出来交给对方,最好以征询意见的口气引导对方同你一起来推理,共同探讨得出结论,让他把你的意见、主张,当做自己寻求的答案,自愿接受,自动就范。这样的说服更高明。因为对于经过自己头脑思考发现的真理,人们更坚信不疑。晓之以理,要满怀信心,争取主动,先取攻势。当对方已明确、坚决地表示"不行"、"不干"、"不同意"等之后,再说服他,就要付出加倍的努力。当然,争取主动仍要运用委婉、商榷的语气,切忌盛气凌人、以势压人。如对方因此而产生逆反心理,再说服他,同样也要付出加倍的努力。

理离开了情,就没有谁愿意去听。在现实生活中,常遇到这种情形,有些人讲话满口都是大道理,可是人家不爱听,不能引起别人感情上的共鸣。因此,晓之以理,还要结合动之以情,通情才能达理。对于形象思维强于逻辑思维的青少年,对于多数平日没有深刻的理论思维习惯的人,以事比事,将心比心,运用其自身或熟人的经验教训,再加上感情色彩浓厚的语言,去进行绘声绘色的诉说，易令人感到亲切可信，引发情感上的共鸣，从而为对方接受道理扫清障碍，铺平道路。

五、及时调整话题，调动对方谈兴

说服别人时往往有说不下去的情况，在这种情况下如死说硬劝，必然会适得其反，走入死胡同，如果此时转移一下话题，引发他的兴趣，并造成浓烈的沟通气氛，从而为说服对方打下良好的基础。

转移话题有两种情形需要：一是对方所谈内容与我们要说服他的内容无关，而对方谈兴正浓，这就需要技巧地转移所谈话题。比如不妨说："您说的这件事很有趣，以后一定向您请教，我想同您聊一件事……"这就使谈话回到自己的正题上。另一种情况是察觉到对方不愿听下去时，要有针对、有选择地挑新的、适应的话题，以激起对方的谈兴。如同农民谈种植；同老板谈生意经；同老师谈教育等，对方肯定有兴趣，两人肯定会一拍即合，谈兴大发。

当转移话题以后，我们还要注意在适当时机及时将话头引入正题。因为转移话题只是为了给谈正题打下基础，而非交谈的真正目的，所以当所换之题谈兴正浓，双方感情沟通到一定程度时，我们就要适可而止，将话锋转入正题。使对方在新的和融洽的谈话气氛里重新讨论有争议的问题，这是一种以积极的态度扭转交谈局面的方法。

六、指东话西，让对方自己感悟

对于固执己见或执迷不悟者，最好的说服办法是声东击西，明说是"东"，其暗示的却是"西"，让人从中领悟到你的用意，从而接受你的意见。

后唐的开国皇帝庄宗，有一次打猎兴致来了，纵马奔驰。到了中牟县，由于鞭急马快，老百姓田地的庄稼被他践踏了一大片。中牟县令为民请命，挡马劝阻。没想到引起庄宗大怒。当面斥退县令,并要将县令斩首示众。随行大臣没有一人敢进谏言。这时,一个叫敬新磨的转到庄宗马前,愤怒地指责县令道:"你身为一个县官,难道还不知道我们的天子喜欢田猎吗?你为什么让老百姓在田地里种庄稼来交纳国家的赋税呢?你为什么不让老百姓饿着肚子而空留土地,好让天子来打猎取乐呢?你的确罪该万死!"怒斥之后,他请庄宗对中牟县令立即行刑,其他人也随声附和。庄宗听了,然后哈哈一笑,纵马而去,遂免了中牟县令的罪,让其回府了。

这个敬新磨对皇帝的一段谏言,真是奇妙,他指桑骂槐、指东说西,逗乐了庄宗皇帝,又免去了中牟县令的死罪,由此也可见敬新磨的煞费苦心。

七、保持缄默,让对方自己反思转变

在特定的环境中,缄默常常比论理更有说服力。我们说服人时,最头痛的是对方什么也不说。反过来,如果我们什么也不说,对方的错误意见就找不到市场了。

不同的缄默方式有不同的作用,运用时必须恰到好处。

平平淡淡的缄默能发人深省:有些人态度很积极,但发表意见时不免有些偏颇,直截了当地驳回,又易挫伤其积极性,循循诱导又费时,精力也不允许,最好的办法便是平平淡淡地缄默。他说什么,你尽管听,"嗯"、"啊"……什么也不说,等他说够了,告辞了,再用适当的不带任何观点的中性词和他告别:"好吧!"或"你再想想。"别的什么也不说。如此,他回去后定然要竭思尽虑:"今天谈得对不对?对方为什么不表态?错在哪里?"也许他会向别人请教,或许自己悟出真谛。

缄默能使人就范:某派出所所长交代一民警去执行一项任务,民警却对所长讲起了困难。连哼也不哼。什么"困难如何大"、"条件如何差……"、"时间如何紧……"等等。可是所长眼睛看着他,保持缄默,什么也不说。该民警说着说着就不说了,最后说了

一句:"好,我一定完成。"

第六节 如何使群众喜欢你

一、学会真诚地关心他人

大家都知道,世界上有很多东西,在给予他人时是越给越少,但有一样东西却是给予得越多,收获得也就越多,这个东西就是"学会真诚地关心他人"。播撒爱的种子,力所能及地关心身边的每一个人。生活中有许多人需要别人的关心,他们可能是社区里的下岗工人,生活低保的人员,福利院中的孤儿,进城的农民工等,他们都需要关爱。

古人说得好:感人心者,莫先乎情。关心人,是播撒道德的种子,是充满人情味的社会温情。在他人急需的时候,能主动热情地给予帮助和照顾,急人之急,帮人之苦,忧人之忧,救人之危,以关心别人为快乐,是一种高尚的行为,也是我们警察的职业道德。邱娥国就是这样一位以关心群众为乐的好警察,是我们警察学习的楷模。

我们没有能力把扶危济贫、助人为乐演绎得惊天动地,但是我们可以用一颗平常的爱心去温暖身边的每个人,将关爱化作实实在在的行动。你关心别人,别人就会关心你。你维护了别人的利益,别人就会维护你的利益。你为别人活着,别人就会为你活着,因此为别人活着,就等于为自己活着,这能成就自己的事业。

二、要对人保持微笑

如果你希望别人很高兴地见到你,你就必须高兴地会见别人。世上人人都在寻求快乐,但只有一个确实有效的方法,那就是要对人保持微笑。

现实生活中,微笑就是一种万能剂。笑,可以让双方的误会烟消云散；笑，可以消除双方的拘束；笑，可以传递出一种令人会意的情感；笑，也能给他人留下一种良好的第一印象。笑是一种生活态度，笑是一种处世法则。经常对人保持微笑，微笑传递的信息是：我喜欢你，很高兴见到你，让我快乐的是你。同样也会让对方喜欢你。

微笑不需花费什么，但却有意外的收获。它容纳了那些接受微笑的人，而又不会让发出微笑的我们失去什么。微笑能建立人与人之间的好感，你何乐而不笑呢？

如果你不习惯微笑，那么有两个方法可以帮助你微笑：一是强迫自己微笑，每天对着镜子学会微笑；二是你一个人独处时，不妨强迫自己吹吹口哨，或哼一支小曲，或唱唱歌，就好像你很快乐的样子，快乐了就会微笑。

三、要多记住他人的姓名

名字对于一个人来说，是最重要的东西之一。一个人从出生到去世，名字就一直和他伴在一起。叫响一个人的名字，这对他来说，是任何语言中最动听的声音。叫人最好不要叫全姓名，叫全姓名显得别扭，光叫名显得亲切。

我们民警在辖区里接触很多人，别人一般都认识我们，我们不一定都认识别人。见了面，如果叫不出别人的名字，微笑打个招呼，也未尝不可。但是你如果能记住很多人的名字，见面就轻松地叫出来，比微笑打个招呼更拉近双方的心理距离，就像好朋友见面一样亲热。因此，要刻意记住别人的名字，这样做可以让别人感受到你在关注他、重视他。

智者会千方百计地记住别人的名字，因为记住别人的名字越多，他的朋友就越多，社会交际就越广，就越有助于他事业的成功；愚者希望自己的名字被别人记住，因为他想显示自己在别人眼中的分量，这只是"单相思"而已。有的人即使到了外地旅游，也不忘在景点的墙上树上歪歪扭扭地刻上"某某到此一游"的蹩脚小字，贻笑大方。

四、要注意倾听他人说话

如果你想成为让人喜欢的人，那就先做一个注意倾听他人说话的人。因为你注意倾听他人说话时，对方会认为你很在意他、尊敬他，同时他还认为你是一个很有修养的人，他自然会喜欢你，与你交朋友。

如果你想让人躲避你、背后笑你，甚至轻视你，有一个最好的办法是绝不静听别人说话，而是不断地谈论你自己。

有许多人之所以不能给别人留下良好的印象，就是因为他不注意倾听别人的谈话，从来也不想听别人要说什么。他总是不断地说自己想说的话，或者谈论自己。

要使别人对自己感兴趣，首先就要对别人感兴趣。要做到这一点其实并不难，不妨注意听别人说，不要随意打断别人的话。别人不说了，你就可以开口了。有一个比较形象的说法，上帝创造人的时候，给了人两只眼睛、两个耳朵、一张嘴巴就是希望人类要多看多听少说话。请记住，跟你谈话的人，他对你是否注意听他的说话是非常在意的，要比对你的问题感兴趣很多倍。当你跟人家谈话时不要忘了这一点，注意倾听他人说话，你的朋友就很多。

五、迎合他人的兴趣

莫逆之交，多是趣味相投的好朋友，趣味相投就是双方有共同的兴趣和爱好。

常言道，知音难寻。因为有共同的爱好、兴趣，才可能成为彼此交情的纽带。比如，都爱下棋，在路边棋场相识就成了棋友；都爱垂钓，在湖边相遇就成了钓友；都爱书法，一谈起来就相见恨晚。有这样共同的东西把彼此连接到一起，在共同切磋中，便结下了友情。

因此，我们与他人沟通的诀窍之一就是：谈论他人最感兴趣的事情。在人际交往中，我们不要忽视了一点，即满足他人的兴趣。不能只顾自己的喜乐爱好，想怎么着就怎么着。一旦你的兴趣与他人产生冲突时，就会给你们的交往设置一种障碍。要仔细研究你交往的对象，找到对方的兴趣所在，寻找他们最关心、最热衷的事情，谈论他最感兴趣的话题。否则，即使你再死磨硬泡，也一无所获。

民警老秦在社区是个很随和的人，社区里无论什么阶层的人，也无论男女老少，都与老秦谈得来，而且都喜欢和他聊天。其实，老秦的诀窍就是能够迎合不同人的兴趣，使对方感到对胃口，有共同语言，无形中产生了一种吸引力，愿意与老秦交往。

六、让他人感到在你眼中有分量

一位哲人曾提出过这样的问题：将军和门卫谁摆架子？答案是门卫。为什么？因为将军有着雄厚的资本，架子任何时候都存在，不需要故意去摆弄。现实生活中也是如此，那些有权力、有地位、有金钱的人，拥有优势，其自尊和面子足矣，无须旁人再添加。而无权力、无地位、缺金钱的人，在社会上处于劣势地位，或多或少地有自卑感，因此很在意别人如何看他，有的甚至刻意做一些事情来展示自己的自尊和面子。

我们民警每天都要接触很多人，其中大部分是一般群众，之中又有大量弱势群体的人。这些人面对警察，自认为地位低，有自卑感，因此很在意你眼中有没有他。如果你能以平等的姿态与他们沟通，他们就会觉得受到尊重，有了面子，从而对你产生好感。

一般群众，特别是弱势群体的人，是我们公安工作最基础的力量，我们要取得他们的支持，就要尊重他们。没有尊重就没有友谊，要让他们每个人都觉得在警察眼中有分量。如何让他人感到在警察眼中有分量？很简单，见面打个招呼问个好，有时间唠两句。人家来找你办事时，要热情接待，能办的事尽快办好，不能办的事给予说明。做到这几项他们就很满足了。

第七节　学会与不同性格的群众打交道

一、对死板的人，唤起他的兴趣

在现实生活中有这样一种人，僵化死板，思想保守，做事缺少灵活性。对任何事都只凭经验教条来处理，无论客观事物或条件发生了什么变化，都不肯灵活应对，将惯例当成金科玉律，不能适应迅速变化的形势和环境。任凭周围的亲戚、朋友、旁观者如何劝说，他们总是执迷不悟，甚至还要找出很多幼稚的理由来为自己辩解。

这种类型的人，对人一副冷面孔。你热情地和他打招呼，他也是爱理不理的样子。死板的人兴趣和爱好比较单一，不大爱和别人交往。他们也有自己追求的目标和关注的事，只不过不轻易告诉别人罢了。

与这一类人打交道，他冷若冰霜，你不必在乎，而是应该采取"圆"的策略，热情洋溢地以你的热来化解他的冷，并认真观察他的一言一行、一举一动，找出他感兴趣的问题和比较关心的事来。要是你和他突然有了共同的话题，他的那种死板会荡然无存，而且会表现出少有的热情。

和死板的人打交道你一定要有耐心，不要急于求成，这种人很注重自己的心理平衡，不愿意让那些所谓烦人的事干扰自己的情绪。因此，要从他们的角度来考虑问题，维护他们的利益，慢慢地让他们接受一些新鲜事物，逐渐地改变和调整他们的心态，这样你们之间才可以建立比较合得来的关系。

遇到这种人，你就要花些工夫，仔细观察，注意他的一举一动，从他的言行中寻找出他真正关心的事来。你可能随便和他闲聊，只要能够使他产生一些反应，那么事情就好办了。接下去，你要好好利用这个话题，让他充分表达自己的意见。每个人都会有他感兴趣、关心的事，只要你稍一触及，他就会滔滔不绝地说出来，此乃人之常情，因此你必须好好掌握并利用这种人的性格和心理。

二、对傲慢无礼的人，有"方"治之

有些人自视清高，目中无人，时常表现出一副"唯我独尊"的样子。他这种举止无礼、态度傲慢的人，实在叫人看了生气，是最不受欢迎的典型。但是，当你不得不和他接触时，你需要如何对待他？

首先，缩短与他相处的时间。在与他相处的有限的时间里，你尽量充分地表达自己的意见，不给他表现傲慢的机会，这样他就难以傲起来了。

其次，交谈言简意赅。尽量用短句子来清楚地说明你的来意和要求，给对方一个干脆利落的印象，最好少跟他啰唆，也使他难以讨价还价，有架子也摆不起来。

最后，瞅准他的薄弱环节。请他参与不是他长处的活动，聊不是他长处的话题，他就缺少发言权了，就傲不起来了。就是使他明白，人各有所长，也各有所短，不要光看到自己的所长，也要明白自己的所短。以后你再和他交往，他就会平易近人了。

三、对沉默寡言的人，直奔主题

与不爱开口的人交涉事情是十分吃力的事，因为对方过于沉默，你没办法了解他的想法，实在难摸透对方的心理。因为这种人沉默寡言，内心世界处于封闭状态。不论你和他说什么，他总是沉默以对，你真是拿他没办法，更无从得知他对你是否有好感。在这种情况下，有些人为了活跃气氛，想打破这种局面，故意找些话题来说。其实这是没有必要的。因为，对于沉默寡言的人来说，他们之所以这样可能是出于其有某种心事而不愿多言。在这种情况下，你应该尊重对方，不要去破坏对方的心境，让其保持一种内心选择的方式。相反地，你如果故意地没话找话，并拼命地想方设法与对方交谈，只能引起对方的反感厌恶。

因此，对于这种人，你最好采取直截了当的方式，让他明白表示"是"或"不是"、"行"或"不行"；尽量避免迂回式的谈话。或者直接问"对于 A 和 B 两种方法，你认为哪种比较好？"

另外，沉默寡言型的人不善言辞，但并不代表他没话说。和他共处，你需要把谈话节奏放慢，多开掘话题。一旦谈到他擅长或感兴趣的事，他马上会"解冻"，滔滔不绝地向你倾诉起来。

四、对深藏不露的人，多用心思

所谓城府较深的人，指的是那种不愿让别人轻易了解其心思的人。他们总是通过各种方式保护自己，不轻易让心思外露。这种人往往说话不着边际，对任何问题都不作明确的表示，经常会含糊其辞，甚至顾左右而言他。和这种人打交道，常常是很难沟通的。由于很难知道他们真正的想法，所以人们往往也不愿把自己的内心世界向他们敞开，而是有所保留，甚至对他们有所防备。城府较深的人通常有以下几种情况：

首先，他可能是一位工于心计的人，这种人为了在与别人打交道时获得主动，或者出于某种目的不愿让别人了解自己，而把自己保护起来。而且，这种人还总希望更多地了解对方，从而在各种矛盾关系中周旋，使自己处于不败之地。显然，对这种人，你应该有所防范，警惕不要为之所利用，并成为他的工具，不要让他完全得知你的底细。

其次，他也可能是一位曾经有过挫折和打击，并受到过伤害的人。过去的经历使这种人对社会、对别人有一种十分强烈的敌视态度，从而对自己采取更多的保护。对这种人，则应该坦诚相见，以诚感人。这种人的城府深并不是为了害人，而是为了防人。所以，你对他不应有什么防范，为了真正达到沟通的目的，甚至可以无保留地对他敞开你的心扉。

还有一种情况是，他可能对某些事情缺乏了解，拿不出有价值的意见。在这种情况下,为了掩饰自己的无知,从而以一种未置可否的方式、含糊其辞的语气与人交往,并装出一种城府很深的样子。对这种人则不要有什么太高的期望,也不必要求他提供某种看法或判断。

总之,对某些城府较深的人,如果你不得不与之打交道,则应该真正对他们加以区分,先看其属于哪一类人,然后再确定自己的行为方式。

五、对悲观颓废的人,激发奋进

往往有这样一些人,缺乏正确的社会观,对自己在社会中的地位和作用认识不清,不能合理地对待社会中某些与自己意愿不一致的现象。一遇到困难、挫折之后,就陷入与社会格格不入的旋涡中,或者颓废,或者丧失信念,或者悲观厌世等,不能从种种困惑中解脱出来。

同这类人交往,应注意做到以下三个方面:

首先要帮助他们树立正确的社会观,摆正个人与社会的关系。只要是人,都有价值;个人的价值是通过社会表现出来的。所以,一个人要想使自己的价值得到发挥和承认,就应当在准确地估计个人价值的前提下,对社会有所创造。如果把自己估价过高,你就会把社会公平的待遇看做压制人才,就会有很多困惑。

其次,要帮助他们分析某种不公正的现象,看清现象的主流。一个人遭到挫折,产生社会不公平和自己前途暗淡的心理原因,是在于对自己眼前的一切缺乏冷静、透彻的分析。应当看到,在我们国家里,文明现象是主流,丑恶现象是支流,不要看到一点不顺眼的现象,就认为没有光明、寸步难行。再说,我们只要严格地自我解剖,也会发现自己的某些思想、行为,并不完全与社会的文明习惯相合拍,这时候,埋怨社会不公平,就感到自己不公平了。

最后,要帮助他们正确认识"外来阻力"的客观性和攻克阻力的主观性。外来阻力是外因,主观阻力是内因。人们进入社会,想成就一番事业，以无愧于社会。但是，一遇到挫折，就成了泄气的皮球，自我退却，那就不对了。正确的态度应当是：冷静地想一想，如果自己的想法和做法是正确的，不能取得成功，那的确是遇到了阻力，就必须坚持信念，不顾压力，战胜客观阻力，去取得成功；否则，就应当反省，修正想法和做法，另辟蹊径。

社会是发展的，但道路是迂回曲折的，布满变幻的风云。一个人要想干一番事业，没有足够的准备，光凭一股热情或愿望是不够的。因此，对与社会格格不入的朋友，我们还要帮助他们克服盲目性，不断提高自己取得成功的能力。

六、对孤僻的人，温暖体贴是良药

现实生活中，有这样一种人，他们感情内向，整日禁锢在郁郁寡欢、焦躁烦恼的樊笼里，心情抑郁缺乏生活乐趣，我们将这种人称为"性格孤僻的人"。同这种人交往不容易，必须掌握一些诀窍。

一棵参天大树，不可能有两片完全相同的树叶；芸芸众生，也不可能有两个性格完全相同的人。每个人的性格，都是他的全部生活史的缩影。因此，我们要同性格孤僻的人进行成功的交往，重要的是必须了解其孤僻的原因，以便采用合适的措施。

无论性情孤僻者的孤僻源于什么原因，我们与之相处，都应以温暖和体贴为良药，让他们通过友谊体验社会的温暖和生活的乐趣。因此，在学习、工作和生活的细节上，我们要多为他们做一些实实在在的事，尤其是当他们遇上自身难以克服的困难时，更应主动地站出来，着实尽力。实践证明，只有友谊的温暖，才能消融他们心中的冰霜。

此外，性格孤僻的人，一般不爱说话。有时候，尽管他们对某一事情特别关心，也不愿主动开口。不谈话，是难以交流思想感情的。因此，我们与之相处交谈时，既要主动，还要善于选择话题。一般来说，只要谈话的内容触及他们的兴奋点，他们是会开口的。

性格孤僻的人，往往喜欢抓住谈话中的细微环节进行联想，胡乱猜疑。一句非常普通的话，有时也会引起他们不高兴，并久久铭刻于心，以致产生很深的心理隔阂。而这种隔阂，他们又不直接表露，而是以一种微妙的形式表现出来，使当事人难以察觉。因此，我们与之交谈要特别留神，措辞、选句都要细加斟酌，丝毫疏忽大意不得。

在与性情孤僻的人有了初步的交往后，我们应该引导他们参加一些团体活动，促使他们从孤独的小圈子中解脱出来，投入社会的怀抱，变得开朗起来。孤僻的性格，并非一朝一夕形成的，有的已经形成了生活方式，很难改变，你要同他们进行交往，有时难免会遭到冷遇，甚至不愉快。所以，必须有耐心，当他的心锁被你启开后，你们的友谊就将与日俱增，进而成为挚友。

七、对性情暴躁的人，一笑了之

性情暴躁的人，最大的特点是容易兴奋、容易发怒，自我控制力差，动不动就发火，甚至不惜与人争斗。

怎样同这种人相处呢？请看下边一则故事：

据说，歌德有一天在公园里散步时，迎面碰到一位曾经对他的作品提出尖锐批评的某人。某人性情急躁，对歌德很不礼貌，劈头就嚷："我从来不给傻子让路！"歌德面对着这样的不善，则冷静而宽宏地说："而我则正相反！"边说边满脸堆笑地让在一旁，避免了一场无谓的争吵。某人自讨没趣，悻悻而去。

这则故事告诉我们，应如何对待性情暴躁者的"急躁"与粗暴，具体如下。

一是要宽宏大量，一笑了之。遇上性情暴躁的人冒犯你时，你一定得保持头脑冷静、置之不理，或者瞪他一眼，或者一笑了之。这种"一笑了之"的笑，可以是泰然处之的微笑，可以是表示藐视的冷笑，也可以是略带讽刺的嘲笑。最好的是泰然处之的微笑，它不仅可以使自己摆脱尴尬的局面，而且还可以向对方泼冷水，使对方欲进不得，避免事态继续发展。

二是暂时忍让，避开锋芒。当性情急躁者冒犯你时，如果你自己也是个暴躁的人，暴躁碰上暴躁，针尖对麦芒，就很容易着火。你应当压住心头的火，暂时忍让，避开锋芒。待对方锋芒稍减时，再充分地、轻言细语地说服对方，也可讲事实、摆道理消除对方的误会。

三是开阔胸怀，宽宏大度。只要你有宽阔的胸怀，你就会对别人的态度不加计较，他吵，你不吵；他凶，你不凶；他骂，你不骂。这样就吵不起来了。你只要有温和的态度，有宽广的胸怀，有宽宏的"海量"，就会使本来发火的对方火气削减，自感没趣，收剑更弦。

四是察言观色，防患未然。性情急躁的人，当他着火时，最容易对周围的一切人"发泄"。这时你就迁就一下。如果你与他计短长，就会成为他的"出气筒"。所以，你一定得察言观色，揣摩对方的心理状态，先退一步，然后待他情绪稳定下来时，再进两步，谈你所要谈的一切。

八、对草率决断的人，步步为营

这种类型的人，乍看好像反应很快，他常常在交涉进行到高潮时忽然作出决断，给人"迅雷不及掩耳"的感觉。由于这种人多半是由于性子太急了，因此有时候为了表现自己的"果断"，决定就会显得随便而草率。

由于"反应"太快，这样的人每每会对事物产生错觉或误解，其特征是，没有耐心听完别人的谈话，往往"断章取义"，自以为是下决断，如此交涉虽然较快，但草率作出的决定，多半会留下后遗症，甚至会有意料不到的枝节发生。倘若遇到这种人，和他相处最好的办法就是经常给他泼泼冷水，让他保持清醒的头脑，切莫感情用事草率作决定。如果务必要向他交代什么问题，最好把话题分成若干段，说完一段之后，马上征求他的意见，没有问题了再继续进行下去，这样才不至于发生错误，也可避免不必要的麻烦。

九、对贪小便宜的人，投其所好

一些人贪小便宜的毛病是受社会环境或家庭环境的影响，而形成的一种生活习惯。这种人往往缺乏远大的理想，胸无点墨，生活作风随便，自身要求低，得过且过，不求上进。这种人，一般心地不坏，而且性格外向，容易了解。同这种贪小便宜者打交道，要注意对其进行正面批评，引导他们在学习上和工作上下工夫，以提高其理想层次。理想层次提高了，自尊的要求就会随之增长，贪小便宜的毛病便会相应地得到克服。对这类人贪小便宜的毛病，切不可姑息。对他们的姑息，只会加重这种不良生活习惯。另外，也不可对他们进行讽刺挖苦，因为讽刺挖苦会影响其自尊需要的提高。

还有一种贪小便宜的人，他们的行为是受一定意识形态支配的，其贪小便宜的行为反映着其生活观念。这种人，往往具有比较特殊的生活阅历，在生活中受过磨难，生活观常常表现为以"自我"为中心。

同这类贪小便宜者打交道，采取一般化的说教方法是无法解决其观念形态的问题的，应真诚地与之相处，在工作、学习、生活中，真诚地、无微不至地去帮助他们，使他们在自己的行动中得到感化。比如，外出时，热情地拉着他，坐车、吃饭、看电影、逛公园、照相争着花钱，而对他从不表现出一点儿不满和鄙视。平时，又总是讲一些他所钦佩的人的恢弘大度、不计个人得失的事例，使他逐渐意识到自己的不足。

贪小便宜不管源于哪一种心理状态，冰冻三尺，非一日之寒，要他们一下改掉并不现实，只能潜移默化，而且允许出现反复。如果一个人去感化犹嫌力量不足，可动员几个要好的朋友来共同感化他们。当贪小便宜者真正理解你一颗真诚的心后，他是会永远感激你的，由此所建立起来的友谊，也一定是纯洁的、牢固的。

世上自私自利的人为数不少，无论你走到哪儿，总会遇到几个。这种人心目中只有自己，凡事都将自己的利益摆在前头，要他做些于己无利的事，他是断然不会考虑的。但是，当我们不得不与其接触时，只有暂时抑制自己的厌恶之情，姑且顺水推舟，投其所好。当他发现自己所强调的利益被肯定时，自然就会表示满意，交涉就会很快获得成功。

十、对面无表情的人，要察言观色

"察言观色"才能更清楚地了解一个人的真实意图，因为一个人的心理或感情，往往会自然而然地通过脸部表情流露出来。尽管喜、怒、哀、乐不形于色的人具有深沉的特点，但要了解他们的内心世界，最好的方法就是注意其眼睛。有人说，"眼睛是会说话的"，"观其眸子"，你自然可以知道对方的心思。对方一面跟你说话，一面眼睛往别处看，这表明刚才你的来访打断了什么重要的事，对方心里惦记着这件事，虽然他在接待你，却是心不在焉。这时你最明智的方法是打住，留下一个最重要的告辞："您一定很忙。我就不打扰了，过后我再来找你吧。"你走了，对方心里对你既有感激，也有内疚，因为自己的事，没好好接待人家。这样，他会努力完成你的托付，以此来补报。

当你再次访问希望听到所托之事是否办妥的消息时，却发现对方受托之后尽管费心不少，但并没完成，这时难免发急。你应该将到了嘴边的催促化为感谢，充分肯定对方为你作的努力。这时，对方就会感激你的理解，产生了好人做到底的决心，进一步为你把事办好。

生活中，我们有时会看到有的人无论别人说了什么、做了什么，他都是一副无表情的面孔。没表情不等于没感情，例如，有些人对警察的言行不满，只是敢怒不敢言，只好故意装出一副无表情的样子，显得毫不在乎。但是，其实他内心的不满很强烈，如果你这时仔细地观察他的面孔，会发现他的脸色不对劲。碰到这种人，最好不要直接指责他，或者当场让他难堪。这种时候不宜说话过多，避免正面交锋，而应另择时间，开诚布公地与对方交换意见，这样就可以圆满地解决问题。

第五章 如何做好城市社区警务

第一节 城市社区警务的再认识

一、当前我国城市社区警务的不足

我国的城市社区警务工作已经开展近十年，但影响、制约社区警务工作发展的问题依然存在，主要包括以下几点：

（一）社区警务的群防功能发挥不充分

社区警务既是公安工作的一部分，也是社区工作的一部分，特殊的交叉属性决定了其特有的功能。社区警务是社区群防工作的组织形式，也是公安机关与人民群众进行信息互通的基层中枢。民警在社区警务中往往是简单地按部就班执行，特别是在有计划地组织群众进行群防群治及其他的综合工作中，不能充分发挥社区警务的组织引导功能。主要原因是社区民警基本还是单兵作战，牵头组织协调群众不够有力，不能串联成有效的防控网络，导致各种群防群治力量的运作无力，未形成有效的防控体系。直到现在，虽然很多地方建立了警务室，但在群众看来警务室只是一个报案或者求助的场所，并没有那种群防功能中枢的意识。社区警务缺乏稳固的群众根基，群防功能发挥不充分。

（二）社区警务工作没有形成合力

社区警务作为一种新的工作模式，要求街道政府、社区干部、社区民警等各方参与。但存在的问题是：一方面是街道政府、社区干部，在对社区警务的认识上及责任归属上还没有形成统一认识。调查中发现仍有不少社区单位和群众认为社区警务是公安部门的事情。社区警务的资金投入，往往是社区干部碍于民警的"面子"、

"交情",而没有在思想上真正认识到社区警务工作的重要意义。另一方面社区民警因其他原因投身社区工作的时间不多,与社区群众缺乏多方的信息交流。社区治安不好,社区干部与群众往往埋怨派出所,而没有认识到控制和减少违法犯罪的关键在于社区本身。总之,社区干部群众与社区民警共同分担维护社区治安秩序的责任意识不强,导致社区民警走不出独自承担解决社区违法犯罪问题的怪圈。

(三) 社区警务的资源利用不足

社区警务有两个基本构成元素:社区和警察。社区是警务活动的依托和载体,警察是警务活动实施者即警务活动主体。社区在警务活动中,起着警务资源配置提供者的基础作用,即警务活动所需要的资源都蕴藏在社区中。但是社区民警在工作中,不会挖掘利用社区有关资源来做好社区警务,往往依赖上级机关来解决人、财、物问题,习惯于依靠行政手段筹措各种社会资源,不善于动员社会力量,没有真正形成社区共防范的局面。当前,开挖社区资源的工作做得好不好,很大程度上依赖于民警个人的状况。在相同环境条件下,民警个人素质好、活动能力强,利用社区资源的效果就明显。关键是缺乏社区警务制度资源的开发和创新,难以进一步提高社区警务标准化管理水平。

(四) 社区警务的考核机制激励不够

考核是各项工作的指挥棒,科学合理的考核机制能够调动和激发民警的工作积极性和创造性;反之不仅达不到考核目的,还会挫伤民警的工作积极性。在实际操作过程中,因为社区民警的工作职责是管理、防范和服务,大部分时间、精力都花在与群众的沟通上,许多工作难以量化考核。但在制定考核办法时,往往突出打击的职责,将协助破案纳入社区民警的考核内容中并以高分体现,导致部分民警片面追求易得分的高分值工作,而忽略了难以得分的防范等基础工作的开展,势必会影响其社区警务的实质性工作。

（五）民警能力素质不平衡

从事社区警务工作的民警，因为个人的学历、经历、业务素质参差不齐，所联系社区的治安复杂情况各异，工作成效也表现出较大的差距。有的民警简单地执行任务、完成基础指标，有的不善于发动群众、组织队伍；有的不适应当前的社区形势，对各项基础工作无从下手。在现实中，突出表现为个人能力素质好的民警社区警务工作开展得就有特色、有亮点、群众满意度就高；个人素质较差的，工作开展中就阻碍多、群众的怨言也多。最终导致各社区警务工作发展不协调、不平衡。

二、改进城市社区警务工作

（一）提高社区警务的认识

社会治安问题一方面是社会矛盾在治安方面的映射和反映，而社会矛盾本身是无法通过现代化手段和装备设施来解决的；另一方面社会治安问题的具体表现形式复杂多样、变化迅速，警察工作的现代化手段既无法涵盖所有治安问题，科技进步的速度也永远无法赶上治安问题变化的速度，这同样决定了警察工作现代化在适应治安形势变化上的局限。所有治安隐患和影响社会秩序的危险和威胁因素都来自于人，一切危害社会治安行为的主体都是人，对治安问题的治理实际上是对人的治理，一切现代化的手段和方式都只能作为补充，即弥补人的部分功能缺陷。作为自然属性的人都是生活在一定社区环境中，具有反社会心态的人其危害社会的行为也都在社区时空环境中发生的，因此要解决人的问题就回避不了社区这个支撑点。社区警务就是在这个背景下产生的，其注重人的因素和作用的发挥来解决治安问题。我们要真正树立打防结合、以防为主、标本兼治的战略指导思想，不断完善和巩固我国独具特色的社区警务发展战略。

（二）社区警务专职化

当前，社区警务室"空壳"的现象仍然十分普遍，有的地方甚至十室九空，群众意见大。因此，必须让社区民警专职从事社区警务工作，一社区一警。综合利用民力，实行"社区民警＋社区辅警＋社区调解员＋社区综治员"的"四位一体"模式。社区民警接受街道办和社居委的统一领导和考核奖惩，强化与社区之间的融合，大力整合社会资源，提高见警率，打造平安社区。

社区民警专职化之后，派出所有效警力相对减少，如何实现警力资源优化配置？如何有效掌控社会面？

一些公安局在这方面做了改革，如推行以指挥中心为龙头，将巡警依托设置在街面的固定警务工作站和移动警务工作站，屯兵街面开展防范打击犯罪、管理交通和服务群众。派出所和责任区刑侦大队加强小区、小街、小巷的治安防范。治安、网安等部门以分局为单位对辖区单位内部、旅馆、网吧、出租房屋、娱乐场所等加强治安管控。这种新型勤务模式，将有效掌控社会面，使派出所能够抽出更多的警力，实现社区警务专职化。使社区民警成为以实有人口管理为重点、以信息采集维护为主要任务、以依靠群众落实各项管理防范措施为主要方法的基层专门队伍，全面实现社区民警专职化。

（三）在保护与服务中实现对流动人口的管理

如前所述，一切危害社会治安行为的主体都是人，对治安问题的治理实际上是对人的治理，因此在社区警务工作中人口管理工作非常重要，重中之重又是流动人口的管理。长期以来在流动人口的管理中有重限制、轻保护；重管理、轻服务的倾向，尤其是一些地区对流动人口采取一种歧视态度，沿袭计划经济时期的办法来管理流动人口，重"堵"不重"疏"。这种管理模式实际上是对社区警务理论的背离。我们不能将社区警务片面地理解为常住人口的社区警务，也是流动人口的社区警务。流动人口管理的核心精神，应该是管理与服务相结合，在对流动人口合法权益保护中实现管理。依靠流动人口唤醒其主人翁意识，自觉自律共同参与社会治安的综合治理。

(四)发挥社区群众对警务活动的监督作用

社区警务中群众与民警双向互动式的警务机制,对公安机关和社区民警的工作具有较强的监督作用。公安机关应该注重并充分发挥这一作用,一方面可以尝试建立一种社区群众评价派出所和民警的工作制度,并将结果与派出所和民警的考核挂钩。科学的评价方法可以激发民警从事社区警务的热情,督促社区警务各项工作的落实;另一方面应建立派出所和民警与社区群众的定期对话制度,让社区群众包括流动人口,对派出所工作公开发表意见,提出建议,并将这一制度规范化。这不仅有利于监督,同时也是警民协商、共建社区安全的好路子。

(五)注重社区民警的培训

建立完善教育训练机制,教育城市社区民警切实转变重管理、轻服务的观念,树立和增强以社区为根、以群众为本的社区警务工作理念,强化服务为主、管理相辅的意识。以提高城市社区民警做群众工作的能力和水平为重点,以"三懂四会"为主要内容,实行岗前必训、每年轮训和岗位练兵制度。"三懂四会"即懂方针政策、懂法律法规、懂业务知识,会擒敌自卫、会执法执勤、会管理服务、会群众工作。城市社区民警上岗前,必须经过不少于10日的训练,并考核合格。根据城市社区工作实际,每年分期、分批对城市社区民警进行集中轮训,不断提高城市社区民警的基本素质、基本技能。

第二节 城市社区警务工作重点

一、收集情报信息

1. 情报信息收集的主要内容

情报信息收集的主要内容:社会各界对国内外重大事件、热点问题的反应;可能引发群体性治安事件的矛盾因素和动向;境内外敌对组织、邪教（法轮功等）、非法宗教组织、会道门以及其他非法组织渗透活动的情况；涉及各类刑事犯罪、经济犯罪、毒品犯罪以及治安问题的苗头、动态；因各类民事纠纷可能铤而走险、制造事端的危险人员情况；其他可能危害、影响社会政治稳定和治安稳定的情报信息。

2. 建立健全情报信息网络

建立健全情报信息网络：依靠社区群众和单位，建立覆盖社区的情报信息网络，广泛收集、及时上报各类情报信息，并注意日常积累分析。对涉及政治稳定和治安稳定的重要情报信息做到准确及时上报，不漏报，不瞒报。

3. 提高情报信息服务现实斗争的能力

通过人口访查、阵地控制等形式，配合侦查部门开展刑嫌政嫌调查控制，加强对重点刑嫌和政嫌人员的情况收集工作。

二、负责安全防范工作

1. 安全防范宣传工作

充分运用社区宣传阵地，广泛宣传法律、法规及安全防范知识，提高社区群众遵纪守法的自觉性，增强安全防范意识和自我防范能力。

2. 群防群治工作

加强以治保会为主体的群防群治队伍建设，带领和指导各种专职、义务治安防范力量开展经常性的巡逻防范工作。

3. 开展创建"平安社区"和"无毒害社区"活动

督促社区单位和楼院落实人防、物防、技防措施，动员安装防护门、安全锁、报警器、逃生窗等防护设施，不断提高社区的安全防范能力。及时掌握分析案件多发区域、部位情况，查找、堵塞防范工作的漏洞。及时发现吸毒人员，切实做好吸毒人员戒毒出所后的跟踪帮教工作，努力降低复吸率，遏制新吸毒人员的滋生。

4. 社区消防管理

督促和指导社区建立健全消防安全组织，履行消防安全职责，落实消防工作措施。指导社区的群众性消防组织开展消防工作，组织经常性的消防安全检查和消防宣传教育，督促单位和个人消除火灾隐患。对有重大火灾隐患仍不整改的，按照管辖分工及时报告所属派出所或县级公安机关消防部门督促整改。社区发生火灾事故时，及时赶到现场，维持火场秩序，控制重点人员，协助开展事故调查，依法和根据授权查处消防违法行为。

5. 协助侦破案件

立足社区，通过人口管理、情报信息、巡逻防范等工作，为侦查破案提供线索，不漏掉有影响的重大案件线索和犯罪嫌疑人。发生重大刑事案件和危害国家安全案件时，及时赶到现场，保护现场，协助进行调查访问，积极提供破案线索。对于外单位需要协助侦查或抓捕犯罪嫌疑人的，应积极配合。

三、治安管理

1. 行业场所治安管理

全面掌握辖区内公共复杂场所、特种行业、重点要害单位和生产、储存、销售危险物品单位的底数，及业主和从业人员的基本情况；建立健全治安管理制度和工作档案，加强日常检查指导工作；及时发现、报告和整改治安隐患，堵塞管理漏洞，减少滋生违法犯罪的因素，防止引发治安事件和治安灾害事故。

2. 查处治安案件

认真受理、依法查处发生在社区内的一般治安案件，做到案件事实清楚、程序合法、运用法律正确、法律手续完备，提高办案效率和质量。对一区一警的应实行相邻社区搭档制，确保依法办案。

3. 调解治安纠纷

开展经常性的矛盾纠纷排查调处工作，积极协助有关部门化解人民内部矛盾，认真调解治安纠纷，防止酿成刑事案件。

四、针对治安形势，提出预警意见

编印《治安预警周报》、治安预警墙报或者治安预警卡片之类的信息工具，发布预警意见。

阶段性预警意见：针对某一阶段多发性案件提出预警意见。如针对一个时期发生在街头的"飞车抢夺"、自行车掳包等案件较为突出的特点，就防范此类案件提出警示：希望广大群众提高防范意识，特别是单身妇女，骑车时请将手包带绕在车把上，停车时先拿手包，防止被抢、被盗；当徒步外出时，要将提包贴身抓紧、靠向人行道一侧；在行路时一定要看管好自己的手包，要随时注意观察四周可疑的行人，特别是对两名以上结伙同行或骑摩托车的可疑男青年提高警惕，防止被抢劫、抢夺；天黑以后，女同志尽量避免独自在较为偏僻的路段行走，最好结伴同行。

季节性预警意见：根据季节性发案（或发生治安灾害事故）的特点，提出预警意见。如针对元旦、春节侵财犯罪突出的特点，提出预警意见：内部单位要加强防范工作，特别是财会室、重要物资仓库要落实人防、物防、技防措施，严格落实责任制；广大居民要切实提高自防意识，家中不要存放大量现金，外出时要锁好门窗，当家中仅有老人和孩子时，对陌生人员到家或以种种理由敲门的要特别提高警惕，尽量不要把门全部打开，如有防盗门，最好隔着门与其交谈，防止犯罪分子以此为借口，入室实施抢劫、盗窃。居民区门卫要切实加强对出入小区的车辆和可疑人员的盘查检查，巡防队员、治安联防队员要加强小区内的巡逻防范，有效预防各类案件、特别是侵财案件的发生。

特殊性预警意见：针对特殊对象发生的案件，提出预警意见。

五、不断推出新举措，发展和完善预警机制

在提出预警意见的基础上，还采取多种措施，促进这一新生事物的发展，使其在维护治安中发挥更多积极的作用。

在居民小区出入口、主要道路和居民公共活动场所设置警示橱窗，通报小区刑事发案情况，提出防范要求。同时，提醒小区物业部门、产权单位、居委会引起注意，以此宣传教育群众，督促有关部门采取措施，落实责任，履行义务。

在大型复杂场所、重点路段、要害部位设置可以适时更换内容的大型灯箱式预警提示牌。娱乐、休闲、购物的场所比较多、人员流动大、成员复杂的街区，是侵财案件的高发区，要有针对性地创建"治安预警示范街"，提高群众的自防意识和自防能力。

利用有线广播、闭路电视、法制宣传园地和集中授课等多种形式进行治安预警提示，向群众开展宣传教育，发动群众参与社区防范，提高群众的自防意识和自防能力。

工作措施要根据预警意见及时跟上，加大防范。例如，针对某一时期在公共场所涉及侵害顾客财物案件多发的特点，要告诉群众在商店购物、饭店就餐时，一定要看管好自己的手包、钱包。

广泛发展信息员，对事件多发单位和群体进行社会调查，关注社会热点问题，收集相关情报信息，重点研究涉及群众切身利益的突出问题。如国企改制、职工下岗分流、征地拆迁、集资还兑等热点问题以及伴随着市场经济体制建立而出现的社会弱势群体问题。预见可能引发群体事件的苗头，及时分析重大政策措施出台可能对社会带来的影响，组织专门力量开展民意民情调查，了解社会民众情绪和社会心理。

开展居民自护活动。如"单元一家亲"活动，即由社区民警和社区干部组织单元居民以联谊活动的形式，使大家相识相熟，由每个单元居民选出一名单元长，并成立单元治安小组，制定定期通报治安情况制度和定期评选遵纪守法模范家庭制度。又如"商户十联防"活动，即由社区民警将辖区商户以每十户划分为一个治安小组，由商户选出一名中心店长，并成立商户治安联防小组，制定定期汇报治安情况和定期评选模范商户制度。

六、以人口管理为基础，着力规范社区治安

人口管理是社区治安管理中的基础，只有管好人口，才能管好社会治安，重点加强对"三类人口"的管理。

（一）对常住人口管理方法

1. 认真进行常住人口登记

一是对常住人口进行分层次登记。以社区常住人口为对象，按国家公职人员、企业职工、下岗无业人员、有劣迹人员等，划分层次实施管理。这种管理方式加强了针对性，使有限的警力能够发挥最大效能，并能在日常化管理中，及时发现可疑人员，进行重点管理，防止漏管失控现象。

2. 搞好常住人口调查

对常住人口每年至少入户调查一次：一是调查核实户口登记情况；二是调查了解常住人口的基本情况、现实表现、有无违法犯罪的迹象。

（二）对流动人口管理方法

1. 发放一张"居住卡"

借鉴常住人口管理模式，在社区对外来居住人口实行"居住卡"管理。卡上有居住人员的姓名、性别、年龄、常住地址、居住地址、照片及居住人员须知等事项。凡在社区租住的居住人员，在入住当天均要到社区警务室对个人情况进行登记，申领《居住卡》，并凭此出入出租楼。四是划分类型。根据外来人口的租住方式，将他们划分为家庭型、集体型、混合型、单身型等类型进行管理。

2. 加大办证力度，强化破案意识

为强化对辖区流动人口登记，防止流动人口犯罪，采取多种形式加强办证。对租住学生的办证，由房东登记，民警检查；对外来打工人员租住则由警务室派人上门，与房东收集房客有关办证资料到警务室集中办理；对辖区场所从业人员则由业主统一收集有关办

证资料，到警务室统一办理。同时，还定期对出租房进行检查，每周一次，提高办证和登记率，确保辖区场所从业人员办证率达100%。

（三）对重点人口狠抓"三个环节"

（1）查阅档案，了解底数。要掌握辖区内所有重点人口的过去及现实表现，获取第一手资料，做到心中有数。

（2）内紧外松，侧重观察。要通过逐渐接触的方式，从侧面注意观察他们的现实表现。

（3）定期谈话，帮助教育。以约见谈话的方式，动之以情，晓之以理，对他们进行帮助教育，增强他们生活的信心，使他们迅速转化。

（四）用图表的方法对现有人口进行管理

所谓图表式管理就是在摸清社区实有人口底数和情况的基础上，利用两张图、五种颜色的搭配，醒目地标志出每一幢楼、每一住户、每一人员的现实状态。两张图：小区平面图标注着每一幢楼的位置；楼层平面图标注着每户入住人员情况。五种颜色：就是对入住人口按类标色，比如，草绿色为暂住人口，红色为寄住人口，深绿色为常住人口。如果某住户中既有常住人口又有暂住人口，则该户就会标有深绿色和草绿色两种颜色，图表全部输入警务信息综合平台。民警只要移动鼠标，轻轻地点击某一幢楼房，就会立刻显示出该幢楼住户的平面图，再点击某一住户，就会显示该户所有入住人员的情况。

图表式管理方法使社区民警对辖区重点人群、重点部位、重点房屋的管理达到了实时、实数、实情，既方便了社区民警及时变动维护，保证信息准确、鲜活，又方便了派出所适时调整警力。

七、抓警民合作，构筑铜墙铁壁

（一）抓警民合作，构建支持平台

警务的成效依赖社区，社区群众是打击与抑制犯罪的主体，也是警察建设的主要源泉。所有警务工作，包括巡逻、刑事侦查、交通管理等，都离不开社区。社区警务同样也离不开社区群众的大力支持。因此，必须扎实做好群众工作，赢得人民群众的信任和支持，构建支持警务工作的平台。

具体采取以下几种做法：

1. 串百家门，拉近警民心理距离

社区民警要熟悉掌握社区情况，每星期除了到所里值一天班外，其余时间无论是双休日还是节假日，都应该沉在警区，泡在社区，走东家、串西门，主动和社区村民拉家常、套近乎，尽量熟悉社区群众。

2. 知百家情，群众冷暖装心里

在处理与社区群众的关系时，民警要注重人性化管理，将心比心，经常把自己放在普通百姓的处境上进行换位思考。时刻把辖区群众的冷暖装在心里、记在心头。村民有喜事，民警去贺喜；村民有亲人病故，民警应去悼念；村民有店铺开张，民警也应去捧场。通过这些春风化雨般的行为，容易拉近与群众的距离。

3. 办百家事，力所能及而为

社区民警要乐于帮群众做事，群众看民警有这份热心，一旦谁家有个事儿，都会请民警去帮忙。只要是力所能及又不违反原则的，民警都应该乐意并爽快地给人家办好，实在办不了的，要给人家认真做出解释。

4. 暖百家心，警民全力护治安

社区民警要真正做到，当一方民警，帮一方群众；建一方文明，保一方平安。社会治安的好坏，归根结底取决于每一个家庭、每一个公民对社会治安所持的态度和所起的作用。同时，社区警务的工作范围非常广泛，内容十分繁杂，情况经常变化，涉及各个方面、各个领域，在客观上需要全社会的共同努力。没有社区群众自觉积极的参与，社区警务工作就丧失了广泛的社会基础和力量源泉，就会成为无源之水、无本之木。通过群众工作，建立良好的警民关系，充分挖掘和依靠社区的群众力量和各种治安资源，实现社区和警务部门的良性互动，从而达到有效地预防和控制违法犯罪的目的。

（二）抓安全防范，构筑铜墙铁壁

社区警务要以治本为导向，将预防犯罪作为首要工作，更加注重社区预防、控制犯罪机制的建设。警察不再是跟着犯罪案件走，以打击犯罪为主，而是以防范管理为主，与社区共同寻找、分析和解决造成犯罪的隐患问题，着力从治本上下工夫，构筑社会治安防范铜墙铁壁。

1. 抓宣传，强化防范意识

在辖区散发《自防宣传单》和《告居民书》。在《自防宣传单》中，着重教育居民如何加强自我防范，尤其提醒居民要防范那些令人意想不到的案件。《告居民书》重点是通报社区内近期发生的案件情况、发案特点、防范措施，以及提供线索的奖励方法，使辖区群众的防范意识增强。

2. 治安场所，突出防范重点

第一，对公共娱乐场所登记造册。对辖区内的公共娱乐场所进行拉网式排查，全面掌握底数，并将这些行业、场所的业主、从业人员、联系电话等情况逐一登记造册，从而牢牢抓住场所管理的源头。

第二，落实治安责任。与公共娱乐场所的业主签订治安责任状，每季度通报辖区场所发案和业主守法经营情况，指出存在问题，对存在违法经营的场所坚决进行处罚。

第三，定期检查。对检查中发现的问题，及时提出并纠正，从而有效地解决公共娱乐场所从业人员漏管失控现象的发生，对遏制和减少公共娱乐场所发案起到重要作用。

第四，集中治乱。对发案率高的典型治安乱点场所进行专项整治，使整个辖区内可防性案件明显下降，为辖区治安平稳奠定基础。

第三节　如何提高社区警务效率

一、解决警力问题，充实到社区警务工作中

警力问题是制约社区警务工作开展的最主要的问题。如何解决社区警务的警力问题？要大幅度增加警力是不现实的，只能挖掘现有警力的潜力。有的地方进行改革，腾出警力，充实到社区警务工作中，以下一些做法值得我们借鉴。

（一）勤务模式改革，腾出警力

改革交巡警合一勤务模式。交警部门的街（路）面执勤警力，与巡警合一，将合并后的交巡警以中队为单位建制，分到改革后的中心派出所管理，与驻所刑侦中队形成"打、防"的合力。这样，派出所能够腾出更多的警力，充实到社区警务工作中。

（二）大刀阔斧进行机构改革，充实一线警力

大庆市2005年1月1日就开始全部撤销70个城市派出所，由20个分局替代。就是说，分局取代了派出所的职能，分局机关变成战斗实体。分局原来16个内设机构改革成一科三队：一个法制综合科、若干个社区警务队、若干个治安巡防队、若干个刑事侦查队，一线警力增加到89.3%。

2009年，江苏苏州市公安局金阊公安分局把分局机关内设机构整合为"两室三队"，即警令室、警政室、国保队、侦查队、防控队，多余警力充实社区警务室。2010年，苏州市公安局推广金阊公安分局的机构改革做法。

至2010年11月5日，河南全省各市公安局全部取消分局机构，市公安局直管派出所，一线警力由过去的27%增加到66%，社区警力大幅增加。河南还对市局机关改革，将原有的33个部门撤并为"四部七支队"。"四部"，即警令部、政治部、警务保障部、监督部；"七支队"即国内安全保卫与反恐怖支队、犯罪侦查

支队、治安与出入境服务支队、交通管理支队、特殊警务支队、网络安全与技术侦察支队、监所管理支队。压缩了64%的警力,实现了市局机关的"大瘦身"。

(三) 实行联勤搭档工作法

当社区民警遇到外出培训、休假、婚假、生病、产假等原因相对较长时间不在岗时,其担任的社区安全防范工作就出现了空当,而且也耽误了群众办事,邻里间发生了纠纷也得不到及时调解。有的地方公安机关推出了社区民警与治安民警联勤搭档的新举措。

联勤搭档工作法的主要做法是:社区民警与刑侦民警实行一对一搭档。要求刑侦民警平时每周必须有半个工作日与搭档的社区民警一起下社区开展巡访工作,熟悉社区情况。遇有社区民警外出培训或其他原因不能到岗位时,则由其搭档的刑侦民警承担社区民警的工作职责。当社区内出现案情和各种治安线索时,首先在搭档的民警之间进行传递,提出有针对性的打击和防范措施。

采取社区民警与刑侦民警联勤搭档工作的优势是:

一是实现了警种间的优势互补和紧密协作。过去社区发生治安、刑事案件以后,一般由刑侦民警接手办理案件的侦破工作,但由于刑侦民警对各个社区基础工作不太熟悉,因此对案件的侦破工作开展难度加大,效率也比较低。现在,通过联勤搭档后,刑侦民警对各个社区情况加深了了解,对发生的案件心中就有了底,为及时侦破各类案件打下了良好的基础。同时,社区民警通过与刑侦民警的联勤搭档工作,也从刑侦民警那里学到了一些专业知识,拓宽了开展社区安全防范工作的思路。二是较好地保持了社区应有的见警率,群众安全感不受影响,群众正常需求能够及时得到解决。

二、优化警力配置,科学用警

从内部着手,挖掘现有警力资源,使民警的积极性、创造性和工作效率得到最大限度的发挥,不断提高整体作战能力,是解决警力不足的重要途径。

首先，要择优配备社区民警。把有强烈进取意识的民警选派到社区民警岗位，彻底改变以往重案件、轻社区和社区民警以老弱居多、量少质差的状态。

其次，保持社区民警的相对稳定。社区工作是一个长期积累的过程，具有"聚沙成塔"效应，培养一个优秀的社区民警往往需要几年或十几年，一些优秀社区民警的成长，都充分说明了保持社区民警长期、稳定的重要意义。而现实情况则是一些社区民警往往在某一社区干了一两年，刚与社区群众建立起良好的关系，社区警务工作可以出成效的时候，却被调整到其他警种或岗位，造成社区民警培养上的半途而废。

最后，为社区民警沉入社区"清障"。社区民警没有扑下身子沉入社区是当前社区警务工作中普遍存在的现象。这一现象的产生除了基层派出所没有科学合理使用警力等主观原因外，派出所各项工作任务繁多，现有警力确实难以维系的客观现实，使得社区民警成为"阵阵少不下"的重要力量疲于奔命，其后果是既没有种好别人的地，又荒芜了自己的田。为社区民警"清障"，切实使其做到"守土有责"，也是解决警力不足问题的重要途径之一。

三、明确职责，用制度规范管警

首先，要明确社区民警的岗位职责。公安部曾就社区民警的岗位职责做出过明确的规定，其职责任务涵盖了社区民警的主要工作内容，解决了社区民警干什么的问题。但派出所工作千头万绪，社区民警实际承担的工作往往数倍于其职责。因此，解决好社区民警怎么干的问题，是挖掘内部潜力、增强工作实效的重要手段。因此，要明确城区社区民警"不参加值班、不参加责任区外案件办理、不下达打处指标、不安排其他警务活动"，让社区民警腾出更多的时间与广大群众面对面地交流，处事交友，将警务重心转向社区、移向群众。规定社区民警进入责任区一定三年，非经分局批准不得调动，以保证社区工作的连续性。

其次,制定好长效考评制度。工作没有考核,就会出现干好干坏一个样,损害民警的工作积极性,而考核的标准不科学、不合理,则更会使民警无所适从。因此,要做好社区警务工作,必须建立科学的考核评估机制,用考核这一杠杆,弘扬先进,鞭策后进,检验工作,促进工作,并以此激发民警做好本职工作的热情。

最后,建立惠及社区民警的激励机制。提高积极性的最好的手段就是激励,按照人本警务的理念,弱化约束性、惩戒性管理制度,将其变成激励性制度,把外在的物质激励与内在的精神激励相结合,要变扣分为加分,变督察为督导,变批评为赞扬,激发民警爱岗敬业的热忱,实现民警个人需要与组织行为目标的融合。重点做好优秀社区民警的使用问题,切实将政治上的从优落到实处。

四、发挥群策群力作用,实现群众助警

社区民警的工作,囊括了社会管理的方方面面,成为社会治安综合治理工作的一支有生力量,由于社区民警工作在治安管理的最前沿,其工作性质既有广泛性,更具社会性,依托群众的积极作用,借助无限民力,是解决当前社区民警力量不足的一大法宝。

首先,充分发挥社区综治人员的作用,调动其助警的积极性、主动性。目前,每个社区都有许多楼组长和专门负责综治工作的办事人员,这部分力量是社区警务的"潜力股",用好了,效力无穷。为此,基层派出所一要树立社区民警参与社区管理的权威性,通过兼职社区干部的办法,使民警进入社区"领导层",能够更好地领导和安排社区警务工作;二要加强与社区工作人员工作上的沟通,感情上的交流,使社区的同志能够主动地为我所用。

其次,招录辅警、治安协管员,助力于社区警务工作。尽管由于工资待遇低等原因普遍存在人员难招、人员流动性大等问题,但这一方法在解决社区警力不足上最直接、最有效,更具有方向性。

最后,发挥治安参与者的作用,减轻社区民警工作压力。一要依靠中坚力量,充分发挥社区干部、治保主任、居民代表等人员的

作用，定期召开治安分析会和形势通报会，共同研究、落实治安防控工作，以形成一个社会治安齐抓共管的格局。二是依靠基本的力量，组建治安义务巡逻队，采取四班三运转，全天候开展治安巡逻。巡逻工作的重点放在社区主要交通道口、偏僻小巷、治安乱点等案发高危地带。在巡逻中，采取集中清查、个别调查和重点守候等多种形式和方法防止发案，震慑犯罪。三是可利用的特殊力量，从重点人口、流动人口、场所从业人员中物建治安积极分子，专门搜集社区里的治安信息，使治安防控工作的触角延伸到每个家庭和每个场所，从而有效地扭转治安防范工作的被动局面，将社会治安纳入了良性循环的轨道。

五、抓治安基础，提高控制能力

加强防范基础设施建设，特别是有针对性地引导加强社区的人防、物防、技防建设。将以往的防盗门窗式的被动防范改变为主动防范，将以往的单门独户的个体防范改变为立体防范。将物防、技防、人防有机结合，形成五道安全防线，为社区提供安全、舒适、便捷的生活环境。

安全防线一：由周界防范报警系统构成，以防范翻越围墙和周边进入社区的非法入侵者，应采用感应线或主动红外线对射探测报警器。

安全防线二：由社区闭路电视监控系统构成，对出入社区和主要通道上的车辆、人员及重点设施进行监控管理，配合小区报警系统和周界防护系统对现场情况进行监控记录，提高报警反应效率。

安全防线三：由楼宇防盗电控门对讲系统构成，可将闲杂人员拒之单元梯口门外，防止外来人员四处流动作案。

安全防线四：由保安巡逻管理系统构成，通过住宅区保安人员对可疑人员、事件进行监管，配合电子巡逻系统，确保保安人员巡逻到位。

安全防线五：由家庭联网报警系统构成，这是整个安全防范网络最重要的一环。如果有窃贼非法入侵，或发生煤气泄漏、火灾、老人急病等紧急事件时，通过安装在户内的各种电子探测器自动报警，将信息传达至主人手机或固定电话上，同时，接警中心将在数十秒内获得警情消息，迅速派出保安或救助人员赶往现场处理。

第四节　如何让群众参与社区警务活动

"警务并非警察的内务事务"，要让警务褪去神秘面纱，走向民众。就是让群众参与警务活动，实现"阳光警务"，听取人民群众对警务活动的意见和建议，同时置警务活动在人民群众的监督之下。

一、社区警务议事会

"社区警务议事会"制度是一项新的让群众参与警务活动的机制，"社区警务议事会"的重点是"议"。一些地方已经开展了这项活动，效果很好。

（一）社区警务议事会活动目的

社区警务议事会活动的目的，是推动公安机关贯彻落实社区警务战略，增进广大人民群众对社区警务室的了解，强化群众对公安工作的监督，征求群众对公安工作的意见和建议，解决群众急需办理的问题。使广大群众近距离地了解基层民警的工作情况，使群众切身感受到基层民警心系群众、服务群众的热忱，增进群众对公安工作的了解、信任与支持，让社区和农村警务工作深入人心，社区警务工作进一步完善，实现警民关系更加融洽。

（二）社区警务议事会的组成与职责

1. 社区警务议事会的组成

城市和农村社区都可成立警务议事会。从人员组成来说，社区警务议事会成员是多个阶层的代表，包括人大代表、政协委员、知名人士、其他退休干部、村组干部、企业代表和普通群众等。社区警务议事会的人选要听取社区居（村）委会的意见，在征得本人同意后，正式聘请为社区警务议事会成员，由派出所发给聘书。议事长由组成人员每月轮流出任，每月召开一次会议。如果议事会成员不作为，群众对他有意见，也可以更换。

2. 社区警务议事会的职责

社区警务议事会是群众性的组织，没有行政管理和执法权力，但对社区治安有参与和议论的权利，对社区民警有监督、评判的权力。议事会召开前，通过黑板向群众公示议事会召开的时间、地点和内容，允许其他人旁听。会议还邀社区民警组织、分管派出所领导、社区居（村）委会领导参加。

社区警务议事会主要围绕六个方面来开展"议事活动"。一是安全防范。辖区内有哪些不安定因素和突出治安的问题，有哪些薄弱部位及需要加强的防范措施。二是案件查办。群众对公安机关查办案件有何反映？公安机关应从哪些方面提高执法办案水平和质量。三是警务重点。一个时期内社区警务工作的重点是什么？确定的社区工作目标是否准确、可行，社区民警应该如何更有效地开展工作？四是服务群众。社区群众最关注什么？最盼望什么？最需要公安机关解决什么问题以及如何解决。五是社区民警表现。如社区民警履行工作职责情况、警风警纪情况、议事会提出的工作意见落实情况等。六是提出建议。就社区治安情况提出建议，研究对策，在社区如何开展法制宣传以及带领群众积极参与社区警务活动。每次会议要有评议记录，由议事长把评议记录交给派出所领导和社区居（村）委会。

3. 社区警务议事会的作用

社区警务议事会制度作用是明显的，它解决了两个方面的问题：一是发动群众，参与到平安建设中来。二是强化外部监督，使警务活动阳光、透明。这使传统意义上的"警民共建"有了新的内涵，群众及单位在警务上有了参与权和决策权，有利于提高大家的治安责任意识，使人们把视线从自己的居家环境投向工作环境、生活环境，在更广泛的范围内来考虑治安问题。

谈到警务议事会的好处，一些成立了警务议事会的社区民警都说，社区警务议事会解决了警力有限的难题，有效挖掘社区人力资源，让社区单位和人员更多的参与治理；居民与民警沟通交流增加，可及时反馈信息，帮助民警开展工作；增强了警民凝聚力，警务和治安防范不再是民警一人的工作，而是大家共同的事情；同时也提高了民警素质。

(三) 警务议事会监督警务工作

1. 如何实现警务议事会对民警的有效监督

社区民警上岗之初，要与所领导签订上岗责任书，还要与社区警务议事会议事长签订《社区民警上岗工作协议书》，民警每月都要将工作开展情况向议事会通报。社区民警的工作如果得不到议事会三分之二成员的认可，议事会可以提出更换社区民警的建议。

社区警务议事会成员也会把了解到的辖区治安状况及时向社区民警反映，派出所会根据情况调整巡逻路段和警力安排。群众与民警通过警务议事会走到了一起，心往一处想，劲往一处使，力量大了，治安自然也就好了。

社区警务议事会制度在警民之间架起了连心桥，群众成为维护社会治安的好帮手，使民警的公仆意识进一步明确，激发了干事创业的热情。民警与议事会成员面对面地坐在一起，听到了群众的心声，明确了工作方向，强化了宗旨意识和群众观念，促进了工作作风的转变。

2. 居民对民警享有"弹劾"权

按照这项制度，社区民警工作的开展情况由议事会成员负责监督评价，议事会对社区民警是否进行调整享有表决权。每半年，由派出所组织议事会全体成员对社区民警进行无记名投票，看看社区民警工作是否尽职、警风是否端正、群众是否满意及其需要注意和改进哪些地方。如果有三分之二的议事会成员不满意，议事会可向派出所提出更换社区民警的建议。民警首次被社区警务议事会评为不满意的，警方将进行通报批评并将其掉换到新的社区工作；该民警在新的社区仍被社区议事会评为不满意的，就送去脱产学习；学习回来后再到新的社区工作，如果再被社区议事会评为不满意的，那么该民警年终评定为不合格公务员，如有其他违法违纪问题还可以向公安机关建议予以辞退。

二、"警民恳谈会"活动

"警民恳谈会"又是一项新的让群众参与警务活动的机制，"警民恳谈会"重点在于"谈"。一些地方已经开展了这项活动，同样收到很好的效果。

（一）"警民恳谈会"的方式

1. 在警务室、居（村）委会恳谈

"警民恳谈会"最好每月开展一次。开会前，民警在社区张贴"警民恳谈公告"，告知会议的时间、地点等事项，恳谈的地点可以在社区警务室、居（村）委会等场所，动员群众积极参与由社区民警与社区群众面对面地沟通交流。

"警民恳谈会"不设主席台，不摆桌签，就是民警与群众坐下来面对面地谈，双方以平等的身份谈。恳谈会的亮点就在于恳谈模式的原生态，即站着、坐着、蹲着也可；坐凳子、坐石板也可；双方面对面、背对背也可。其次，恳谈模式的全开放，即恳谈对象不受限，谁谈都可以；恳谈内容不受限，什么都能谈；恳谈形式不受限，怎么谈都可以。

让每个百姓都能参与进来，让每个人都能说得上话。真正将交流恳谈的范围延伸到全体群众中。在恳谈内容上坚持开放、包容的原则，群众可以就公安机关的任何一个警种、任何话题进行询问、提出意见。表达方式也不受限制，群众要听就听、要讲就讲、要走就走，聊聊家长里短、喜怒哀乐，说说自己的难事和忧虑都可以。

面对面的警民恳谈就是以拉家常、谈民生、解民忧为主题，以解决人民群众最关心、最直接、最现实的利益问题为重点，通过面对面的交流，畅通民意沟通渠道，完善利益诉求机制，及时化解矛盾，密切警民关系。同时也使群众有了参与治安管理工作的机会，促进了公安工作的进一步开展。

2. 到居民家里恳谈

社区民警也可不拘形式，到居民家里恳谈。到居民家里恳谈，不需要刻意准备，只是在社区巡查时，如果遇到哪家方便，便可进去，与居民进行聊天式的谈。这样的时间段一般在晚饭后，居民才有相对的闲暇时间。这种恳谈就更随意，就像拉家常一样谈。

某天晚饭后，民警小江来到居民陈某家，与陈家人围坐成一圈，拉起了家常。"现在赌博较多，我平时买菜的地方，就经常有一伙人聚在那里，用扑克牌赌博，你们管一管吧。"家主陈某向民警小江反映了一条线索。民警小江立即记了下来："你说的情况，我们明天就去核实。"这时，陈家的左邻右舍闻讯也参与了进来，纷纷说起了治安情况，提出各自的建议。"我们走到哪家，就到哪家恳谈，很随意，但是能获得许多有用信息。"民警小江说，民警上门去拉家常，气氛更轻松，居民更能畅所欲言。

民警小江在另一家恳谈时，家主王某的儿子由于殴打他人被处以行政拘留10日，并处罚款500元。对这一处罚，王某夫妻表示不理解。在恳谈活动中，民警小江面对王某夫妻交流，耐心地剖析案件的起因、危害及结果，并讲解了治安处罚法等有关法律规定。通过近两个小时的恳谈，使得王某夫妻理解了民警的工作，打消了对公安机关的误解。

民警小江在与居民恳谈时了解到，本社区五栋楼有两户楼上楼下居民因琐事产生矛盾，在半夜三更，楼上的经常往地板踩脚，楼下的经常用木棍戳天花板，不但自己休息不好，而且影响左邻右舍。民警小江得知这一情况后，主动到两家进行恳谈。三番五次地登门，苦口婆心进行劝导，动之以情，晓之以理，指出双方的问题所在。经过不懈的努力，使斗了半年的"对手"握手言和，也使喧闹的午夜恢复了往日的宁静。

3. 恳谈是让群众多谈

警民恳谈会的主体是谁，是群众，不是民警。

但是，有的地方开展的警民恳谈会，主体是民警。在恳谈会上，民警唱主角。也就是说，民警汇报社区的工作情况，提出社区治安工作意见和措施等，几乎包了全场。参加恳谈会的群众只有听的份儿，基本上没有说话的机会。以后再叫他们来参加恳谈会，大家都不愿来了。

警民恳谈会一定要让群众当主体，着重强化以下两个环节：

一是让群众问，即由群众自由发言。民警对群众提出的问题，特别是尖锐问题不能中途打断；对群众的指责抱怨不能顶撞；对群众提出的咨询，当场可得到解释、答复的，社区民警就当场予以解释、答复；不能当场解答的，向群众说明原因，明确承诺解决的期限。对不属于公安管辖的当场予以解释说明，尽可能提供帮助。

二是让群众评，即积极接受群众的评价，虚心接受。对于评价不正确之处，民警不要当即反驳，以免引发矛盾。总之，要做到有则改之，无则加勉。

4. 要做好恳谈记录

为了使"警民恳谈"活动不走形式，取得实效，因此要制定《警民恳谈会记录本》。对于群众意见和建议，记录下来，待后处理。事情处理后要填写《群众意见反馈单》。

派出所要专门确定一名所领导，负责督促做好群众意见、建议的登记、落实和答复工作，做到事事有落实，件件有回音。此外，要建立相关检查考核机制，特别要申明纪律，如果民警对"警民恳谈会"态度消极走过场，对群众的意见、建议漠然处之，不予落实而导致群众强烈不满，造成严重负面影响的，要追究当事民警的责任。

（二）"警民恳谈会"要解决实际问题

"警民恳谈会"不能光谈就了事，其生命力关键在于要帮助群众解决实际问题。我们民警要面带笑容，静下心来，听百姓谈谈。

让他们把对警务工作的要求、意见或建议说出来。让群众有怨能诉,有理能讲,有话能说。在我们看来好像是鸡毛蒜皮的小事,但对群众来说就是关系他们生活与工作的大事,我们民警务必认真对待。

在"警民恳谈会"上,群众什么问题都会提出。对群众提出的问题应当场给予解答,能解决的立即拍板解决。在某派出所一次警民恳谈会上,一居民当众向领导提出:"你派出所的办事柜台太高,看不到民警。"所领导回去后,立即将1.5米高的接警台改为1.0米,让群众办事说话不再费力。某派出所开展警民恳谈活动时,一好心的村民抱着试试看的态度,向民警提出能否上门给卢某办理身份证。原来,村民卢某因14年前一次意外下肢瘫痪,终日卧床。近阶段,卢某托人去县里帮忙领低保补贴,无奈身份证已过期,无法领取,他为此焦急不已。主持恳谈活动的民警当即表示给予解决。次日,民警开车接卢某到派出所办理了二代身份证。没想到一次恳谈竟然帮其解决了他家里的一个大难题,看到这一幕,村民均感动不已。

但要注意,群众所提意见和建议,有些不是一时半会儿能解决了的,特别是反映的一些治安热点、难点问题,更不是短期内能解决好的,要在一段时间后才能见效果。所以,民警要讲清楚,取得群众理解,否则就会使群众误会,对"警民恳谈会"失去信赖。

有些问题超出了公安工作的范围,比如社区物业管理、小孩上学、摆摊设点等问题。对不属于公安机关管辖范围的事情,我们也做到耐心听取、详细解释,同时告知群众正确的解决渠道。必要时,由我们民警帮助联系相关部门,协调相关部门解决。例如,居民王某在恳谈活动中提出,街口路灯坏了一两年没人修,不仅不方便行人,还给小偷以可乘之机。第二天,社区民警给路政人员打了电话,和路政公司的人冒着大雨去查看,很快就把路灯修好了。某社区居民对乱停车、停车难问题反映强烈,该派出所在会后多方协调,通过划线定位、发证巡查、设障限速等方式进行整改,使社区停车秩序大为改善，社区居民十分满意。

（三）"警民恳谈"要形成制度

"警民恳谈"活动不是一阵风的活动，也不是作秀，而是要当做一项长期的群众工作方式进行下去。

因为群众很欢迎"警民恳谈会"，以前是老百姓向派出所去反映事情，现在是民警下来听老百姓的心声。更重要的是，让群众对派出所工作有知情权，同时也使派出所主动置身于群众的监督之下；另一方面，民警与群众加深了了解和沟通，使民警更容易学会做群众工作。

具体地说，"警民恳谈"至少有三个方面的意义：一是搭建了警民沟通平台，建立了利益诉求机制，群众有话到哪说，和谁说，都有了保障。二是提高了民警做群众工作的水平。以前民警跟老百姓很少零距离接触，群众心里想什么都不懂，怎么去做群众工作？三是警民的融洽度提高，群众通过零距离与民警接触，心理拉近了，有了更融洽的沟通交流。

"警民恳谈"要形成一项制度，长期地开展下去。

三、开展"双述双评"活动

"双述双评"活动，公安机关重点在"述"，即介绍自己的工作与不足；群众重点在于"评"，即点评公安工作存在的问题和不足。

（一）一场"双述双评"活动

星期天，某派出所向辖区群众进行述职活动，述职地点是借用学校一间大教室。上午8时许，离述职活动开始还有一个多小时，参加活动的各方面人员已络绎不绝地走进会场。参加活动的有住在本辖区的城区人大代表、政协委员、行风警纪监督员、各大中型企业和学校、医院及社区的负责人，还有各类普通群众代表。他们有的是由警方发布请柬邀请，有的则是看到派出所张贴的告示后主动来的。临近9时30分述职活动正式开始时，大教室里80多个座位已座无虚席,连走道、门口都站满了人,但仍然有群众陆续走进,民警不得不临时加了20个座位,整个现场井然有序而又充满了浓郁的温馨氛围。陈先生是社区的一名普通群众,他告诉记者,今天他专门抽出时间来听取派出所所长述职并参加评议,因为他对自己所在社区的治安环境特别关注,以前从来没有听说过这种活动,所以这次来就是要听一听所长都说些什么,是不是跟他们平时的工作能对得上号。

派出所所长的述职主要包括:派出所做的工作、存在的不足之处;看社区发案量有没有下降,辖区秩序是不是安稳;辖区治安存在的问题和新年度的工作打算;廉政方面,看民警有没有以权谋私,群众是否满意;工作创新方面,看民警的工作思路是否符合辖区实际情况,能否认真负责。

当派出所所长的述职报告刚一结束,听取述职的群众就纷纷发言。群众的评议内容包括:对派出所工作的总体评价,肯定派出所为辖区治安做了大量的工作;辖区治安情况有明显好转,群众的安全感有了提高。同时也指出,派出所及其民警存在某些问题,而且有的问题比较突出,并举了例子。最后,群众对派出所工作提出了一些意见或建议。有的群众很善意地建议民警要注意增强身体素质。

社区派出所的工作怎么样,社区居民无疑最有发言权。派出所所长告诉记者,今天来的群众都很熟悉。但仍觉得很有压力,因为这个评议跟派出所的考核直接挂钩。当然,即使群众对我们的工作有怨言也不怕,因为那说明我们的工作还存在不足,群众的意见将是我们改进工作作风、提高民警素质、赢得群众理解与支持的动力。随后,派出所向群众发放《测评表》。参加活动的辖区群众代表,怀着认真的态度,实事求是地填写了《测评表》。

(二) 定期开展"双述双评"活动

1. 何谓"双述双评"

"双述双评"是民警与群众的双向活动。"双述"就是民警向群众述职与述廉;"双评"由群众评议民警的依法履行职责与廉洁从警情况。

"双述双评"活动核心是"述"与"评",就是公安民警定期向群众汇报辖区治安工作情况和个人廉洁自律情况,并由群众进行评议。目的就是建立一种确保警民沟通的渠道,有利于增进群众对派出所工作的了解和支持,强化民警接受群众监督的意识,提高自身素质,增强民警执法为民的意识,为经济建设保驾护航起到积极作用。

2. "双述双评"的对象

"双述"的对象应该包括:派出所所长、指导员、副所长、副指导员和社区警长(责任区民警);交警大队大队长、事故处理科(股)长和车管所所长、其他直接面对群众的窗口单位负责人。

参与"双评"的人是在辖区内居住或工作的人大代表、政协委员,公安机关聘请的执法执纪特邀监督员、辖区居委会等基层群众组织代表,机关、事业单位和各类企业代表,普通的个体工商户和居民、村民群众代表等,人数不少于30人。

3. 述职的内容

派出所述职内容为:辖区的治安状况,采取的主要措施及效果;110接处警情况;辖区刑事、治安案件的发案、破案情况;辖区人口管理情况;对公共娱乐场所、特种行业、危险物品治安管理情况;落实各项安全防范措施,加强安全防范情况;落实警务公开制度,在办理户口证件及群众求助等方面,为群众提供优质、高效、便捷服务的情况;征求群众意见、建议及反馈的情况,等等。

4. 述廉的内容

派出所所长、交警大队主要负责人述廉的内容包括:加强内部管理和作风建设情况;治理"三乱"情况;规范执法行为情况;领导干部和民警廉洁自律情况;遵守"五条禁令"情况等。

派出所社区民警主要是与群众联系密切的执法办案、工作作风、服务态度、办事效率等列为述廉内容。

民警的述廉报告，需要接受现场与会群众的质询，并现场作出答复和说明；对于群众所反映的热点问题、焦点问题及各种意见建议，"双述"的对象必须现场记录，并作出合理的回复。

（三）群众现场打票测评民警

对每一位民警作述职述廉报告，群众代表以无记名的方式在测评表上填写自己的评价意见。并针对派出所、交警单位领导及每一个民警在公正文明执法、服务意识、服务质量和办事效率等各方面的工作情况进行评议，并给予称职、基本称职或不称职的综合评价。

从一些地方公安机关开展的"双述双评"活动来看，群众对我们民警的"双述"评议比较实事求是。一位参与评议的群众说，通过参加"双述双评"活动，我们不仅理解了民警的工作，而且认识到了公安工作也需要大家的理解与支持。另一位评议群众说，我们不仅要成为警务工作的知情者，同时也要做联络者，将我们了解和知道的社情民意反映给公安机关，将执法中存在的问题反馈给民警，不仅让公安机关能及时掌握情况信息，对社会治安方面的苗头性问题能够早发现、早预警、早处置，形成双向畅通的信息通道，也让公安机关能及时改正工作中的缺点，提高执法为民的水平。

另外，群众对民警的"双述"打票测评比较负责任，也比较客观。群众的评议结果作为单位、民警年终"评先创优"的依据。

对居民提出的意见、建议，民警要认真整改，并及时向居民书面反馈整改情况。根据群众代表的意见和建议类别划分整改责任区，明确责任人和责任目标，限期整改。切实做到"从群众满意的事情做起，从群众不满意的事情改起"。

"双述双评"对于基层民警来说，就像是对前一阶段工作的考试，面对面地向群众述职，干得好坏都由群众来评判。自觉接受群众的评议监督，让你执法更文明，服务更热情，警民关系自然更近了。

"双述双评"只是手段,整改提高才是真正的目的。通过这种方式提高我们的素质和执法水平,端正我们的服务态度;也通过这样的活动有效地发现和解决一些群众所关心的热点和难点问题,促进我们的工作和队伍管理走上一个新的台阶。

(四)确保"双述双评"的效果

"双述双评"活动不是为了做形式、走过场,而是要有效果。公安局纪委、警务督察队、行政监察室要对各派出所和交警大队"双述双评"工作进行现场督察,参加听取并记录群众代表给我们公安工作和民警个人提出的意见及建议。

针对群众提出的意见和建议,各派出所和交警大队组织民警要按照工作分工,分片包干,分头走访问题所涉及的有关单位或有关群众。为了保证走访的质量和效果,民警走访前主动打电话与被走访者联系,通报走访的目的及问题的重点。在走访中,走访民警要虚心接受群众的批评和监督,并"问计于民",让群众把他们知道的情况、内心的想法、措施反映给民警。走访民警要坚持"边走访边整改"的原则,能解决的现场办公,立即解决;暂时不能解决的,认真制定整改意见和措施,争取在最短的时间内解决。并向有关单位或有关群众书面反馈整改情况,要做到"事事有着落、件件有回音",然后汇总建档备查。

四、让群众体验警务活动

(一)"体验警务"活动的主旨

过去,我们把公安工作搞得太神秘,群众无法了解公安工作。现在,我们要民警走进群众,同时也要让群众走进警营。目的是让群众进一步了解公安工作、理解公安工作、支持公安工作,共同参与到治安防范工作中。因此,有必要让群众走进警营,体验警务活动。

警务体验活动采取群众自愿参与的方式,没有性别、工作性质限制,只要是对公安工作感兴趣的群众都可报名。公安机关经审核后，入选的体验者将接受一天的警务培训。培训内容包括执勤基本技能、执勤注意事项、常用的警务用语、手语等；因警察职业的特殊性，体验者由正式民警带领，不能单独执勤。仅是警务培训，就让体验者体验到公安工作的细致与艰辛。"如果您是民警，遇到可疑人需要进行盘查的时候，您该怎么办？""盘查中，若语言使用不当会伤害到群众感情，我们应该正确使用法言法语并注意执法细节……"结合工作中常遇到的尴尬场景，有针对性地进行培训。使体验者懂得，原来民警在执法中的每句问话、每个动作都不是随意的，是经过严格的训练和考虑后才这样做的。某体验者从前有被盘查的经历，警务培训的体验解除了他心中的疙瘩。

（二）当一天警务区民警

在派出所，志愿者将全面了解到民警的日常工作。体验者可以在户籍管理窗口看到第二代身份证的换发流程，了解户籍管理的相关知识。还可以在值班窗口和民警一起接待来访和求助的市民、调解各种纠纷、回答市民提问等。还能体验到突发案件现场进行勘查、讯问犯罪嫌疑人的经历，等等。

国内某著名企业家曾报名参加重庆市公安局"警务体验"活动，在基层派出所当了一天民警。企业家告诉记者："我在派出所值班室学习登记接出警记录。接警室的两部电话、一个登记本、一支笔，就是给我这名'警察'的全部装备。9时10分，我接到自己'警察'生涯的第一个群众来电，一名市民不知道如何办理身份证遗失手续。我一边向旁边的民警咨询，一边将了解到的情况向市民解答。解答完毕后，认真做好记录，并向所领导汇报情况。"此后，企业家还参与接待群众的上门报案；调解群众的纠纷；又因突发案件，与民警跑了两次现场。忙得团团转，中午只能吃快餐。

企业家告诉记者，他平时和警察接触的时间较少，这次报名参加"警务体验"活动，就是想和警察接触一下，深入了解一下他们每天到底都在干些什么？当了一天的"民警"，他才体会到了民警的辛苦。他说："虽然派出所每天做的许多都是小事，但是对于市民来说，却是大事。"企业家说，要呼吁社会各界支持和关心基层民警的工作和生活，让市民更多地了解民警的工作，理解和支持民警。

第五节 大力发展网上社区警务

一、发展网上警务室的必要性

（一）信息时代发展的需要

当前，信息技术的发展，互联网成了百姓生活的重要部分。传统的社区警务的局限性和存在问题日益凸显出来：一是警力有限，基本上是一社区一民警，社区警务工作繁重，仅靠人力，很多工作很难有效地开展，削弱了社区警务室的作用。二是传统的社区警务室不利于群众及时反馈信息，以及提供线索。部分群众不愿到警务室反馈情况，或害怕提供情况被打击报复等，这些都不利于社区民警全面掌握辖区内的情况。三是传统的社区警务室不适应公安信息化建设的需要。未来的公安工作将逐步实现情报信息主导警务的全新理念，科技强警将是提升公安工作水平的必然要求，传统的社区警务已经很难适应全警联动、信息共享等方面的需要。因此，发展网上社区警务势在必行。

（二）开辟警民互动新渠道

长期以来，群众到公安机关咨询、办事没有时间，民警走访、管理不容易找到群众，在一定程度上造成了工作的被动。建成"网上警务室"，设置警务公开、警务要闻、警情通报、在线咨询、网上办事、心理防范、网上社区等专栏，在"网"上答复网民咨询、征集网民的意见和建议、接受网民的投诉，架起了警民沟通的桥梁，极大地增强了警民之间的互动交流空间。

（三）共创警民和谐新天地

依托"网上警务室"，能够实现警民"零距离"接触，有效服务群众，形成警民共建平安和谐的良好局面。一是通过"网上警务室"警情通报，社区群众随时可以了解自己居住环境的治安情况；网上社区专栏下设了举报投诉、警民议事、社区管理等子栏目，具有网络留言功能，群众可以针对本社区的治安状况、自己的所思所见畅所欲言，激发群众参与社会治安的热情。二是提升互知度。"网上警务室"设置的警务公开、警务要闻等栏目，使群众可以通过身边警察一点一滴的工作，感受并了解到公安机关"立警为公、执法为民"的执法宗旨，树立公安机关的良好形象。三是提升满意度。"网上警务室"设置的在线咨询、网上办事等栏目，具有办事指南、表格下载、网络留言等功能，群众在办理各项相关业务之前，可以事前了解需要准备的资料，可以通过网络下载各类表格；通过网络留言，群众还可以把自己的困难向公安机关寻求帮助，提高了群众满意度。

（四）提升社区警务室工作效能

有了"网上警务室"，能够实现警务效能的最大化，警务工作进入良性快速发展轨道。一是拓展了警务工作空间。依托"网上警务室"，无论是搜集社情民意、案件线索，还是提供便民服务，都能够方便快捷，适应了现代人的生活方式，实现了传统的"面对面"的警务工作模式向网上网下相互衔接、互补优势工作模式的转变，开辟了公安工作的第二阵地，拓宽了警务工作空间。二是有效弥补了警力不足。通过网上走访、网上发布警情、网上收集信息等，民警能够更方便、快捷、全面地了解自己管理的警务区情况，减轻了民警工作强度，提高了民警工作效率，走出了借助信息化弥补警力不足的新路子。三是保一方平安能力得到提升。通过汇总、分析网络留言中群众对社会治安的意见和建议，派出所社区民警及时调整巡逻时间、巡逻部位，适时组织开展有针对性的重点整治，有效防范了各类案件的发生。精确打击违法犯罪，提高了打击效能。

二、派出所面向社区的网络服务

目前，城市社区的计算机网络普及率达到95%以上，通过网络获取信息已经成为大多数辖区居民获取信息的主要手段。如何才能与辖区居民高效沟通？很多地方派出所创建了自己的网站，面向社区服务。

（一）网上开设论坛

网上论坛的互动平台设立若干个子栏目，例如，"咨询栏目"、"建议栏目"、"投诉栏目"、"举报栏目"等。派出所有专人负责值班，及时回复网友提出的问题。

从实践看，网友咨询的大都是户籍办理及治安案件处理等问题，也对社区警务工作提出很多建议。如果有网民在网上向派出所提供辖区内的治安警情等线索，派出所也要安排专人进行调查，并力争在短时间内将调查结果告知举报人。

网友每天咨询、建议的高峰时间大多在白天，派出所可以很快给予回复；也有的市民利用晚上的时间咨询，派出所应该第二天早上一上班就给人家回复。网站回复需要快而简洁。

对于派出所的网上论坛，网友说："这种形式很好，我们平时的工作都很忙，下了班也没时间和精力再去派出所咨询、解决问题。现在在每天在单位上会儿网，在论坛里把问题留下，不一会儿就有民警答复。"

派出所认为，有了这个网站，工作就有的放矢了。派出所能够随时都知道群众关心的问题是什么，派出所的工作应该做怎样的改进等。网站给民警做群众工作松了绑。

（二）开设网上办公系统

派出所开设网上办公系统，网上办公系统一般由"财物丢失报案系统"、"户政业务系统"、"内部单位网上办公系统"三部分组成。群众财物丢失，可以通过"财物丢失报案系统"网上报案；群众要办理户口，可以通过网上户政业务系统提交信息资料，不会发生个人信息泄露情况。网上户政业务系统由"补领居民户口本申请表系统"、"分户立户审批表系统"、"更正年龄审批表系统"、"更正姓名审批表系统"等组成。这样,群众足不出户,直接登录网上办公系统,就能在网上填写申请表、留下电话,安心等待派出所的消息。值班民警将申请表打印,尽快交到户籍民警手中。户籍民警办理好后,就给申请人打电话,通知其领取户口本或者补充申请信息。

(三)发布最新的警情通报

派出所每个月在自己的网站上发布最新的警情通报,通报本月派出所接报的各类刑事案件所占比例、高发案地区、典型案例。在"亲情提示"、"防范有招"栏目中向居民提示最新的犯罪动态,提醒大家注意。如某派出所的网站,在盛夏,"防范有招"栏目列有《夏季居民安全防范口诀》、《夏季治安防范教你几招》、《持卡人如何防范银行卡诈骗伎俩》、《4招防骑抢》等文章,群众的点击率相当高。

(四)述职述廉同步在网上开展

为了广泛征求群众意见与建议,接受群众评议与社会监督,某市公安局网站开辟"派出所述职述廉工作"专栏,派出所领导和社区民警开展述职述廉工作,同步在网上开展。并通过网上征求群众意见,接受群众评议。

信息警务让群众更加贴近警察、更加理解警察,愿意与民警交流,使派出所的信息渠道更广阔、工作更透明。

三、民警的个人网络服务

网络信息时代更新了人们传统的生活方式,更重要的是更新了人们的生活理念。对于社区民警察来说,充分利用互联网资源,实现警务工作的优质高效,是难得的捷径和机遇。

(一)第一个由派出所民警创办的警察个人网站

徐蕾是山东泰安市邱家店派出所民警。早在10年前,酷爱电脑、醉心于互联网的他就决定办一个警察网站。互联网上，五花八门的网站数不清，而警察个人网站还是一个空白。经过策划、学习、制作，第一个由派出所民警自办的"E时代"网站终于在互联网上登录了。

徐蕾警务工作很忙，办网站都是在下班后、节假日休假时，一点点更新管理，他为此倾注了许多心血和精力。他的网站以"走进警察、理解警察、服务警察"为特色，渐渐被网友们接受认可。网站发展步入正轨之后，徐蕾又推出了"答疑解惑"的服务栏目，对群众不理解、不清楚的法律问题，对警察同行的疑惑和工作中的难题，发动广大网友进行解答和帮助。

几年过去了，"E时代"从一个无人问津的个人主页发展到一个日访问超过1000IP、日发文180篇的警察综合性资讯网站。徐蕾说："身处基层派出所，我们对基层工作的酸甜苦辣有真切的感受，知道我们的战友需要什么、希望什么、企盼什么。他们真的需要一个属于警察自己的网上家园，一个'为警察建设的、方便实用、功能强大的学习交流平台'。"

(二)"海英信箱"答疑解惑

几年前，有个公司老板到北京市公安局东城分局东四派出所办员工证件，一进门先发牢骚，说弄不清楚相关政策，结果跑了好多地方。内勤民警龚海英说："用电脑搜索一下，不就知道政策了吗？"那位老板说："哪有这样专业的网站呀？"那会儿，已经干了多年流动人口管理工作的龚海英突发奇想：为什么不建个网站，帮着群众咨询一些户籍政策问题呢？这样能省大家多少心呀！很快，在单位领导的支持下，网站终于建立了起来。

进入"海英信箱"里可以发现，问题都是社区群众询问与户籍、升学、婚姻或心理健康等有关的切身问题。龚海英以网名"斑竹"对所有的问题都有答复，由于每一条留言都迅速得到了有指导性的回复，"信箱"迅速升温。最多的时候，一天就来了100多个问题。随着知名度越来越高，除了户籍、暂住证等业务问题之外,很多群众网友甚至将这里当成了倾诉的场所,要求"龚阿姨"或"龚姐"为他们排解心理压力,解决情感问题。

那天,一个在北京打工的女孩在信箱内留言:"我跟同事闹了矛盾,我已经准备好了刀子,杀了她我也不活了。"龚海英大惊之下立即回复:"别冲动,总有其他的解决办法的。"两个小时后,女孩又出现了,言谈中仍然怒气未消。见女孩执意干傻事,龚海英立即再次回复:"请你留下电话。"一整夜,女孩再没有出现,龚海英彻夜未眠。女孩终于给龚海英打来了电话,在电话里,龚海英调动起所有的脑细胞,苦口婆心地劝说着女孩,两个多小时后,女孩终于失声痛哭,彻底打消了犯罪的念头。

龚海英的责任心借助于互联网高效传递,架起一条警民连心的情感之桥,使这位派出所的女"斑竹"赢得了百姓的尊敬。

(三)民警个人博客

与网站相比,博客的技术门槛相对较低,管理却更为便捷有效,使不少派出所民警也偏爱赶此潮流,在互联网上"博"一把。某派出所副所长以"少校警察"为名在新浪网上注册了博客,点击率很快上万,他在博客里结合自己军转警、在派出所工作的经验、体会和教训,告诉大家一个基层民警的真实的自我世界,同时通过博客向群众讲述基层民警艰苦敬业的故事。用他自己的话说:"让更多的人了解、理解、关心、支持警察,是我们每一个警察的责任,这也是我写博客最主要的目的。"

博客的作用有多大呢?西安市19岁的打工仔李西因偷盗银铛入狱,他有一个患脑瘫的女婴无人抚养。西安市太白路派出所民警捐款2800余元后,还在华商网上开捐款账号。民警救助病残女婴的事迹很快引起轰动,许多网友留言对民警关心犯罪嫌疑人女儿的做法表示支持,并向爱心警察致敬。更多热心的市民捐款捐物,使病残女婴得到妥善安置。

博客是一种快速、高效、便捷的信息通道,是实现警民互相沟通、由误解到了解再到理解的一个很好的交流平台。要利用好博客这一无须投资、无须技术,也不费时的电子媒体,为我们的警务工作服务。

(四)孙毅网上社区警务室

家住大连市杨树东街的老刘,年近七旬,虽然不会上网,但仍然每天要小孙子帮其在网上看看"孙毅网上社区警务室"有什么新鲜事。几个月下来,老刘已成为"孙毅网上社区警务室"最忠实的"粉丝"之一。

2010年9月,"孙毅网上社区警务室"成立了,这是大连市唯一一个以个人名字命名的网上警务室,将社区警务室的基本职能全部搬到了互联网上。截至目前,粉丝已达千余人,浏览过"孙毅警务室"的网友达21558人次。

网站刚开通的时候,老百姓对此不熟悉,也不是很认可。一天,孙毅在网上看到这样一条留言,内容是希望和他见个面,确认他的身份。孙毅按照约定赶到指定地点后,却没有见到人。第二天,他在网站上看到了一条留言:"没想到你真的去了。对不起……"孙毅这才知道,对方是在试探,看看网站是不是好用。

后来为了提高网站的知名度,孙毅在LED显示屏上发布,每次到辖区走访,都会随身带几张卡片,遇到一位居民,就发一张。渐渐地,辖区越来越多的居民知道了这个网站。

如今,辖区已经有80%的居民知道这个网站,他的QQ号每天都会有人在网上留言。因为有时在外走访、出差,电脑不在身边,为了不耽误、不延误,他将自己的手机号与QQ号绑定,一来信息,第一时间通过QQ转入自己的手机。经过一年多的运行,"孙毅网上社区警务室"在办理流动人口居住证、开展纠纷调解工作、开展安全防范宣传和开展便民服务方面都发挥了积极的作用。

(五)"警民QQ群"

QQ群是多个好友之间用来共同聊天或是说事的小空间,即使大家不能见面,QQ上也能进行交流和沟通。南通如皋市锦绣派出所社区民警吴小宇创新建立的"警民互动QQ群",受到了辖区群众的普遍欢迎,许多社区群众成了民警吴小宇忠实的"粉丝"。

1. "警民互动QQ群"的诞生

吴小宇是社区民警,为了加强社区管控,做好房屋中介管理工作,辖区内的房屋中介定期要将房主和承租人的信息向警务区进行报备。中介负责人来回报送材料,鲜活性不高,且浪费时间、精力。2010年11月,吴小宇在与一位中介业主聊天过程中,偶然得知不少中介业主和群众平时都会利用工作之余在网上用QQ聊天、互传资料。创建一个房屋中介QQ群吧!这样就可以通过QQ与中介业主在线传送信息资料,加强信息采集。很快,吴小宇在网上创建了"城南社区房屋中介群"。22家房屋中介业主全部成为吴小宇的QQ好友,实现良性互动,收到了较好的效果。尝到了创新工作的甜头,吴小宇由此得到了启发。于是,2010年12月,吴小宇建立了"城南社区警民互动QQ群",并同时建立了"外来人员服务群"、"用工单位群"等,加强对外来务工人员的管理。

2. 群众积极参与成"群友"

社区QQ群,在城南社区里一传十、十传百地传开了。短短时间内,147位热心居民通过身份证号码验证实名加入了互动群。群友们来自各行各业,既有个体老板、打工妹,也有政府人员、教师,甚至还有小有名气的本地演艺明星。"一休哥"是吴小宇在群里的网名,群友们也都习惯了在网上和"一休哥"聊防范、说安全。吴小宇经常结合周边发生的案件发布预警提示,加强防范宣传,群里不时还会围绕类似于"什么原因导致青少年犯罪多发"、"如何正确处理家庭矛盾纠纷"等话题开展讨论,大家你一言我一语,各抒己见,形成正面引导。有时,吴小宇为写调研报告或发言材料发愁时,群友们的好建议、好想法还帮了不少忙呢。

3. 通过QQ群获取线索破案

依托QQ群,吴小宇探索建立了"一群三动"以房管人新模式。去年以来,已通过QQ群提供线索破案16起,抓获犯罪嫌疑人6名,其中网上逃犯3名。今年的一天,一名中介业主在QQ群上反映辖区一出租房内有两名外地男子，其中一人手上有外伤。接报后，吴小宇迅速开展分析，第二天就在出租房内抓获了两名涉嫌聚众斗殴的外地网上逃犯。

4. 通过QQ方便服务群众

为了能时时了解群众的需求，吴小宇将自己的手机开通了上网功能，这样可以随时利用手机与群众沟通。通过社区QQ群，吴小宇及时了解了社区群众的需求和对公安工作的意见、建议，群众有困难的时候可以很方便地得到解答和帮助，不少群友通过网络咨询求助，提前预约服务，及时解决了困难。在上海工作的外地人高先生在如皋市购置了房产，一直想把户口迁移到如皋，但由于距离远、工作忙，一直没有抽出时间申报，也没能到派出所咨询户口政策。一次偶然的机会，高先生得知了"城南社区警民互动QQ群"，抱着试一试的心态，他通过QQ群将自己的情况告诉了吴小宇，吴小宇逐一解答了户口政策及申报所需的各类资料，并翔实地介绍了申报的程序。在得到满意的答复后，高先生一次性准备齐了各项申报户口所需的材料，一并交给了吴小宇。高先生通过便民绿色预约通道仅用了半天时间就办理好了户口迁移，大大出乎他的预料。"没想到公安的效率这么高。"高先生对吴小宇感谢不已。

5. "QQ群"成爱心大家庭

83岁的陈娟老人，去年被查出患有癌症，现在又因为腿上骨头的毛病，急需动手术。但是独自生活的陈老太根本出不起这昂贵的手术费用，每天只能靠吃去痛片止痛。吴小宇得知这一消息后，立即在群里发布了为陈老太募捐的号召，得到了群友们的积极响应，大家你一百，我两百，很快就凑齐了3000元。吴小宇和群里18个群友带着爱心款看望了陈老太，老人激动得流下了眼泪。活动结束后，有的网友得知此事，还主动和吴小宇联系，表示要献出自己的一份心意。吴小宇没有想到这样的活动能得到大家如此积极的响应，他也为群友们的热情所感动。他和其他的几位群友商量好，今后还将和社会公益组织联系，开展爱心活动，将爱心接力棒继续传递下去。

第六节 城市社区警务工作法

各地城市社区民警，根据本地实际情况创造了一些行之有效的社区警务工作方法。

一、走访群众的四种方法

与群众能够接触才能进行沟通，如何更好地去接触群众呢？其方法主要体现在对时间、地点、人物、警务四要素的把握上。

（一）时间要素法

1. 早晚上门法

将辖区内居民按照年龄进行分类，根据作息时间的不同，分类开展群众工作。一般来说，老年人起得早，适宜早晨调查，上班族早晨赶着上班，适宜晚上接触沟通。

2. 双休上门法

根据辖区内居民工作特点，选择居民休息时间开展群众工作。一般来说，"双休日"大部分居民正常休息，对少数"倒班"的居民开展预约"上门"，这样既保证了时间的充足，也容易得到群众的支持。

3. 节日上门法

由于中国人比较注重传统，一些平时难以见到面的居民在传统节日一般会回家，如元旦、春节、清明、五一、端午、国庆节等，这样既可以增强亲和力，又可增进凝聚力。

（二）地点要素法

1. 社区活动场所见面法

积极组织和参与社区开展的普法、咨询、文娱、宣传、庆典、公益等活动，利用社区活动室、文化室、健身处、休闲处等场所，同居民谈心、聊天，加强与居民的认识了解，增进友谊，努力赢得群众的信任，从而达到事半功倍的效果。

2. 社区会议场所见面法

利用恳谈会、居民会、党员会、治保会、报告会等平台，积极进行自我推销，自报家门、自报工作，从而宣传群众、发动群众。

(三) 人物要素法

1. 年龄而异法

根据辖区居民年龄的差异，正确选择拉近群众关系的突破口。一般来说，与老年人聊天要从子女谈起；与青年人聊天要从时尚谈起；与中年人聊天要从工作谈起。

2. 性别而异法

按照性别不同所关心的问题不同的原则，选择正确的话题开展群众工作。一般来说，对待女同志要从漂亮、年轻谈起，对待男同志要从健康、理财谈起。另外，与妇女聊天要多谈家庭，与男性聊天要多谈经济话题。

3. 职业而异法

根据职业的差异，从符合职业特点的话题入手。一般来说，工人从收入谈起，干部从前途谈起，学生从学校谈起。

(四) 细节要素法

1. 语言细节

坚持做到文明用语，特别要注意不文明的口头禅。即使遇到群众有误解、发牢骚时，自己绝不能发火，更不能以势压人。

2. 入户细节

上门走访居民，要入户随俗，脱下鞋，避免影响居民家中的卫生；入户后，不能吸烟；说话不要大声大气。

3. 人情细节

平时接触群众，如果自己吸烟，群众递上来的烟无论好与差，都要热情地接过来，并愉快吸完；在为群众排忧解难时，如果群众送来香烟、茶叶之类礼品，要婉言谢绝。虽然一包烟、一包茶叶价值不大，但如果收下来了，损害的是自己在群众心目中的形象。

二、解决群众纠纷的"三诊法"

(一)"巡诊"解民意

了解社情民意,在走访群众时,要随身携带记录本,记载群众的点滴要求。大到办理户口、招工入学,小到婆媳不和、邻里纠纷、甚至路灯不亮、下水道堵塞等一些小事都应记在本上,并把小事当成大事来办。能调处的当场调处,不能就地调处的,带回到警务室再想办法协调处理,并承诺在一定时限内完成。对不属于职权范围内的事情如实记录下来,然后向所领导汇报,向有关部门通报,想尽一切办法加以解决。有一个社区民警在他的工作记录本里,详细记载着辖区群众的冷暖,无论是贫困户、孤寡老人,还是残疾人、辍学儿童,全部记录在册。帮助对象的年龄、身体状况、居住情况、生活来源他了解得一清二楚。孤寡老人病了,他送医送药;哪家小孩不见,他千方百计帮助寻找;发现街上迷途的儿童,主动帮助寻找其亲人,成了名副其实的"群众的贴心人"。

(二)"出诊"解民忧

对群众关心、反映强烈的热点、焦点问题,要主动上门进行现场办公,创造条件帮助解决问题。有一个社区民警在调解一起邻里纠纷中,双方当事人都已认识到自身的过错,但双方均称自己无儿女,且年事已高,无法搬动20几根引发纠纷的木头。这时,该民警二话没说自己将木头一根根地搬走。在"出诊"了解情况时,注重亲情式的关怀,解决重点人口就业、生活等实际困难,与辖区厂企联系,接收有过污点的刑释解教人员,让这些人再次回归社会,为社会服务,控制再次发案。某社区民警针对单亲家庭的未成年人缺乏家庭的温暖,平时喜欢沉迷于网吧、歌厅、台球厅等场所,控制不好,往往走上犯罪的道路的实际,主动与上述场所联系,尽可能为他们安排就业,这样既解决了就业,又投其所好,做他们喜欢做的事,由此也控制了发案,可谓一举三得。

（三）"会诊"解民惑

对情况复杂，处理难度大，可能引发集体上访、重复上访的重大疑难纠纷，要主动向所领导汇报，并积极会同有关部门共同协商解决办法，联合调处破解难题。某社区民警有一次走访群众时，获悉辖区50多户居民正准备去市政府集体上访，想要解决多年无水问题。他先期制止了这起即将发生的群体性事件，并承诺帮助协调此事。在接下来的时间里，他向所领导汇报争取支持，会同3名群众代表，带着为民请愿书，通过合法渠道多次到市自来水公司、市信访办为民请愿。经过不懈努力终于有了结果，市自来水公司在该社区单独兴建了供水站，千户居民的用水问题得到了良好解决。

三、贴近群众、融入群众的十种方法

（一）主动招呼法

社区民警要向社区居民主动招呼问候，在开展社区警务工作时，必须保持警容风纪严整，面带真诚的微笑，主动向每一位社区居民打招呼问候，从而树立人民警察的良好形象，获得社区百姓的信任。

（二）巡视宣传法

社区民警要在农村集市上坚持开展巡视或经常到村民家中，宣传法律法规和安全防范知识，使辖区村民在最短时间内认识你、了解你、信任你，你才能较快地打开工作局面。

（三）参与活动法

社区民警要主动积极参与村民组织的各种活动，通过参加活动，充分发挥社区民警服务村民的作用，进一步密切警民关系。

（四）热情关心法

社区民警要主动关心社区内的残疾人和弱势群体，主动接近他们，了解他们的生活状况，想方设法为他们排忧解难。真情关爱弱势群体，才能获得他们的感激和尊敬，同时也会获得很好的社会效益。

（五）尊老爱幼法

"老吾老以及人之老，幼吾幼以及人之幼"，尊老爱幼是中华民族的传统美德，社区民警对社区内老人、五保户、幼儿等都要尊敬和爱护；经常上门关心，力所能及地为他们服务，为他们办好事、办实事，弘扬中华民族传统美德，这样就能顺民心、得民意。

（六）关心学生法

每个社区内都有不同年龄、班级的学生，而且多数是独生子女，是父母的掌上明珠。如果社区民警能够利用时间当好学生的校外辅导员，协助学校维护好校园周边秩序，定期对社区学生进行遵纪守法和安全防范方面的教育，定能赢得学校、家长和社会对民警工作的充分肯定，使之支持配合治安工作。

（七）祝贺慰问法

社区民警遇有辖区村民"婚、丧、寿"等情况，要尽可能前往祝贺或慰问。村民会觉得你可敬可亲，从而为开展社区警务工作奠定群众基础。

（八）上门服务法

社区民警要结合日常工作主动到村民家上门服务。利用开展基础工作等时机，把村民办理的各种证明、通知单、户口、身份证等主动送到村民家中，这既是举手之劳之事，又可顺理成章地开展入户调查，群众不仅会感激你，而且会主动支持配合你的工作。

（九）案情通报法

凡是辖区内发生的各种案件，除了有碍侦查、涉密、隐私外，社区民警都要将案件查处情况及时通报给受害人及家属。案件发生后，村民都渴望公安机关及时破案，社区民警将查破案件信息及时通报，将会大大提升公安机关的形象，同时群众对你这个"报喜天使"一定也会热情有加，主动接近。

（十）交流沟通法

社区民警要善于寻找与群众交流沟通的话题，强化学习、丰富自己的知识，在与村民接触时要有更多的交流话题和共同语言，随着接触的增多，群众就会把你当成自己人、志同道合的好朋友。

四、治安管理"四抓"策略

（一）抓住重点人

不仅要将公安机关列管的重点人口纳入管理，还要将辖区矛盾纠纷当事人、外来人员中口音、服饰、发型、生活习惯等与常人迥异的人员列为重点管理范围，随时掌握动向，从中搜集各类信息线索。某社区民警在辖区清查时，发现操湖北口音的男子经常主动上群众家中承揽弹棉花的业务，而且出入居民家中时神态迥异，于是，该民警将其带回警务室进行盘查。经查，这是一伙利用承揽生意伺机作案的盗窃团伙。

（二）抓住重点物

应将辖区群众和机关单位价值贵重的物品逐一登记造册，指导持有人通过订制标签、制作暗记等，落实各项物防措施，为侦查破案固定证据提供支持。某社区民警在辖区某废品收购站检查时，发现有明显标记的物品，确定该物品为被盗物品，从而顺藤摸瓜，一举打掉了一个涉嫌多次在辖区进行盗窃的犯罪团伙，抓获犯罪嫌疑人两名。

（三）抓住重点事

作为一名社区民警，要一直对辖区发生的各类事件保持高度的警觉，主动拓展纵横双向的联系，加强重点控制，及时掌握各类信息线索，实现服务现实斗争的目标。某社区民警有一天在走访时听群众反映，辖区南小屯某贫困家庭中13岁的孩子经常骑一辆比较新的高档自行车，根本不符合他的经济状况。该民警深入摸排情况，及时抓获了由5名未成年人组成的自行车盗窃团伙。

（四）抓住重点域

要逐一对辖区重点防范部位、地段进行走访登记，制作辖区重点防范警示图张贴在警务室，创建十户一连、百户一片防范机制。十户一连就是每相邻的十户为一个分支，选一个组长。通过"十户一连联系卡"了解相互的联系方式，以便应对应急情况。百户一片是指每十个小组为一片，选一个片长。片长随时向民警通报辖区状况及不稳定因素。这种办法可以促成邻里团结，有效预防。同时，在辖区组建一支由专职治安员、义务治安员、厂企保安员为主的巡逻队。在日常巡逻中，采取步巡与车巡结合、白天与深夜结合、忙时与闲时结合、直线与交叉巡逻结合等巡逻方法，不仅能增强群众的安全感，而且能够打击违法分子的嚣张气焰，使辖区群众感受和谐安定。

第六章 如何做好农村社区警务

实施农村警务战略是新时期公安警务工作改革的重要举措,是适应经济社会发展、促进社会主义新农村建设的必然要求。加强农村警务室建设,充分发挥好警务室作用,真正将农村警务室建成广大农民朋友"家门口的派出所"。

第一节 农村社区警务建设面临的问题

一、农村社区警务室警力配制问题

2006年9月,自公安部《关于实施社区和农村警务战略的决定》颁布以来,农村警务室发展已经形成一定的格局。农村警务室是农村警务模式的载体,是驻村民警深入辖区访民情、听民意、保民安、解民忧的工作平台。很多农村的警务室都实行一室一警,有条件的地方,特别是城镇化水平比较高、治安复杂的地区,基本实现了一室多警。但是在有些经济欠发达的农村,警力有限,达不到一室一警,甚至一警要管几个警务室。另外,警务室设置不规范,村村设立警务室,也是警力顾不过来的主要原因。

二、单兵民警的综合素质达不到农村社区警务的要求

农村警务辖区面积大,点多距离远,工作复杂特殊,稍有不慎就有可能出现问题,因此,对农村社区民警的综合素质特别是群众工作经验要求要高,就目前来说民警综合素质与当前农村社区警务的要求还有一定的距离。

其一,对农村警务工作业务不熟。有些民警对农村警务工作感

到困惑，对于什么是农村警务、警务工作具体内容是什么不理解，感觉无从入手。近年来新招收的民警在这一方面的不足更加明显。

其二，没有静下心来扎实开展农村警务工作。当前，农村警务工作的重要性越来越显现，但由于少数民警认识不能与时俱进，还把农村警务工作单纯停留在以往的案件查处、纠纷调解这一层面，对当前警务工作信息化、执法规范化认识上不足。

其三，对农村警务工作存在畏难情绪。特别是新进民警，普遍感到做农村、农民工作很难。一方面，体现在对农村现状不了解，对辖区有多少村组不清楚，辖区人口情况说不来，平时下村入户机会少。有民警直言，农村群众嗓门儿一大，加上妇女一吵，头就发昏，心情烦躁，心理感受压力大难以沟通。另一方面，一些民警不知如何同农村群众交流，交流的方式简单生硬，三言两句就让群众产生对抗情绪，深感工作难开展。

其四，对农村警务工作不扎实、不深入。当前农村派出所办公条件都大为改善，但是，一些民警在办公室内守着电话办公办案。农村警务言外之意就是警务活动在农村，辖区内人口变动了，要及时下村去核实；住房变动了要下村去走访查证；偏僻之处出现不安定因素了要引起注意；巡逻防范要经常搞；辖区警务室要经常坐班等，但是一些民警对这些工作习惯于不闻不问。

三、社区警务保障机制不健全

由于警力保障上的严重不足，以及受过多的专项斗争和非警务活动的影响，使得农村派出所职能泛化和自主实战功能日益萎缩，一些工作措施缺乏针对性、实效性。民警工作的主动性、创造性得不到充分发挥，在工作中因循守旧、照抄照搬搞形式主义。警务区工作要求、制度和措施难以落实，效率低下。使得农民群众对农村警务区工作产生失望和不满情绪，对农村警务工作不理解、不支持。

另外，警务经费紧张。许多县（市）公安局没有足够经费来支撑农村警务社区的有效运转。还有社区警力严重不足，这一点也是制约农村社区警务发展的一个重大问题。警务机制改革后许多派出所虽然增加了警力，但是农村社区警力还是远远不够。

四、缺乏成熟而规范的农村社区警务模式

虽说城市社区警务逐渐成熟、规范，但是由于农村和城市的现实差距，农村社区警务与城市社区警务有很大的不同，还没有一种有效的模式来借鉴，农村社区警务建设尚处于"摸着石头过河"的探索阶段。农村社区民警干什么、怎么干的问题还没有得到很好的解决，这势必影响农村社区警务的发展。

第二节　如何规范农村社区警务工作

一、农村社区警务室布局要科学

由于警力、保障等多种因素制约，"村村设立警务室"不仅不现实、无必要，而且浪费资源、难以保证警务室高效运转。因此，农村警务室的设立，应该遵循"必需、必要"原则，每个乡镇设立的警务室以"能适应该乡镇治安状况、能稳控治安局势、能方便群众办事、能正常运转"为标准，并结合本地的实际，将警务室建在治安状况复杂、距离派出所驻地较远、人口居住相对集中的地带。如覆盖2~3个行政村的中心村；已撤并的原乡镇驻地；产业基地村；边界治安复杂村等。只有这样设置警务室，才能紧密结合农村特点，体现警务室的必要性和重要性，更好地发挥警务室作用。

另外，农村警务室建设，应最大限度地与村委会合署办公，充分利用、节约房屋等资源，减少建设投入。在警务室功能上，除了能保证民警日常工作开展外，还应充分考虑民警的食宿等基本要求。特别是在吃饭问题上，要采取鼓励民警到村委会、学校等单位

"搭伙"、到群众家"有偿就餐"等方式予以解决,保证民警安心工作。

二、创新农村社区警务模式

(一)搭建"三座桥梁",切实发挥农村社区警务室的纽带作用

1. 搭建与群众沟通的桥梁

边远山区、农村距离派出所路途较远,交通不便,群众求助、报警、解决问题存在诸多不便,不利于群众与公安机关近距离接触。设立农村社区警务室,缩短了两者距离,拉近了两者关系,减少了群众很多麻烦。坚持加强农村社区警务室力量建设,选派素质高、责任心强、群众基础工作扎实的民警充实到警务室工作。警务室虽是一个点,但功能力求完善,实现既能服务群众,替民分忧,解决群众实际困难;又能社会管理、打击犯罪,真正实现好、保护好、维护好人民群众的切身利益。

2. 搭建与基层组织联系的桥梁

农村社区警务室只有立足基层、深深扎根基层,才能生根发芽,茁壮成长。农村警务室要加强与村、社区、居委会等基层组织的联系和沟通,积极争取社会力量的配合和支持,从而有效整合资源、发展队伍、壮大力量,通过群策群力、综合施策,共同维护好辖区的社会和谐稳定。

3. 搭建与派出所配合的桥梁

派出所对警务室的建设做到底数清、情况明、掌控有力、指导翔实。通过充分发挥警务室的地理优势,积极地把工作、任务通过农村社区警务室落实到基层,促使警务室有事做、有担挑,避免虚而无实。而警务室在积极做好力所能及的工作的同时,把日常运转情况、社情民意、群众所思所盼、辖区社会治安状况等汇总反馈到派出所,形成整体配合、互相促进、共同提高的局面。

(二) 推进"三个做实",着力找准基础工作的落脚点

1. 做实人口服务和管理工作

农村社区民警的日常工作主要是负责情报线索的收集掌握、重点人口的管控教育、外来人员的登记、出租屋的检查和群防群治的落实等。农村社区警务工作的优势在于社区环境清楚,"人头"熟悉,群众基础根底深,这种得天独厚的优势是其他任何部门所不能比拟的。社区民警必须做到"二个全覆盖管理",即辖区内实有人口和实有房屋的全覆盖管理,从而为保障民生提供基础,为社会管理提供支撑,为控制治安提供抓手,为政府科学决策提供依据。

2. 做实信息化工作

随着社会的日新月异,公安机关要牢牢掌握社会面管控的主动权,必须创新发展,充分依托信息科技手段,引领各项工作全面实现突破。而大量基础性、关键性、鲜活的信息大多来自于基层、来自一线,而农村社区警务室的最大优势在于贴近基层、贴近群众。在有条件的农村,通过做强社区警务室,配置足够的网络通信设备,就能把过去基层民警记在本子上、印在脑海中的孤立信息变成可以通过网络传递的、综合研判的共享信息。切实做到全警采集、全警应用情报信息,推动基础工作信息化和信息工作基础化。

3. 做实巡控网络格局

当前,我们习惯于把巡控的重点放在街面、闹市区、交通要塞等,而忽视加强边远山区、边远农村巡防力量建设。同样要注重农村社区警务室巡防力量的充实,根据治安复杂程度,要配备足够的民警和巡逻队员坚守这块阵地,通过有效整合辖区的群防群治力量,形成适合当地特点的巡控网络格局。

(三) 健全"四项机制",积极拓展农村社区警务室的工作领域

1. 健全责任区警种联动机制

为避免农村社区警务工作单打独斗的不利局面,要求巡逻、治安、刑侦民警人人有责,承担起确保辖区(责任区)一方平安的

共同责任。按照整体配合、协同作战的原则，以派出所为轴心，以情况信息为纽带，加强各警种之间的横向协同配合；通过减少、优化目标考核项目，充分发挥基层民警工作主动性、创造性和有效性。

2. 健全开门评警机制

开展大走访、开门评警的活动，依托农村社区警务室这块有利阵地，广辟评警平台，最大限度地畅通警民联系渠道，真正做到面对面倾听群众呼声、解答群众咨询、接受群众评议监督。同时在农村社区宣传窗里粘贴安全防范知识，加强警情通报工作，使群众充分认识并了解到各种偷盗、诈骗等方法和手段，从而增强防范意识，提高防范能力。

3. 健全合作机制

社区民警必须深入农村扎好根。根据当地农村社区特点，探索完善与村委会等居民自治组织实行共管共治。健全与农村社区相关管理部门的沟通协作，形成各方协作配合、联动共赢的局面。

4. 健全科学考核机制

将群众满意与否、满意度高不高作为衡量农村社区警务工作的一个重要标准。通过召开群众座谈、警风监督员会议，认真听取群众的意见建议，同时结合日常的辖区防范工作、侦查破案能力、社会服务管理水平等，综合评判农村社区警务工作的优劣程度，以利于扬长避短，不断强化、优化、深化农村社区警务室的建设工作。

三、建立完善农村社区警务保障的长效机制

（一）建立经费装备保障机制

农村社区民警是农村社区警务的主体，也是农村社区警务的动力源。为让农村社区民警有一个宽心舒适的工作环境，必须建立农村社区警务经费装备市、镇两级财政保障机制，把警务室建设和农村社区民警单警装备、通信设施、交通工具、社区民警辅助力量工资福利全部纳入财政保障。

(二)建立社区警力保障机制

根据当地治安、人口、地理、环境等综合因素,科学配置警力,确保基层警力与其承担的工作任务相适应。同时,每个社区警务室配备 2 名以上社区警务室辅助力量,统一服装和标志。实行社区民警"四二一"工作运行机制,即四天在社区工作、两天实行相邻社区民警联勤、一天休息,保证社区警务室门常开、警常见、事快办。

(三)建立素质能力培训机制

实行农村社区民警岗前必训、每年轮训和岗位练兵制度。采取短平快、点对点、菜单式培训模式,例如,让农村一线干部和有经验的农村社区民警登台,现身说法,讲方法,谈经验,不断提高社区民警的基本素质和基本技能。

(四)建立监督管理机制

各派出所依托社区警务信息系统,建立农村社区民警工作日志制度,加强对社区警务工作的检查监督。农村社区民警定期向社区服务中心、基层党政组织和群众报告工作,落实农村社区警务公开措施,自觉接受监督,进一步增强农村社区警务工作的透明度。

(五)建立信息化保障机制

有条件的农村社区警务室的微机接入公安局域网,全部安装使用社区警务信息系统。社区警务信息系统同时自动生成有关数据,对社区民警工作情况实时控制。

(六)建立奖惩激励机制

对农村社区警务工作做到政策倾斜,对广大民警产生吸引力,要实现民警进农村社区,由"要我下"到"我要下"的转变。

第三节 农村警务室工作重点

公安部《关于实施社区和农村警务战略的决定》,明确了警务室工作五个方面的重点。农村警务室工作在全面贯彻实施的基础上，需要结合农村治安实际，以促进社会稳定、强化治安防控、服务人民群众为中心，牢固把握三个重点，即人口管理、治安防范和服务群众。

一、落实好人口管理

(一) 农村外出人口管理

经济欠发达地区的农村群众，大量的青壮年劳动力外出，造成了"空房老人"、"空房孩子"不断增加的现象，给农村社会管理带来压力。如何对农村外出人口进行有效管理，有些地方公安局与当地民政、综治部门联合开发了"外出人口管理系统"。该系统以农村警务室为单位，对外出务工群众的姓名、年龄、家庭住址、主要社会关系、联系方式、外出方向、外出事由、存在问题等基本情况逐一进行登记、录入系统，并进行日常变更维护，解决了外出人口管理上的漏洞。警务室民警、乡镇民政工作人员根据"外出人口管理系统"登记的信息，适时走访外出人口家庭，并将情况及时给予反馈，防止因家庭教育脱节导致其正处在叛逆期的孩子走入违法犯罪的深渊。伴随着这套系统的投入使用，并开通外出人口服务热线，方便了农村外出人员与家人联系。

(二) 农村外来流动人口管理

一些经济发达地区的农村，外来务工人员较多，如何加强对农村流动人口管理？

(1) 警务室要建好"四卡"。第一，建立外来人口登记卡。即对到村居住的流动外来人口的自然情况以及房主的相关情况进行逐一登记立档，做到底数清、情况明。第二，建立"四方责任卡"。明确村、片警、房主、暂寄住户四方的责任，四方各持一卡，有利于互相监督、共同遵守。第三，建立"居住卡"。凡是在辖区居住的年龄在18岁以上的流动外来人口，都要到村警务室办理"居住卡"，作为在此村居住的合法证件。第四，建立"婚育卡"。育龄流动外来人口，必须持原居住地的婚育证明，在暂寄住村办理计划生育卡，使村、乡镇能够掌握外来人口的计划生育情况，开展计划生育服务和宣传教育。第五，建立重点流动人口"防控卡"。有前科劣迹和现行违法犯罪的流动人口，派出所将对其实施重点管理、监控，对这类重点外来人口要列入"重点管理卡"之中。

（2）坚持谁主管、谁聘用、谁出租、谁负责的原则，推行责任承包制。加强对外来人口较多的企业、建筑工地流动人口的管理工作，把管理责任落实到企业法人、经营者和用工单位，对企事业单位聘用的外来人员，抓住主管责任人不放；对工地招收的民工，抓住施工单位负责人不放；对公共娱乐场所等行业，抓住经营业主不放；对私人出租房屋，抓住房屋主不放，签订治安责任状，落实管理职责。

（3）充分借助村、企、社区、单位中暂住人口协管员对辖区环境清、情况明、人员熟的优势，协助民警做好暂住人口的登记、办证和教育、管理工作，确保暂住人口不漏报、不漏管。

（4）积极探索流动人口管理与服务的新路子。针对农村外来人口多、治安情况复杂的特点，依靠村委会和村民协管组织流动人口维权站，认真受理并及时依法处理流动人口遭受不法侵害的案件和事件，协助解决劳资纠纷，维护流动人口的合法权益。定期发布就业和房屋租赁信息，解决农村暂住流动人口管理服务工作中存在的问题，实现管理、服务、维权的良性互动，为流动人口创造良好的工作环境和生活环境。

二、组织好治安防范

（一）建立四级警务防范支撑点

（1）立足警务室，布控农村警务防范阵地的第一支撑点。

（2）建立警民联防工作站，布控农村警务防范阵地的第二支撑点。在没有警务室的行政村建立警民联防工作站。行政村是群众信服依赖的基层组织，是构成警务阵地的基本单元。由于点多、面广、线长，不可能在每个行政村都建立警务室，因此，在没有警务室的行政村设立警民联防工作站，非常有必要。要使警民联防工作站成为警务室日常工作的点。

（3）建立警民联防工作点，布控农村警务防范阵地的第三支撑点。警民联防工作点是公安基础工作的有效延伸，也就是将公安工作落实到自然村屯，是以治安岗亭为主要形式、最前沿的警务模式。

（4）扎实推进治安中心户长制，建立四级联动的立体化防控网络。以村民小组或居住相邻的几户或十几户划为一个联防片组，也可以在计生中心户长的基础建立。在每个小组中推选一名中心户长，由中心户长牵头组织开展巡逻防范工作。

（二）实行治安巡逻包片制度

在警务室的指导下，由村委会牵头，按照就近原则，各村以每10户为1组，将全村划分为若干防范区域，实行网格化巡防和管理。每户一人，每组两人组成打更巡逻小分队。巡逻小分队佩带电筒、电喇叭及自卫巡防器具，从每天21时至次日凌晨5时许进行巡逻。全村户户参与，轮流值日。如果哪家有突发事情无法脱身，可请邻居代为巡逻，以后自行调剂。也可以以资代劳。每天晚上近21时，村治保主任进行一次广播喊话，通知义务打更巡逻人员集合。为了防止打更巡防走过场，村委会要推行每周广播讲评制度。即村治保主任利用广播，对一周以来打更巡逻防范情况以及存在问题逐一讲评，批评纠正缺点或失误，表扬典型事例。

（三）实行警铃入户

有条件的农村，可以安装警铃入户。即将10~15户村民编为一个治安联防组，每户配置一台警灯、一个开关，每组设置一套警报器及中心控制器。一家有事，按动开关，其他各户同时警灯闪烁，警报骤响。同时还可显示出事的是哪一家、哪一户，联防组人员可在第一时间迅速向出事农户集结，采取措施实施救助。警铃入户可改变以往孤立无援、各自为战、防治不力的被动局面，提高联防联治防控效果，最大限度地减少可防性案件发生。一些地方已经开始在农村实施警铃入户，由县公安局提供设备及负责安装，每户按规定装一台报警器及配套设施，大约需几十元。在落实警铃入户的费用上，通过乡里补一点、村里集一点、农户出一点的办法，尽量减轻农户安装警铃的费用，最大限度地调动群众入网的积极性。

（四）实行治安防范承包机制

要因地制宜选择承包模式，建立多元化的承包机制。按不同区域，划分村和集镇两个层面，通过公开招聘，择优选聘承包人，成立专职巡防队，负责村及集镇区域的巡防；按承包内容，分为全面承包、专项承包和时段承包；按承包主体，分为集体承包和个人承包。集体承包主要以镇为单位，选聘8~12名专职治安巡防员，负责重点部位、重点地段、重点道口的治安防范巡逻；个人承包主要以村委会为单位，选聘1名总承包人，再由总承包人在每个村选聘1~2名分承包人。严格选用好承包人，做到四个严格：严格选用标准、严格聘用程序、严格把关、严格岗前培训。对承包人定报酬，除了采取月薪制、年薪制或固定补贴外，考虑到承包治安防范具有一定风险，要求镇集体统一出资为承包人办理人身意外伤害保险；定考核，实行承包人的报酬与考核协议履行情况挂钩，由村委会坚持一月一考核、一月（年）一兑现。建立报酬保障机制，采取镇财政列支一点、村集体支付一点、企事业等社会单位筹措一点的办法解决经费问题。所筹资金全部存入专户，实行专款专用，年终公布账目，接受群众监督。

（五）实行"一分钱创安"工程

有些地方公安局经有关部门研究同意，保险公司在当地特意推出一项新险种——"治安保险"。即居民每人每天只需一分钱，一年出资3.6元的"治安保险"。

"一分钱创安工程"的运作，主要是三种模式：

一是财产投保。从每人3.65元创安基金中拿出1元为居民家庭财产投保，（实际操作中，这一险种分为两个档次：村民每户交保险费1元，发生财产被盗抢后最高赔付1000元；每户交保险费

5元，最高赔付为5000元）。参保户被盗抢后要及时报案，派出所、村委会和保险公司派人员到场，由派出所和保险公司人员联合勘查现场，如果认定属于盗抢案件并确有财产损失的，派出所向保险公司索取赔偿手续，进入理赔程序。如该案件一个月内未破获，保险公司将在7个工作日内编制赔案，由派出所领取赔款并交给农户。

二是科技监控。拿出2元作为技防设施投入，在社区主要出入口、重点要害部位、繁华场所等处安装监控探头，构建"全球眼"社区技防监控系统，并协调电信部门分别在街道、派出所、社区设立监控平台，安排专人进行监控，发现异常情况，派出所应急分队立即出动，赶赴现场快速处置。

三是综合防控。剩余0.65元用作物防和人防投入，为社区院落、居民住户安装防盗门，为孤寡老人开通"爱心电话"服务热线，并为社区群防群治队伍提供经费补贴。这项工程的实施，推动了社区人防、物防、技防措施的落实，形成了集现场巡逻、平台监控、快速处置、损失理赔四位一体的治安防控体系。

三、开展好便民服务

（一）做好群众工作是驻村民警的首要任务

做好群众工作没有什么高深的学问，也没有什么捷径可走。群众对民警的要求并不高，无非是要我们态度好一点、办事快一点，有时甚至一个笑脸、一声问候、一杯热茶、一件举手之劳的小事，就能够拉近与群众的距离。因此，驻村民警在日常工作中，要"串百家门、知百家情、解百家忧"，努力做好辖区群众的贴心人，力所能及地帮助群众解决实际困难，不断密切与群众间的鱼水亲情。

（二）推行"三上门"措施

将服务范围、服务方式、联系方法和举报电话等内容制作成"为民服务承诺卡"，为群众提供优质服务。"三上门"措施：一是安全知识送上门。在警民联防工作点设立村民消防小组，与警民联防工作站的民办消防队联动，将防盗、防抢、火场自救等与群众息息相关的小知识印成传单送到居民手中，不断提高群众的治安防范意识。二是办证送证上门。以孤寡残弱等弱势群体为重点，主动上门办证。三是调解纠纷上门。责任区民警主动走出去，到纠纷发生的单位和居民家中，认真调查和了解，针对情况讲道理、说利害、划责任、息事端，既提高了见警率，又提升了群众工作能力。

（三）开展预约办事

所谓预约办事，就是针对农村群众到派出所办事求助十分不便的实际，为群众代办。群众如果要办什么事，可以到村警务室进行登记申办的事项、联系方式。届时，由驻村民警统一拿到乡镇派出所办理。派出所民警也可以定期下到各村警务室，统一代办或现场直接办理。开展预约办事，不仅方便了群众办事求助，还可密切警民关系。

（四）成立综合服务站

平时村民求助驻村民警的事五花八门，除了公安部门管辖范围内的事外，还有很多不是公安部门管辖范围的其他事情。驻村民警不能不管，要管即使有三头六臂也管不来。假若建立起服务联系网络，群众方便了，民警也省心、省事多了。综合服务站的成立要得到乡镇政府派出所领导的支持，将综合服务站的服务内容、运作方式、服务人员和联系电话印制成小册子，发到村民家中。具体地说，这本小册子内容包括：一是服务人员构成，都是本乡镇的有关农机人员、学校教师、卫生院医生、修理业等专业人员。二是日常生活中经常遇到需要求助的事项，分门别类列出，如青少年心理咨询、兽医畜牧服务、农机和家电维修、就医服务等。三是为了方便村民联系，有关服务人员及其联系电话注明清楚。四是适当收费。群众一旦有急事，翻开小册子，就可以找到有关服务人员及其联系电话，电话一打，服务人员就可赶来解决。

第四节 与农民群众沟通的方法技巧

一、与农民沟通的基本原则

（一）沟通地位的平等性

富兰克林在他起草的《独立宣言》中说，人人生而平等，无论贫富贵贱，人格上都是平等的。农民群众生活在社会最基层，社会地位最低微，感情最脆弱，神经最敏感，最易受到外界触动，最怕受到外界刺激。在与农民沟通时，要学会换位思考，即心理换位、身份换位、角色换位、行为换位，站在农民的角度考虑问题，从衣着、穿戴、语言、举止等方面，拉近与农民群众的心理距离、感情距离和身份距离。让农民从感情上接受你、心理上相信你、行为上靠近你，愿意和你说知心话、掏心窝子的话，建立一种平等互信关系。切不可高高在上，趾高气扬、盛气凌人。如果这样，农民就会躲着你、疏远你、拒绝你，无法沟通。

（二）沟通方式的随意性

与农民沟通，绝不能圈框子、定调子，要让农民选择适合自己的沟通方式和表达方式。一问一答提问式的沟通，有很强的针对性和可操作性，能够达到预期效果，但却忽略了农民的感受，给人以审问式的感觉，不利于农民的思想表达和感情流露，因而我们就不可能获得更多有价值的信息。与农民沟通时，在确定沟通主题的前提下，适当加以思路的引导，让农民沿着主体脉络，充分表达思想感情。我们要认真倾听，报以微笑、点头等肢体语言，适时表达亲近感和认同感，增强农民对我们的安全感、亲近感和信任感。在沟通过程中，切不可紧锁眉头、东张西望、低头看表，或者当着农民的面接打手机，表现出没耐心、不耐烦，给农民思想表达造成心理障碍，产生误解。

（三）沟通关系的互动性

沟通是一个思想感情双向互动的过程。既不能角色错位，不顾别人感受，只顾自己喋喋不休、高谈阔论、信马由缰、说个没完没了，甚至冲淡主题；又不能不加引导，任由对方海阔天空、漫无边际地神侃胡聊，讲不到主题，使我们采撷不到有重要价值的信息，达不到沟通的预期效果。要根据沟通的目的，找准沟通的切入点和突破点，特别是对沟通对象感兴趣的话题，要适当加以引导，使其沿着主题道出心里话，挖掘出更重要、更直接的信息。使沟通对象在心理上产生共鸣，情感上产生互信、思想上产生互融，发展到关系上的互动，使我们想要了解能够了解的信息充分展露出来。

二、与农民群众沟通要做到"三要"

（一）要态度诚恳

态度决定一切，农民群众最可爱，只要你真心实意地为他们服务，他们就会真心实意地支持你。群众情绪是衡量基层工作实际效果的"晴雨表"。群众的抵触情绪不仅仅是因为他们的物质利益受到了损害，更有可能是因为他们的说话权利没有得到尊重，言不畅，则气不顺；气不顺，则心不平。群众不满意的地方，就是我们的工作需要改进和加强的地方；群众不满意的时候，就是我们需要改进工作、深刻反省的时候。农民工作，不仅仅是方法问题，更是态度问题。要端正对群众的态度，尊重群众、相信群众，听民声，谈民情，忧民愁，解民难。只有真心对待群众，群众才可能不生怨言、发怨气、泄怨愤，才会理解、支持我们的工作。社区民警只有和广大农民群众打成一片，与农民群众交朋友，真心实意地为群众做好事、办实事、解难事，认认真真访民情，诚诚恳恳听民意，才能夯实群众基础、凝聚人心，做好工作。

（二）要方法灵活

跟群众打交道，要实事求是、灵活应变、方法多样。要深入实际，掌握好"一把钥匙开一把锁"的工作方法，因地、因时、因事、因人做工作，努力把工作做实、做细、做深、做好。在开展具体工作的时候，就要根据不同的人采取不同的方法。有时需要特殊的方法，具体包括以下三点：一要用亲情。在一个自然村中居住的人，往往都是沾亲带故，在开展工作的时候，要注重利用这种特殊的资源来为我们服务，这会起到事半功倍的效果。在日常工作中，我们经常会遇到这样的情况，外人跟他很难讲通和商量的事情，也许他的某个亲人只要只言片语就可以做通他的工作。二要用友情。有些人往往就信任个别朋友，把朋友的话当圣旨。遇到这样的人，我们就要对症下药，不走弯路，通过他的朋友来做他的工作。三要用真情。在开展具体工作的时候，一定要用真情实感，讲实情、说真话，要学会换位思考，要让群众感觉到你是真心为他着想，不是在骗他，更不是在害他。

（三）要依靠核心人物

一是依靠村组干。村组干部是我们在基层开展警务工作可靠的组织力量，要充分调动他们的积极性，发挥他们的作用。二是依靠宗族的头面人物，如族长或其他有威信的人物。一个自然村往往就是一个宗族，宗族的族长或者其他某些人物备受村人尊重，他们说话往往能够服众。我们在平时生活和开展工作中，要和这些人多沟通、多交流，充分利用好这股源自本村本土的特殊力量，来为我们解决一些实际问题，对我们的工作顺利推进起到事半功倍的效果。

（四）要积累经验

其一，经验在于学习。要善于借鉴别人的经验，为我所用。特别是农村干部对农民最熟悉，做工作有一套经验，我们要向村干部学习请教做农民工作的经验。首先要转变心态，放下身架，以学习请教的姿态向村干部学习，一些村干部的土方法、土经验，在书本上是学不到的。它是农村广大干部在长期的工作实践中得来的宝贵财富，是做好农村工作的最佳经验和"灵丹妙药"。其二，经验在于积累。在新的条件下，我们没有经验，又没有现成的答案，怎样抓、抓什么、怎样才能驾驭农村治安复杂的局面，我们都只能靠边学边干积累经验。

三、与农民沟通要做到"三土"

（一）穿得要"土"一点

驻村民警如果不穿警服而穿便服的时候，进村入户与农民群众接触了解社情，就要尽量穿得朴素点。如果民警穿较时髦的时装，与农民群众的穿着形成鲜明对比，那么会使农民群众产生心理上的隔阂，难与民警交心。因此，尽量要穿一些便于和群众接触的衣服，在田间地头、菜棚鸡舍交往，在灯下谈心、炕头聊天，容易与农民群众打成一片，使农民群众对警察产生亲近感，才能结下深厚的警民鱼水情，才能了解到自己所需要的资料信息。

（二）吃得要"土"一点

驻村民警和农民接触，农民一般都比较热情，忙着让烟递茶。如果民警嫌弃农民的香烟差，而抽自己带的；嫌弃农民的茶水不好，而喝自己带的矿泉水；入户与农民搭伙，嫌菜不好，筷子不碰或者东翻西翻，这样就会凉了群众的心，引起群众的反感，认为你看不起他，就会对你敬而远之。只有把农民当做自家人，才能不嫌弃农民的东西，才能让农民把你当做贴心人，农民才会向你说心里话。

（三）说话要"土"一点

说话要"土"点表现在两个方面：第一，驻村民警来到农民群众中，要与农民谈农情、话农事，共谋发展致富经，说农民群众最喜欢听的话，不要说空理论、讲大道理，甚至有意显示自己有水平，对农民高谈阔论，让农民群众感到你和他说不到一块去，不是一路人，这样群众就很难和你说真心话。第二，尽量用当地方言与农民群众交谈。俗话说"入乡随俗"，说话也要随俗。在讲方言的农村地区，如果用普通话与农民群众交谈，农民群众也会产生你是"官家人"的感觉，彼此的心难以融到一起。用当地方言交谈，农民群众才有兴趣，容易与你贴心。

四、与农民沟通要做到"四了"

1. 进得了门

农民群众的门难进吗?大家都会认为,不是很简单嘛,穿上警服去群众家调查了解情况,群众自然会给你开门。是的,一般情况下老百姓不会把你拒之门外,但他们是不是真心实意地欢迎你进门呢?你是不是真正打开了农民群众心理上的门呢?那就未必了。在努力构建和谐社会的今天,我们要考虑的是如何拉近警民间的距离,提升民警在农民群众心目中的形象。警务室应该如同村中的一户人家,而不是一个特殊的机构;作为驻村民警,应该如同村中的一分子,而不是一个特殊的人物。驻村民警平时就要多串串门,和群众打打交道,只有这样才能够了解群众关心什么、需要什么。心理上与农民拉近了距离,农民就会把我们当做自家人,甚至当做亲人。我们进了农民的家,互相都觉得可亲可近,愿意沟通交流,彼此感情加深了,这个"门"才算进来了。

2. 说得了话

"说得了话"是指驻村民警与农民在一起的时候,能够有话说,甚至无话不谈。当然,首先要与农民谈他们感兴趣的事,谈得投机了,就无话不谈了。此时,就可以与农民谈我们需要谈的事情,农民就很乐意跟我们谈了。我们在与农民交谈中,就可以获取很多信息。当然,村警务室刚建立的时候,农民一般不会主动和驻村民警联系,甚至可能会回避驻村民警。驻村民警要与农民群众互动起来,有交流、有话说,怎么才能打开这个局面?驻村民警可以把自己的手机号码印在纸上,贴在村中最显眼的地方,提醒农民群众有事可通过短信和民警联系,也张贴一些安全防范提示的小公告。见面时主动打招呼、拉家常等。在逢年过节的时候,给他们发祝福和问候的短信。慢慢地农民就会把我们当朋友了。通过这种良好的互动,才能与农民形成心理上的沟通,才能够从农民那里得到大量信息。

3. 交得了心

驻村民警与农民群众交心，就是让农民群众将自己的真心话告诉你。怎样让群众打开心扉呢？首先，要与群众沟通，建立良好的警民关系。要有重点地对农民群众进行走访，在警务室定期召开的警民恳谈会上，与农民聊聊天、谈谈心。鼓励他们把心里话说出来，把意见、要求或建议说出来，能够办的立即承诺给他们尽快办好，不能办的给他们解释清楚。民警也应把自己的心里话、意见、要求或建议说出来，及时与农民沟通。时间长了，农民就会变得愿意和民警讨论一些问题，农民群众的抱怨声就少了，矛盾隐患就消除了。有一些一时难以处理的民间纠纷，民警也可以放在热点讨论会上讨论，让大家都来评评理，往往能起到事半功倍的效果。当农民愿意把自己的家事都告诉你，甚至请你参谋的时候，可以说，你与农民已经交心了。

4. 成得了友

成得了友就是能够和农民群众做真诚的朋友、永远的朋友。前面我们讲到的民警"进得了门、说得了话、交得了心"的活动，一定要注意不要让群众产生某种误会。如有的农民就说："这些民警现在与我们农民那么亲近，还不是想利用我们来做好他的工作。今后他如果离开这里，还认得我们吗？我们见他的面打招呼，恐怕他就不理你咯！"因此，民警一定要与农民做真诚的朋友。民警可以利用平时串门、工作、聊天的机会结交不同年龄的农民，让他们感到你是真诚的、可以信赖的。与农民成了朋友，才能更好进农民的门、更好与农民说话、更好与农民交心。反过来，与农民说话越投机、交心越深，交友就越亲密，形成良性循环。

第五节 农村警务工作法

一、何志革农村警务工作法

广西田阳县地处连绵起伏的桂西丘陵地带，乡间小道密如蛛网，路面窄且弯多，最远的地方开车得花1个小时，还有些地方只能步行。何志革所负责的四联辖区有29个自然屯，散落分布59平方公里。但是驻村警务室民警何志革，就在这样艰苦的条件下，摸索出一套"农村警务工作法"，使农村警务工作很有成效。2007年6月，以何志革的名字命名的"何志革农村警务工作法"受到公安部和自治区公安厅的肯定，并向全国、全自治区推广，各地民警都前来取经和交流。

1. "一本账"——烂熟于心

何志革担任四联警务室驻村民警，管辖4个行政村、29个自然屯，共3385户12226人。何志革刚到任驻村民警没几天，就深入村屯，与群众"套近乎"，很快就掌握了辖区基本情况。

四联警务室在靠近村委会的旁边。打开警务室的档案盒，多是村民纠纷调解书和村情说明，每个屯都有何志革手画的轮廓图，上面标示着各种基本数据。何志革把辖区村屯及村民房屋的位置都勘绘成平面图，标明人口、不稳定因素、依靠对象、困难户等基本情况，装订成册，随身携带。翻看他的工作笔记需要耐心，他平均每天都要到八九个村屯点了解情况，上面密密麻麻地记满了他两年来每天的工作情况。

百色市右江区曾经发生一起绑架人质的恶性案件，右江分局专案组到何志革辖区开展排查工作。何志革根据专案组提供的犯罪嫌疑人的口音、体貌特征和作案手段等情况，1个小时就给专案组开出20名重点对象名单。事后破案发现涉案的7名犯罪嫌疑人全部在列出的名单里。专案组民警称"第一次感觉破案能破得这么爽"。专案组民警能够把案破得这么爽，得益于何志革的《基础工作日志》。何志革把辖区所有重点人口的照片、指纹、笔迹、体貌特征等信息资料收集齐全，详细记录在《基础工作日志》里。甚至本辖区"有摩托车279辆"这样的情况都写进去。这些"芝麻"事情，村委会都不会去留意的。四联村妇女主任说："如果非要知道，只能挨家挨户走。"村子里摩托车具体有多少辆不是统计表的

第六章 如何做好农村社区警务

指标,村委会的人谁都不可能知道。事实证明,何志革这样的细致功夫对治安工作非常有帮助。

对困难群体的情况,何志革也都记在《基础工作日志》中,心中有数才能帮贫。随手翻开何志革《基础工作日志》的一页,里面有这样的记录:"5月26日,星期六,晴天。到那斛中屯看望玉美芬老人,收拾屋内杂务,搞卫生。随便买盐巴两包,香蕉一袋……"那斛中屯76岁的留守老人玉美芬的女儿远嫁河北省,儿子外出打工很少回来,她却有个"比亲崽还亲"的好儿子,就是何志革。何志革每次进村工作都上她家里看看,还没进屋就亲热地喊大妈,进门第一件事就是检查老人的水缸和米缸,如果水米将尽就马上补上,老人慢慢把何志革当儿子一样"使唤"。老人说,蚊帐破了几个洞,晚上蚊子多,第二天何志革就给她买来新蚊帐;老人说棉被里的棉花都散了,不暖和,第二天何志革就给他张罗一床新棉被;老人最爱吃卷筒粉和发糕,何志革就从10公里外的县城买来。老人捧着点心,浑浊的眼睛里老泪哗哗地流淌下来,嘴里念叨着:"你不知道,老婆子我已经有10年没有吃上筒粉和发糕了……"

这样的困难户在何志革的本子里共有几十户,都是孤寡老人、特困户、残疾人、失学儿童等。他们的年龄、身体状况、居住情况、生活来源都被何志革登记造册,每到一地,他都要到当地困难户走一遭,力所能及的就帮助解决,解决不了的,便向镇政府民政、扶贫专干汇报情况。

何志革的《基础工作日志》中,还记录重点帮教对象。四联警务室辖区内有重点帮教对象39人,高危人员57人,大都是劳释人员。何志革经常做他们的转化工作。百荷屯帮教对象黄某说:"我生来就不知道眼泪是什么滋味,但何志革到我家的那几次,我躲着他哭了。我永远感激他,是他挽救了我!"原来,黄某于2005年劳改释放回家后,村里人都疏远他,周围人们的目光让他极度自卑,每天酗酒度日,甚至想破罐子破摔。得知情况后,何志革多次来百荷屯与他商量找些正经事干。看见黄家紧靠路边,何志革出主意叫他开代销店。不久,何志革亲自为黄某联系办理了工商营业执照,还筹钱给黄进了第一批货。不久,黄某的代销店开张营业,有了稳定的月收入。更令人欣喜的是,最近,黄某将店交给家人打理,自己则到火电厂承建工程找到了一份酬劳更高的工作。

在工作中,何志革尽可能地把这些人的照片、指纹、笔迹、体貌特征等信息资料收集齐全,记录在工作日志里。但他最希望的是,这些材料最好永远用不上。

2. "民警+村干+治安中心户"——治安防控网

何志革构建了农村警务区的"民警+村干+治安中心户"的治安防控网,共同防范治安。何志革的警务室,首先,要依靠村、组干部。其次,依靠"治安中心户","治安中心户"以自然屯为单位建立。然后,物色一至两名热心治安工作、有责任心、有威望的党员、骨干和治安积极分子,也有一些是在屯里德高望重的老人,负责"治安中心户"的工作。何志革要每月与村组干部、"治安中心户"见面一次,及时了解情况,布置落实各项防范措施。

"治安中心户"的工作内容包括:协助民警宣传国家的法律法规,引导群众遵纪守法;及时向责任区民警反映群众在治安方面的要求;对发生的案件、事故迅速保护现场并向责任区民警报告;协助民警排查、调解民间纠纷;协助民警帮助、教育、感化、挽救违法青少年;协助民警引导群众做好"五防"工作。

平时,何志革下村屯,肯定要去"治安中心户"的家里,尽可能帮助他们解决一些实际问题,逢年过节带点油米之类的东西去看看,"治安中心户"到派出所办身份证之类的免收工本费。何志革说,农民都是很淳朴的,真心是看得出来的,我们只要拿出真心来,他们就真心协助我们一起搞好治安工作。

58岁的老党员杨超明,是头塘村坎眦屯的"治安中心户"。他所在的这个屯位于南百公路旁,周边有收费站、石灰厂、金穗米业公司和十多家饮食店,人员来往复杂,盗窃、打架斗殴等案件时有发生。一天晚上,百里村3名男青年窜到金穗米业公司内偷芒果。

杨超明发现后立即报告何志革,并协助何志革当场抓获2名犯罪嫌疑人。又有一次,本屯几个男青年酒后准备与头塘屯的男青年打架,杨超明发现后立即进行劝阻,避免了案件的发生。这些事在往日里,使派出所民警焦头烂额,牵制了不少警力。如今老杨这些"治安中心户"发挥自己独特的作用,分担了民警们许多烦心事,把许多矛盾纠纷遏制解决在萌芽状态。根据派出所的统计,去年,杨超明在本屯制止打架斗殴6起,调解民间纠纷9件,为派出所提供案件线索5条,协破刑事案件2起。

另外,"治安中心户"发现有什么可疑情况,都能及时向何志革报告。一天深夜,头塘村平泗屯"治安中心户"黄永文发现一名驾着一辆面包车的陌生男子形迹可疑,立即报告何志革。何志革组织民警盘查,当场抓获贵州籍犯罪嫌疑人刘某,从其车上缴获3捆盗来的价值1.8万元的通信光缆。黄永文说:"过去派出所不找我,多一事不如少一事。现在派出所让我做治安中心户,是对我的尊重和信任。特别是何教导员,真把我当朋友,有什么事不对头,我就有责任向他反映情况。"

"治安中心户"成了派出所的治安信息中心、法制宣传教育中心、纠纷调解中心,发挥了"桥头堡"的作用。2007年上半年,四联警务区刑事案件发7起破5起,刑事案件发案数比去年同期下降50%,破案率提高21%;治安案件发10起,查处9起,查处率90%,比去年同期发案数下降17%,查处率上升15%。二塘村村民说,前几年治安不好,连抛了秧还要专门守在田头防小偷偷秧,根本没心思去搞致富。如今村里治安好了,大家一心发展生产,人均收入从以前的数百元上升到今年的三千多元。

3. "警务室+流动警务站+警务点"——为民服务网

何志革构建了"警务室+流动警务站+警务点"的为民服务网。何为"流动警务站"?何志革把一辆"长安之星"微型警车的后排位置拆掉,安上一套铁皮小桌椅,改装便成一个"流动警务站",车的外部被喷上"流动警务站"的标志。

何志革在5个人口比较集中的村都挂牌设立了警务点，即建立了5个警务点。花几十元钱在村中的墙上，设置了一个遮风挡雨的类似于城市公共汽车站台的遮阳棚，再做一个牌子钉在墙上，派出所的各项承诺、服务的内容、下点的时间、负责民警的联系电话都在上面。这便是何志革的警务点。

在各个村的圩日，群众聚集的时候，何志革开着"流动警务站"车定时到警务点为群众办事。下点的时间一到，流动警务站像闹钟一样准时到达，"流动警务站"一到，车门一打开，大家都围了上来，有的领身份证，有的拿宣传资料。二塘村村民周志忠在"流动警务站"为女儿办未落常住户人口登记，何志革拿出随车携带的表格叫他填好，并告知他下次圩日就能办好。周志忠高兴地说："我家离警务室还有4公里路，今天在家门口就能办事，真是太方便了！"

"流动警务站"到警务点工作服务虽然都有固定时间，但他还是每次提前电话通知"治安中心户"把服务时间和内容贴在警务点公告栏内。届时，他把办好的居民身份证、群众办理事项需要填写的表格带到现场办理、分发、张贴，把服务送到群众家门口。

何志革针对不同人群需求，发放法律法规宣传资料、协查通报、警方提示等，还不忘拉家常，一边递给对方《儿童安全防范》，一边说："天气热可不能让孩子随便下水。"；还一边说"找到工作没有？"一边递给对方《外出务工指南》。群众都说，现在警察把服务都送到家门口，太方便办事了。

"你为老百姓办一点小事，老百姓就会夸你半天。"何志革深有感触地说。民警下沉，在老百姓心里是件大好事，群众拍手欢迎。警民关系拉近了，感情加深了。

"我们安全感增强了。"说起民警下村的好处，乡亲们念叨最多的就是这句话。村民找民警方便了，民警找村民也方便了，村里的歪风邪气少多了。乡亲们眼神里既有期盼，又有担忧，生怕哪天社区民警走了，再也不回来了。当群众离不开你、你也离不开群众时，我们的工作才算真正到位了。

二、"四字工作法"

河南省潢川县公安局在农村警务工作中，从"熟、防、化、情"四个字上狠下工夫，走出了一条基层农村警务室建设的新路子。

1. 立足"熟"字当好辖区"活地图"

该局在农村日常警务工作中主动转变思想观念，改变过去民警"老百姓上班我上班"、"老百姓下班我下班"的习惯做法，大力推进弹性、错时工作制，延长工作时间，增加深入辖区走访时间，从而提高对辖区情况的熟悉率。工作中，一是坚持"勤访"，提高见警率。驻村民警经常到辖区走村串户，了解掌握辖区的地理位置、重点要害部位、人员结构等基本情况。向群众公示驻村警务室民警的工作、任务、职责等，加深群众对警务室民警工作的认同和支持。二是坚持"五必到"，及时掌握辖区治安情况，即重点单位必到，案件高发地段必到，治安复杂地段必到，有治安隐患区域必到，公共复杂场所必到。三是坚持"五必访"，了解群众所需，即老弱病残人员必访，发生矛盾纠纷群众必访，刑满释放人员必访，群众留言求助必访，闲散有劣迹青少年必访。

2. 紧扣"防"字保辖区平安

该局将开展群防群治工作作为驻村民警的主要工作，建立了"巡逻、蹲守、预警、联动"相结合的立体群防群治防范体系，治安防范工作取得显著成效。一是强化巡逻控制社会面。警务室民警坚持每周开展不少于两个夜晚的治安巡逻，加强易发案地的治安巡查，强化社会面控制，做到常抓不懈。二是重点蹲守力争抓现行。警务室民警经常研究该辖区的发案规律，摸排出案件高发地带和时段，有重点地蹲守，力争抓现行。三是预警研判做好防范宣传。建立多发性案件通报和公示制度，警示群众做好安全防范。四是警民联动建立防控网。驻村民警针对辖区内青壮年大多外出务工的实际情况,组织开展户户联防,邻里之间有事互相帮助、互相代为守望,发现可疑人员及时报警。

3. 抓好"化"字促辖区和谐

该局把及时化解群众矛盾纠纷、促进农村社会治安稳定作为一项重要内容来抓,不断加强与基层治保组织的密切联系,拓宽信息收集渠道,不断深入农户家中了解掌握社情民意,做到"三个不放过"和"四个严防",即发现可疑人员不放过,发现邻里、家庭纠纷苗头不放过,发现违法行为不放过;严防民事纠纷转为刑事案件,严防发生重大恶性案件,严防发生大的群体事件,严防发生上访案件。对发现的纠纷隐患苗头,驻村民警提前介入调查,坚持情与法相结合,及时疏导情绪、化解矛盾,有效地预防和减少各种案事件发生。

4. 围绕"情"字服务辖区群众

一是切实把便民、利民、爱民、为民作为驻村警务室民警的工作目标,在深入调研的基础上,制定出台了警务室"预约服务"、"送证上门"、发布"防范短信"、发放警民联系卡等一系列便民利民措施,从办理证照、求助咨询和安全防范等方面全方位服务群众。二是在走访群众时随身携带记录本,随时记载群众的各种问题,并想方设法加以解决,做好每一件群众关心的小事。某日,驻村民警在天桥村走访时了解到,村里的小学开学了,但村民胡某的养女因收养手续不全无法办理户口而不能入学。驻村民警及时与镇党委政府、民政等有关部门联系,终于尽快为孩子补齐了收养手续,办理了户口让其顺利入学。三是对辖区内孤寡老人、残疾人等有特殊困难的群众,逐一建立了档案,实行每月定期上门服务,主动解决实际困难。某村78岁的孤寡老人李大娘年迈多病,生活没有保障。在该村低保指标已满的情况下,驻村民警及时与村委会向镇政府协调为其办理了每月60元的低保金,使其有了基本生活保障。

三、"五情"工作法

安徽省郎溪县公安局的农村警务"五情"工作法，充分发挥了警务室贴近群众的"连心桥"、"桥头堡"作用，农村警务工作效能不断凸显。

1. 吃透上情，明确任务，做农村警务工作的明白人

一是熟悉政策，明确目标。警务室民警上班首先浏览内网网页，了解上级指示精神，并根据县局的整体部署，不间断地开展"深化大走访、警民筑和谐"、"警企心连心、携手筑平安"等一系列构建和谐警民关系的活动。真正做到"懂群众心理、懂群众语言、懂沟通技巧、会化解矛盾、会调处纠纷、会主动服务、会宣传发动"。二是分析研判，预警防范。根据上级公安机关发布的周边地区案情通报和本人所掌握的辖区发案情况，警务室民警确定近期工作重点，分析研判易发案件的发案时间、地点、作案手法及规律特点，通过警务宣传栏、治安预报台、张贴防范通知等形式向辖区群众发布预警信息，提高群众的防范意识。

2. 摸清下情，有的放矢，做社情民意的知情人

一是健全制度，摸清社情。警务室民警健全落实单位和治保组织定期例会、日常走访制度，深入单位同治保组织人员见面，每天深入辖区和群众进行零距离接触，了解治安状况和辖区动态，及时收集社情民意和各类情报信息并录入电脑。二是深入排查，摸清隐患。结合县局"警企心连心、携手筑平安"活动，警务室民警经常深入厂企、村民集中地、学校等场所，加大火灾、安全事故等隐患巡查力度，检查防范措施落实情况，传授防火、防盗等知识，有效减少治安事故案件的发生。某村辖区的几家服装生产企业，近几年因相继转包出租，缺乏系统管理，消防、治安隐患较为突出。警务室民警结合生活中的实例，积极与业主们进行交流座谈并带领他们现场查看企业内部存在的隐患，对个别对立思想突出的业主五登家门，促膝交流，启发、感动、教育业主们限期整改，及时消除了

隐患。

3. 超前预情,把握主动,做信息工作的有心人

一是科技引领,提高效率。县局为警务室接通了公安专网,开辟了每日警情专栏;为警务室民警开通了外网邮箱,搭建了警民网上交流互动平台。多方筹资配备了笔记本电脑、数码相机、录音笔等高科技装备,实现了"信息网上发布、警情网上研析、案件网上办理、日志网上记录、考核网上进行",提高了超前预情的能力和服务效率。二是部门联动,形成合力。建立健全以辖区群众、治保组织、保卫处室、村委会为重点的信息收集网络,主动听取他们的意见和建议,密切配合,形成了"立体型"的警民互动格局。

4. 立足实情,严密防控,做维护治安的带头人

一是严密治安防控。建立了巡逻前针对问题、巡逻时带着问题、巡逻后解决问题的"问题巡逻"制度,提高了巡逻效果。落实了邻里相望、连户连防等多项群众性防范措施。二是严格人口管理。全面推行"以房管人",对一般人口、重点人口、高危人群实行"常规、重点、跟踪"三级分层管理,全方位、多渠道,及时发现工作对象和列管重点人口,定期开展暂住人口和租赁房屋专项清理整顿,不断加强出租房屋管理和社会高危人群的管控。

5. 密切感情,惠民安民,做辖区群众的知心人

一是亲密接触,融入群众。实行民警联系村居制度,纳入工作实绩,严格督导考核。警务室民警每天除了参加所例会、汇报工作、学习上级精神、录入信息外,其他时间均在警务室开展工作,推行弹性工作制,群众下班我上班,广泛开展"进百家门、认百家人、知百家情、解百家难、暖百家心"和"帮千企走千村访万户"活动,提高了民警与群众的双向熟悉率,拉近了与群众之间的距离,形成了"警民一家亲"的良好局面。二是真情回报,感动群众。只要你为群众掏出一颗心,群众就会为你撑起一片天。农村警务工作赢得了辖区群众的信赖和支持。

四、"五步工作法"

浙江省台州市三甲边防派出所农村警务工作"五步法"，能够较快地贴近群众，深入群众；也让群众了解民警、熟悉民警。

1. 自我宣传推出法

所谓自我宣传推出，就是让群众先了解你，认知你，可以采取召开村民组长会议、和群众座谈，运用警务公开栏，在村头、小店张贴宣传单等方法，让群众了解警务室民警，包括警务室民警的基本情况、工作职责任务，以及公安机关建立警务室重要意义和目的、为群众带来的便利等，让群众知道你就是他们村的民警，提高认知度，为开展好入户调查工作做好前期准备工作。

2. 以点带面相互熟悉法

依靠村干部陪同，到各村民组长家中走访，利用调解纠纷、办理证照、登记人口信息项目变动等各种机会主动上门进行入户调查，留下警民联系卡，根据工作需要有针对性地向村民组长、熟悉的群众了解本村民组情况，以点带面相互熟悉，起到走访一户、了解一块、联系一片的效果。

3. 人员集中交谈沟通法

利用村头、小店等人员集中场所采取和群众拉家常等方式，让居民认识了解熟悉并认可农村警务工作，以此为契机开展治安防范宣传，潜移默化地提高群众治安防范意识，并适时有针对性地获取有价值的信息，适时查访人口信息，和群众预约下次到其家中走访，群众往往很欢迎。

4. 有备而去入户调查法

入户前要尽可能多地了解被访村民的情况，并对所要了解的情况和要达到的目的做到胸中有数，讲究方式方法。根据主人的性格和现场气氛，随机应变，见什么人说什么话。进门后，要先作自我介绍，说明来意，主动留下联系电话，临走时告诉户主，今后有什么事需要我帮忙的请打我的手机，以此赢得对方的好感，并注意不要在群众休息、急于外出、接待来客时入户。

5. 争取群众信任工作法

要深入群众,体察群众在生产、生活、工作中的情况,了解群众疾苦,倾听群众呼声,和群众聊天时,对人要尊敬,学会用方言进行交谈,见了老人问候身体好不好、孩子孝顺不孝顺等。找对方感兴趣的话题、找谈话的共同点,给人以亲切感。要为群众解决一些力所能及的困难,如办理户口、上门发放身份证、法律求助等,以拉近相互间的距离。这样,群众就会愿意和民警聊天,聊得越多,彼此就越熟,让群众对民警无话不谈,了解的情况也会越来越多,逐步树立威信,取得群众的信任。人民群众是治安信息最广泛、最直接、最敏感的来源,开展好群众工作,把群众的积极性调动起来,才能了解各类情报信息及社会动态从而服务于公安工作现实斗争的需要。

五、"四个一"工作法

新疆疏勒县公安局在全县 15 个乡镇农村警务室,积极推行"四个一"的农村警务工作法,有力地推动了基层治安防控体系建设,收到明显效果。

1. 划分一块"责任田"

警务站结合各村实际,根据居民居住分布情况,打破区域界限,以方便群众和工作为主,将所在村按地理位置、治安状况划分为若干块治安"责任田"。目前,全县农村警务工作共有治安责任田 32 块。

2. 选定一个联系户

责任田划定后,警务站通过严格的推荐、审核,从村干部中选定政治思想觉悟高、群众基础好、热心公益事业又有一定治安防范经验的党员,作为所在村社会治安(警务)工作联系户,按照"属地管理"的原则,坚持"小事不出责任田、大事不出行政村"的目标,明确联系户分别负责辖区的警务联系工作。并以"八个一"来规范联系户的工作,"一牌"即为每个联系户发一块印有"警务工作联系户"的牌匾,以明确联系户的身份;"一图"即绘制一张"警务工作联系户包干区及居住示意图";"一册"即建立联系户的花名册;"一卡"即制作联系户工作联系卡;"一薄"即为每个联系户发放一本工作记录本;"一职责"即明确联系户在"责任田"内开展维护稳定、治安巡逻、情报信息等工作职责;"一办法"即制定《警务工作联系户工作考核试行办法》。

3. 筑牢一道防范堤

划了责任田,选了联系户,警务站便积极发挥联系户的"桥头堡"作用,在辖区形成了上下贯通、警民一体的治安防范总体格局,筑牢了一道防范堤。联系户切实担当起辖区内治安防范工作的"领头羊",积极协助警务站民警查处治安案件,协助村治保主任和民调组长调解治安、民间纠纷,一般治安纠纷就地调处,民间纠纷及时调解,有效控制了民转刑案件的发生。

4. 架起一座连心桥

在开展治安防范工作的同时,驻村民警还注重以办事公道、乐于助人的形象,赢得了群众的支持和信任,在群众中树立起威信,使他们成为开展农村警务工作的依靠力量。驻村民警始终以"四心"(热心、细心、耐心、真心)为根本,热心接待群众,细心发现群众的困难,耐心调解矛盾纠纷,真心帮助群众,以此来赢得群众的认可和支持。警务站还设立了服务指南、饮水用具、桌椅、纸笔等便民用品,建立和完善了上门服务、流动服务、代办服务等制度,积极开展"上百家门、会百家人、办百家事、知百家情"活动,热情接待群众办事、报警、求助和咨询,受到老百姓的好评。

第七章 如何做好窗口单位的服务工作

公安机关"窗口单位",是指各级公安机关值班室、接待室、交警队、刑警队、巡警队、派出所、车管所、出入境管理办证室、边防检查站执勤现场、信访办、办证中心以及其他直接面向社会,接待和服务群众的单位。窗口单位接待和服务群众,必须坚持依法、公开、公正、便民、利民和务实、高效的原则,严格执法,热情服务。

第一节 窗口单位服务规范

一、窗口单位基本要求

(一)人要精神

总的要求是:纪律严明,作风严谨,着装整齐,穿着大方,举止端庄,精神饱满,昂扬向上。具体做到:着装规范、举止端庄、仪容整洁、忠于职守、听从指挥。

(二)物要整洁

总的要求是:办公场所及会议室、宿舍、食堂、卫生间要干净整洁,办公秩序井然有序,物品摆放规范整齐,窗明几净;院内无杂草、垃圾,车辆停放有序,花草修剪整齐;各派出所及直接面向社会的"窗口"单位的标志、标牌、门前灯箱、室内标志牌、墙上悬挂的制度、标语要统一规格、字样。

(三)说话要和气

总的要求是:对办事群众热情接待,服务措施要周到,态度和蒿，语言文明，想民所想，急民所急，帮民所需，把窗口单位建成密切警民关系的纽带和桥梁。

（四）办事要公道

总的要求是：严格执行法律，严格执法程序，公平、公正、公开执法，不徇私情，不谋私利，真正做到立警为公，执法为民。

二、窗口单位便民服务设施

（1）昼夜服务群众的窗口单位应当设置指示灯箱或警示红灯、公开电话号码；其他窗口单位应当在醒目地点、位置设置指示标牌。

（2）在接待场所设立警民联系箱（簿）、意见簿，提供办事指南，公布上下班时间和报警、咨询、监督电话；有条件的单位应设置触摸式显示屏服务指南，便利群众办事、救助和反映情况、问题。

（3）根据需要和条件设置供群众使用的桌椅、纸张、笔墨、饮水设施以及其他相应的服务设施，并保持完好能有效使用。

（4）接待、服务场所的提示标志醒目，环境卫生整洁，内务管理井然有序。

（5）城镇派出所办公服务场所与民警休息室应当分设；其他单位也应创造条件逐步分设。

三、窗口单位基本制度

（一）警务公开制度

依法公开窗口单位的工作职责、执法依据、办事程序、法定时限、收费标准、监督方式以及其他相关内容，主动接受群众的监督和评议。

（二）首接责任制度

接待群众报警、求助、咨询及外来办公、办事人员的首位民警，对属于职责内的事应当及时办理；对不属于自己管辖或职责以外的事，应当先行受理，做好接待记录，及时移交有关部门和人员办理，并向群众说明情况。

（三）一次性告知制度

一次性告知制度，是指群众来办事或电话咨询有关办理事宜时，经办人员必须一次性告知其所要办理事项的依据、时限、程序、所需的全部材料或不能办理理由的制度。对群众要求办理的事项，经办人应当场审核其有关手续和材料，对能即时办理的事项要即时办理；对手续、材料不齐全或不符合法定形式的，应一次性书面告知其所需补正的手续和材料；办事人按照书面告知的要求补正后，经办人员应当按时予以办理。对办事人所办之事涉及多个部门的，或相关手续、材料不清楚，法律法规和规范性文件规定不明确等特殊情况，经办人应及时帮助其咨询了解或请示报告，并将结果告知当事人，不能一推了之。

（四）限时办结制度

限时办结制度，是指群众来办事，在符合法律法规，手续完备、材料齐全的情况下，要即时予以办理，不得以任何借口拖延和刁难，经办人应在规定或承诺的时限内办结其所诉求事项的制度。如特殊情况确需延时办理，经办人要按照职权规定报领导审批，并告知当事人延时办理的理由。

（五）顶岗工作制度

顶岗工作制度，是指窗口单位某一岗位的工作人员不在岗时，应指定相同或相似岗位的工作人员代行其职责，以保证工作连续性的制度。某一岗位工作人员因开会、出差、请假或其他原因一天以上无法到岗的，应在离岗前向直接领导人汇报正在办理和待办的事项，并做好交接手续，直接领导人应及时指定人员代行其职责，避免群众来办事时无人受理。顶岗人员应认真履行代岗位职责，按规定及时办理相关业务，不得推诿、留置、拖延或不办。

（六）失职追究制度

工作人员由于不履行或不正确履行职责，致使群众的利益遭受损害的,必须追究其行政及经济上的责任。情节轻微的,给予直接责任人谈话、告诫、书面检查或通报批评。造成较大经济损失的或严重社会影响的,根据应负的责任,由直接责任者、负直接领导责任者或间接领导责任者分别予以相应行政处分。触犯党纪政纪的,按《中国共产党纪律处分条例》和《国家公务员奖惩条例》等有关规定查处。造成重大损失的,构成渎职失职罪的,交由司法机关处理。

四、窗口单位的民警不得有下列行为

(1) 工作时间,应当确定民警专人负责接待工作,不得出现空岗或由非警务人员替代。

(2) 对群众作风粗暴、态度冷漠、语言生硬、行为蛮横,办事推诿、拖拉、刁难群众。

(3) 工作时间从事与工作无关的活动。

(4) 工作时间或工作之前饮酒,或在接待场所、执勤期间吸烟、饮食、闲聊、进行娱乐活动等影响工作形象和工作环境的行为。

(5) 向服务对象及其代理人托办自己的私事。

(6) 接受服务对象及其代理人的请客送礼。

(7) 向服务对象及其代理人敲诈勒索或者索取、收受贿赂。

(8) 违法实施处罚或者收取费用。

(9) 玩忽职守、滥用职权,不依法履行义务。

五、窗口单位民警服务行为具体要求

(1) 民警要规范着装,举止得体。接待群众态度要热情,语言要文明。如:"您好,请问办理哪方面业务";"您好,请问有什么需要帮助的吗";"请稍候,我马上给您办理";"非常抱歉,您申请的事项不符合规定,我们无法给您办理,请谅解";"您的申请已经办好了,谢谢合作",等等。

（2）做到"四个一样"：受理、咨询一样热情；生人、熟人一样和气；干部、群众一样尊重；忙时、闲时一样耐心；来早、来晚一样接待。

（3）坚持"四个一点"：即"脸上的笑容多一点，说话的语气柔和一点，接待群众的态度热情一点，解答问题耐心一点"。

（4）严格依法办事，提高工作效率，严格执行有关办事时限的规定。对符合法律规定、手续齐全的，应当当场办结；手续不全的，应当指导群众完备手续；对依法不能办理的，应当向群众说明原因。

（5）严格按照法定的收费项目和标准收费，严格执行有关罚缴分离和"收支两条线"的规定，严格执行票据的管理和使用制度。

六、接待民警应当修炼的五项内功

（一）要有良好的悟性，满足群众的实际需要

好的悟性就是工作的主动性和预见性。在接待过程中，我们要善于察言观色、了解对方的性格特点，便于与对方打交道；同时留心群众的反应，了解对方的心理需要，主动征求群众的意见，工作起来就会比较主动，对一些事情就有一定的预见性。

（二）要做有心人，养成细心做事的好习惯

接待工作非常重要，如果群众不满意，就会影响我们公安机关的声誉，所以我们经常说"接待无小事"。这就需要接待民警平时要做有心人，树立严谨细致的工作作风，做任何事情，都不要让别人挑出毛病。要养成细心做事的好习惯，细心做事才不容易出差错。

（三）要提高个人修养，做有文化的人

接待工作是一个窗口，接待民警则是公安机关窗口里的形象大使。接待民警有责任不断提高自身的文化修养，做个有文化的人，树立窗口形象，当好形象大使，向群众展示良好的精神风貌。文化

不等于学历,文化是一种心态和境界,具体到接待工作就是谈吐要得体,举止要大方,仪表要整洁,态度要谦和,待客真诚热情,服务周到细致。

(四)要善于学习,努力当个"杂"家

接待工作涉及的面非常广,接待的对象复杂。每个人的要求都不一样,而且常常会碰到群众各种各样的提问。接待人员必须具备广博的知识,至少对方方面面的知识有一个大致的了解,做个"杂"家,只有这样才能回答群众的提问。不然就有可能一问三不知,或者回答错误百出,出尽洋相。所以接待人员一定要加强学习,养成终生学习的习惯,努力拓宽自己的知识面,不仅熟悉市情市貌、城市经济社会发展概况,还要了解历史地理、人文哲学、艺术宗教、医疗保健以及金融证券、科技前沿等知识,包罗万象,只有这样,你碰到不同类型的客人才会与其有共同的话题,接待的气氛才会比较融洽。

(五)要提高与人相处的能力,善于与人沟通

接待工作是为群众提供面对面服务的过程,接待民警要善于与人沟通交往,拉近距离,营造温馨亲切的接待气氛。接待民警必须是一个性格外向、开朗活泼的人,一个乐于与人交往、善于与人交谈的人。通常来办事的群众个性各异,有的高傲,有的谦虚,有的好商量,有的很挑剔,这就要求接待人员要掌握适当的心理学知识,巧妙运用语言技巧、幽默诙谐的方法,调适好群众的心态,善于与群众沟通,做到短时间内与群众拉近距离,谦虚得体,变被动为主动,从而使工作顺利开展。

第二节 派出所重点窗口服务工作要求

派出所是公安机关面最广,而且每天接触群众最多的窗口单位,因此派出所是公安机关的重点窗口单位,更要做好服务工作。

一、要提出一个承诺

派出所要提出一个承诺,对于社区群众的求助、咨询,实行一站式服务,能一次解决的绝不让群众跑第二趟,同时要让来警务室的群众有到家的温暖感受。

全部服务项目要张榜公布,使前来办事的群众一目了然。

二、开通两个绿色通道

一是一般群体通道。派出所开通为居民服务的无障碍绿色通道,提供的系列上门服务包括:主动为居民送"二代"身份证,为流动人口送暂住证,为居民提供开锁及水、电、气、暖维修的信息服务和直接服务。

二是特殊群体通道。派出所为老弱病残、军烈属、孤寡老人、孕妇等特殊居民开通无障碍绿色通道,提供的系列上门服务包括:突发性的重大疾病、生产患者需要求助时,提供即时、全程护送;对有部分行动能力的特殊群体,社区民警车接车送办理照相、登记,并主动、及时将身份证送上门;对无行动能力的特殊群体,社区民警携带照相器材主动登门提供全套服务。

三、创新三种服务模式

(一)预约服务

在窗口室公示板和警民联系卡上公开预约电话,社区居民对于依靠自身力量无法办到的事情,可在事前向派出所民警提出,并预约时间、地点及方式等。民警将预约事项登记,并在约定时间提供服务。

(二)延时服务

窗口承诺,在法定工作时间内未完成的工作,派出所民警可加班、加点提供延时服务,直至工作完成。

（三）错时服务

窗口承诺，如因居民在白天或工作日没有时间办理相关事项的，派出所民警利用夜间或节假日等非工作时间登门服务。

四、要有四种观念

（一）要有"窗口无小事"的观念

来派出所窗口办事的群众大多路途遥远、交通不便，所办事项主要是户口信息、更正户口项目、办理身份证、户口迁移等。这些事项对户籍警来说习以为常，但对群众来说却是关系很大，涉及工作、学习、就业等生活的大事。名字、出生日期、身份证号码等一字之差就可能导致无法存款、支取劳保、核销医保等后果。所以"窗口"民警要树立"窗口无小事"的观念，凡是群众来咨询或者办理的事项，都要一件件认真、细致、努力地去办理，而且操作的程序要尽量简化，效率要尽可能提高。对群众的咨询，如果一遍冷冷冰冰、二遍不耐烦、三遍恶语相加，虽一时将前来办事求助的群众打发走了，但他们的问题没有得到解决，并且在群众心目中会留下极坏的印象。群众来所办事得到了热情周到的服务，群众也会看在眼里、记在心里，彼此增进相互理解，"窗口"与群众之间的桥梁纽带也就自然形成。

（二）要有"换位思考"的观念

在日常"窗口"接待工作中，有许多业务工作由于种种原因，会造成"不好办"的情况。如查询原始户籍档案一事，绝大多数并非公安机关失误造成群众户籍登记有出入，而群众认为是派出所的失误；办理的身份证不能按时领取，群众难免会发牢骚，出现这种情形是非常普遍的。这就要求我们能够虚心听取意见，尽量寻找解决途径，给群众一个合理的解释。"好话一句三冬暖，恶语出唇六月寒"，要学会交流和沟通，不能产生讨厌和敌对情绪。要换位思考群众的难处，理解他们办事焦灼的心情，体会他们步行山路的艰辛，体谅他们再次来找的困苦。把自己的主观能动性和工作积极性调动起来，就能克服各类不良的工作情绪，以良好的心态面对办事群众。

（三）要有"忍耐"观念

在窗口接待中会遇到形形色色性格的群众，作为窗口民警必须做到不急躁、不厌烦、不冒火。窗口民警首先应懂农村方言并诚心地与他们交流。对心有成见的群众，要开诚布公，摆明事实真相，让其消除成见；对因受到不公正处理而有意见的群众，要同情安慰、心平气和、耐心诱导。同时还要耐心倾听，有的群众说话质量很差，对的错的掺杂在一起，甚至有与己相左或逆情背理的话语，民警也要一概听之；有的群众说话啰唆、没有条理，民警也不要随便打断；有的群众爱纠缠，不讲理，民警要能忍耐，急于争辩、反驳不是明智之举；甚至，有的群众出言不逊，当面责怪、漫骂民警，这是考验民警气度的时候，民警应该"宰相肚里能撑船"，沉着应付，大度容人。如果反唇相讥、以牙还牙、拍桌子瞪眼睛，结局只能是一团糟。

（四）要善于调适自己的心理的观念

窗口工作面对的群众素质良莠有别、性格不一，难免有些群众话不中听，脸不中看，挑剔有加；再有"窗口"工作的民警一日要反复回答相同的问题，办理同样的业务，极易产生厌烦情绪。民警个人也会有各种各样的烦心事，如果将这些不愉快带到工作中来，势必影响工作的质量。所以"窗口"民警首先要注重对心理的自我调适，如果感觉到心理状态不好时，要及时调整自己，始终保持健康快乐的良好心理状态，全身心地投入工作当中。

五、规范窗口民警五个具体动作

一张笑脸：民警在入户走访或接待办事群众时，必须首先以微笑面对群众，消除群众的顾虑和怀疑，杜绝冷硬态度和漠不关心的表情。对民警更深层次的要求是：严整的警容风纪、良好的外在形象、统一得体的动作和爱民为民的情感。

一个问候：民警在入户走访或接待办事群众时，必须以"您好"等规范用语问候或欢迎群众，让群众有到家或遇到亲人般的感受。

一声请坐：民警接待办事群众要以一声"请坐"，将群众让到主位，民警在副位相陪，让群众有回家做主人的尊崇感。

一杯清茶：民警在群众入座后，要倒上一杯清茶，放在群众最方便拿到的地方，进一步拉近与群众的感情距离。同时，在与群众交谈中，民警要做到热情周到、文明礼貌、语言得体、举止端庄。

一句相送：群众办完事起身离去时，民警以一句"您慢走，再见"相送，对行动不方便的群众要护送到家，做到有始有终。

六、出台七项便民服务措施

治安预报服务：定期在辖区发布近一时期的治安形势、易发、多发案件等信息，有针对性地提出防范措施和注意事项，提高辖区群众的安全意识和防范能力。

气象提醒服务：辖区民警及时收集气象信息，将近期有剧烈天气变化的信息在警务室和住宅楼单元公布，让群众事先有准备，防止不必要的经济损失。

务工招聘服务：派出所与人事局、劳动局等具有招工、招聘职能的部门和在其登记的用工单位建立密切联系，定期收集用工信息，随时供群众或外来流动人员查阅。

交通出行服务：派出所备有全国火车运行时刻表、飞机航班表、全市客运站始发车时刻表及道路交通状况信息，供群众使用。

电话查询服务：将常用的应急求援、重要企事业单位、用工招聘单位、旅游外贸单位等电话号码摘录、编写成册，供群众随时使用。

简单修理服务：派出所备有打气筒、多功能扳手、螺丝刀、钳子等修理工具，供居民和过路群众免费使用。

多功能方便服务：派出所备有铁锹、扫帚、针、线、剪刀、指甲刀、创可贴 7 件物品，随时供群众使用。

第三节　窗口服务如何与群众打交道

一、如何接待不同性格的办事群众

（一）如何接待优柔寡断者

优柔寡断者外表看起来很温和，内心却很复杂。瞻前顾后，举棋不定。在作决定时犹豫不决。对自己的任何一项决定，因为过于多虑、信心不足，而出现相信自己甚至怀疑自己的态度。因此，不但在决定事情之前，精神饱受选择的痛苦；在决定要做某件事之后，也仍无法摆脱精神上的不安状态，总怕做了出错，更担心抉择的错误会带来无法承受的结果。

民警接待这类性格的人要有耐心，当他们表现出犹豫不定时，可让他先到旁边休息，慢慢考虑清楚了再办，也可以提示他通过电话与家人沟通后再作决定。民警千万不要催他赶紧办事。

（二）如何接待沉默寡言者

这类人多见于 40 岁以上的成年人。他们的文化水平一般较高，外表看起来严肃、稳重。他们虽然能倾听工作人员的讲解，但反应很冷淡，心理活动难以揣测。他们的表现往往是边听边看，特别注意工作人员的态度和工作细节。你很难揣摩他心里是怎么想的，也是最难对付的一类。

我们民警接待这种类型的人要多问，要表现出真诚和稳重，注意说话方式、态度。不要因为对方反应冷淡而轻易放弃解释工作，更不要用冷淡的态度对付对方的冷淡。

（三）如何接待喋喋不休者

这类人多见于外向型性格的人，以 30～45 岁的中年人居多。他们很健谈，一旦开口便滔滔不绝，干脆豪爽、直来直去、有啥说啥。他们来办事时，开口就一大堆话，而且问的问题也多，好像问老朋友一样随意。他们也不在意因自己的话多是否会影响民警的工作。

我们民警面对这种性格的人，不要用厌烦来对付他们喋喋不休的话语。即使我们办事忙，也要一边办事一边用微笑和点头来对应他们的说话，使他们感到我们民警的热情与真诚。但如果他们所说的内容离所办的事太远。民警就要及时控制，将话题转到其所办的事上来，否则便会影响我们的工作。

（四）如何接待挑剔者

这类人往往看什么都不顺眼，说什么接待条件差，等的时间久，接待民警态度不好，办事时间长。总之，没问题，他唠叨；有问题，他更唠叨。如果让他抓住了某个小问题，就会大肆宣扬。

接待民警面对这类人，不要对其唠叨加以反驳，你越反驳他越与你较劲。民警也不要有反感，更不能用情绪来对待，你情绪一来，他更有理由唠叨。民警一般情况下尽量少说话，但关键问题要澄清、要耐心地沟通，着重事实真相。对对方故意挑剔的问题，应抓准机会有理有据给予耐心解答，甚至可以澄清其他方面不正确的挑剔之处。

（五）如何接待胆怯者

此类人平时就胆小，到公安机关来办事更加感到紧张，不敢与接待民警对视。由于紧张说话就结结巴巴，对自己所要办之事也说不清楚。对民警的提问也答不成句，甚至答非所问。

对于此类人，不要催促，更不要态度不好，否则对方就会更紧张。接待民警更要亲切微笑地对待，使对方保持轻松，鼓励对方慢慢地说。如果对方仍然紧张，就叫他休息一下，让他慢慢地适应环境。这样，可以解除他们的紧张感，慢慢把问题说清楚。

（六）如何接待冷淡者

性格冷淡者可以说对什么事都不感兴趣，对别人的热情也毫无反应，也讨厌人多热闹的地方。当他不得不到"窗口"来办事时，面如冰霜，好像人家欠他账不还似的，甚至面对民警的满腔热情也毫无表情。表现出来的是不懂礼貌，而且很不懂人情。

对于此类人，接待民警不要与之计较，也不要误解他对我们有什么意见，要理解其性格就是这样。不要因为他的冷淡而收起我们的热情；相反地，要倍加热情地对待他们，以稳定他们的情绪，顺利把事办完。

（七）如何接待感情冲动者

感情冲动者多见于胆汁质气质的人。情绪往往不稳定，一点不顺心的小事都会引起冲动。冲动起来后，如果有人与之对板，就会越发兴奋，甚至控制不住，产生偏激行为。

接待民警如果遇到感情冲动起来的人，最好以沉默对应，即使是对方有错，此时也不要解释。你一解释，就是有人对板了，他就越兴奋地与你过不去，甚至要闹得鸡犬不宁才肯罢休。等他独自冲动到无聊了，他自然就安静下来了，这时你再慢慢与他解释，就好办多了。

（八）如何接待猜疑误解者

这类人生性多疑，随意误解。来办事时，对民警说话态度一点都不友好，乱猜疑。民警说话声音稍大点，就说民警工作态度不好；自身不符合条件或办事的程序不合，就说民警有意为难不帮办事；还没有超出规定的时间，见还没有结果，就说民警工作拖拉没有责任心。总之，他总要找你的不是。

接待民警如果遇到这类人，不要给他空头解释，你越给他空头解释，他越不相信你。应该摆出有关规定，对照规定来解释，即办事的条件、程序是否符合，是否超出规定的时间等，他就无话可说了，即使他还想"瞎说"，也底气不足了。

二、如何妥善处理与群众的矛盾

来公安机关"窗口单位"办事的人复杂，特别是一些性子急的、脾气火暴的人，稍有不如意，便冲动发火。当事民警如果控制不住，容易与对方产生矛盾，造成不好的影响。如何避免产生矛盾？

（一）民警首先要低姿态给群众办事

民警要把自己看成是为群众办事的，也是自己的职责，而不能看成是群众是来求我办事的。姿态放低了，你的态度就会好多了，语气也会柔和了。低姿态还能避免一些误解，也能化解对方的指责。

与群众办事要做到低姿态，要低姿态必须要做到"四戒"：

一戒居高临下。民警要放下架子，以平民的心态、平和的语气、平等的地位与群众"零距离"接触，使群众感到自己被尊重、被理解，就能体会到公安机关为民办事的真心、关怀群众的爱心、解决问题的诚心、伸张正义的决心。让群众在平等的交流中把问题说出来、把怨气发出来、把要求提出来，创造和谐的互动环境。

二戒用心不专。民警要用心接待群众，耐心倾听群众诉求，认真解决问题，带着对人民群众的深厚感情做好接待工作。接待群众办事的过程中，不能接打私人电话；不能对来办事的熟人长时间地聊天而冷落了其他办事的群众；也不能借故忙其他工作，而对群众来访被动应付。

三戒言行失准。民警在接待群众过程中，解释、答复群众的问题要有法律、政策的依据，切忌信口开河，胡乱搪塞；解释、答复问题还要深入浅出，突出通俗性，让群众听得明白；同时还要实事求是，突出真实性，使群众易于接受，问题易于解决。切忌言行失准，授人以柄，激发矛盾，导致问题复杂化。

四戒模棱两可。群众来办事或电话咨询有关办理事宜时，经办民警必须清楚告知其所要办理事项的程序、所需的全部材料，其材料符合规定了就明确告诉对方，并即时办理。对手续、材料不齐全或不符合法定形式的，应明确告知其所需补正的手续和材料。对没有法律法规或政策规定，不能办的事也必须明确告诉对方，回答的意思不能含糊，更不能给对方留下还有一线希望的错觉。

（二）化解矛盾的方法

民警如果万一与群众产生了一些误解，甚至被对方指责，就要想办法化解：

1. 微笑化误解

一个微笑、并不复杂，可这些看似简单的行为，却能化解对方心头的怨气，让对方感觉到民警友善亲切的作风，误解也会在这一刻得到有效释放。即使遇到那些故意找茬儿的，面对民警友善亲切的微笑，也难以"加油添火"进一步发威，这样可以大"事"化小，小"事"化了。

2. 勇于承认错误

俗语说，"好话心头软"，特别是承认错误的话。如果我们民警做错了，但却放不下架子，死不认错，人家肯定不服，矛盾就会进一步加深。因此，有错要勇于认错、敢于承担，会赢得对方的谅解，你的面子不但没丢，甚至获得对方的尊重。谁不会犯错误？我们要勇于认错，让对方谅解你。即使面对那种气势汹汹的人，一看到你勇于认错，他也就不好意思了，也就尊重你了，矛盾就迎刃而解了。

3. 理解群众的不满或无奈

来"窗口单位"办事的人中，有的是属于信访或求助的。他们的心理都处于一种不满或无奈的状态，心理很容易冲动，容易引起与民警的矛盾。接待这样的人，民警必须倍加谨慎，特别需要理解他们的不满或无奈。我们知道，无论是在什么情况下，人多数都喜欢听那些理解自己、同情自己的话。一个人在心理困境中，对理解自己的话更容易引起感情上的共鸣。因此，民警可以说一些理解他们心理的话，这种"理解"是迎合性的理解。所谓迎合性理解是指"理解"对方眼下最迫切的心理需要。如理解其不幸的经历，也可理解他冲动的"无奈"等。但注意的是，"理解"的话要有分寸。我们民警通过"理解"他，能够与对方拉近心理距离，取得对方的好感，化解矛盾和误解的效果就会明显得多。

三、与群众有矛盾时如何避免冲动

（一）冲动是心中随时引爆的地雷

严重的心理冲动，往往会酿成悲剧。

某派出所民警赵某，在派出所门前遭到村民围攻时，控制不住而冲动，拔出"五四"手枪，当场杀死9人，重伤2人，其中有2名孕妇，酿成震惊全国的大惨案。

有的人容易冲动，稍不如意，便火冒三丈。如遇强烈刺激，更是怒火万丈。人冲动时极易丧失理智，轻则出言不逊，影响人际关系；重则伤人毁物，而且还会造成不可估量的后果。英国著名的物理学家培根说过："冲动就像地雷，碰到任何东西都会一同毁灭。"赵某因一时冲动，在毁灭他人生命的时候，也毁灭了自己。

（二）冲动的自身因素

在同样的外界刺激下，为什么有的人不易冲动，而有的人则容易冲动呢？这还与自身的某些因素有关。

1. 冲动与人的个性特征有关

相对说，胆汁质气质类型的人遇事易冲动。其个性特征待人直率热情，但情绪变化快，脾气急躁，易发怒而难以自制，《水浒传》中的李逵和《三国演义》中的张飞都具有这种气质类型的典型特点。现实中，这样的人往往会因一句话、一件小事而生气，甚至大发"雷霆"，给人以"火性子"的深刻印象。

2. 冲动与个人的意识有关

人与人之间，无论其社会地位、经济状况及职业、家庭等情况如何，人格上都应该是平等的。然而，有些人不能正确摆正自己的位置，面对普通群众，特别是弱势群体，就显出高人一等的心理定位。如果稍遭对方"不敬"，或者是一点小矛盾。就认为是对自己尊严的冒犯，大发肝火，甚至产生"惩罚"对方的攻击行为。警察处在代表国家行使司法权的位置上，然而有的民警就认为自己是"管人者"，群众是被自己管理的。因此在执法工作中，容易对

"被管理者"表现出盛气凌人的态势。特别是受到"被管理者"的刺激时,往往难以忍受,容易大发肝火,甚至"惩治"对方。

3. 冲动与年龄有关

年轻人没有多少社会经历,也没有经过什么社会磨难,不知"天高地厚",难以克制自己,唯凭意气行事。另外,年轻人的神经系统尚未完全发育成熟,神经活动的基本过程兴奋和抑制的矛盾活动不平衡、情绪不稳定。因此年轻的民警比年长的民警更容易冲动。

(三) 如何制止冲动的怒火

1. 学会释放胸中的怒气

如果冲动起来了,怒气膨胀起来了,一时难以控制,那就设法把它释放出去。负面的释放是攻击社会或他人,正面的释放是排解以减轻心中的冲动压力。正面释放的方法是,首先闭上眼睛,昂起脖子,深深地吸一口气,然后再缓缓放出。反复几次,就能把膨胀起来欲使人冲动的怒气暂时缓解。如果要彻底释放怒气,还必须找你的知己尽情地倾诉你的苦衷;或找一个空旷或封闭的地方,用力喊出你想说的话;或听一段抒情乐曲,以平缓心态;或一口气跑上几百米,弄个满身大汗,让你的怒气随汗水一起流走;或者找个木桩或棉絮之类的代替物,把它当做你痛恨的事或人,尽情鞭打,也能消气。国外公司及国内一些外企,都建有类似的"出气室",让你鞭打你痛恨的模拟人,让员工有地方出气。

2. 学会克制

一般来说,怒气刚产生时,是脆弱的,也容易控制。如果这时不能以理智来抑制怒气,而听凭它自由膨胀,后果将不堪设想。因此,当我们遇到不愉快的事感到气愤时,要特别注意克制自己,防止冲动。例如,当你认为自己受到别人不合理的责备和恶意诽谤,或者其他原因刺激时,要尽量保持冷静,暂时压住心头怒火,然后你可以试想推迟动怒的时间。第一次推迟10秒钟,第二次推迟20秒钟,其后不断地延长动怒的间隔时间。一旦你意识到时间可以推迟动怒了，你则学会了克制。

另一方法是，当你意识到自己的怒火已经起来时，最好的办法是强迫自己不要讲话，采取静默的方式，熬过了最初的10秒钟，你也许会冷静下来。俄国文学家屠格涅夫曾劝告过情绪容易冲动的人："你要想发怒时，先把舌头在嘴里转个圈。"实际上是让你缓冲一下情绪。还有一个方法就是沉默，巴金先生对他人的污蔑攻击，有一句斩钉截铁的话："我唯一的态度就是不理。"不理，就不会产生消极情绪。如果太"较真"，"小事"会变"大事"，变坏事。

3. 学会转移不良情绪。

从愤怒情绪发展的规律看，自我克制越早越好，如果实在克制不住也不要动怒，最好的办法就是迅速离开使情绪激动的现场，到无人或无关的人那里放泄怒气，这样就避免了矛盾的进一步激化。如果不便离开现场，可干别的事转移情绪，同时冷静下来想一想，最好进行"逆情性思维"，即沿着激情的反向去考虑问题。假如你要发怒，把思路从"恨"的方向抽步回头，朝相反的方向想，看自己的恨是否完全对头，对他发火是否值得？能如此"回头想"，情绪就会从愤怒的指向上拉回来。如果怒火蹿起来欲冲动时，也可马上提醒自己千万别动怒，会有不可估量的后果，自己能承担这个后果吗？古人很喜欢在中堂挂"忍"或"制怒"的牌匾，天天看它，印在心里，一旦怒气来时，即可想起"忍"、"制怒"，怒气即消。

第四节 用信息化手段全程管理派出所窗口服务

一、派出所窗口传统服务方式的弊端

做好派出所窗口服务工作一方面需要有高度的责任感与满腔的热情，另一方面还要有娴熟的业务知识与技能。但是，由于传统服

务方式的弊端，使民警很难熟练掌握派出所服务工作所需要的业务知识与技能，一定程度上影响了派出所窗口服务工作质量，使群众产生对公安机关的不满情绪。如果用信息化手段全程管理派出所窗口服务，就能有效提高派出所窗口服务工作的质量。

派出所窗口传统服务方式的弊端表现在：一是由于派出所窗口接待涉及公安业务的方方面面，而民警受限于警种、时间、精力、智力等因素，难免对其他警种业务掌握不全、不深。现行派出所窗口接待工作的轮值制，也造成了窗口民警在跨警种答复问题上把握不准。二是、公安业务政策法规的变动性与民警熟悉掌握的滞后性之间的矛盾。窗口接待是一项政策性较强的工作，一旦各条线政策法规出现变动，由于没有专门渠道对窗口民警进行即时告知和培训，因此容易造成民警错误答复、错误办理等情况。三是手工操作的低效性与窗口工作的繁杂性之间的矛盾。派出所平均每天接待来访群众很多，民警工作强度高，加之传统窗口工作均为手工开具单据，容易出现差错和效率低下。

由于这种弊端的存在，导致派出所窗口民警在服务群众中存在以下几个问题：第一，答复群众问题，错误答复或答复内容不全。增加了群众往返派出所的次数，有的甚至造成群众损失无法弥补。第二，答复群众问题口径不一。有的群众多次到派出所咨询同一问题，不同的民警给出的答复不一致，使得群众无所适从。第三，办事工作流程不严格。有的民警漏开预约单，又未及时将群众来访的情况转达相关民警；有的民警在接受项目申办或处置各类案、事件时，造成工作流程顺序颠倒或环节缺失。第四，出具证明不规范。有的民警出具了不应由派出所开具的证明，或者在群众提供的材料不符合要求的前提下，仍出具证明，而且手工证明格式不统一、不规范。

二、派出所窗口服务信息管理系统

早在 2005 年年底，上海市公安局虹口分局在深入调研的基础上，就自主研发了"派出所窗口服务信息管理系统"（Windows Serviceand Information System of Police Station，缩写为 WSIS 系统），并逐步在分局各派出所全面推行，改变了传统的窗口工作模式，初步实现了"人机合一"、高效规范的新型管理模式，保证了窗口服务质量的稳定性。上海市公安局虹口分局宋卫国同志在《用信息化手段全程控制派出所窗口服务质量》一文中，对该项目进行了介绍。

WSIS 系统的模块架构是，对 WSIS 系统安装于窗口工作电脑内，内容呈树形结构分布，主要分为以下六大模块：

（一）"常用菜单"模块，解决"如何办事"的问题

该模块可会聚户政、治安、消防、出入境业务中 54 个申办项目的告知菜单，菜单内容包括申办项目的条件、所需材料、办理程序、时限规定、受理单位、地点、时间、联系方式以及监督电话等，信息详细、实用。操作民警可根据来访群众咨询要求，逐级点击打开相应菜单，并用电脑打印给群众，内容一清二楚。尤其是户政板块中的 26 个菜单，可根据每位群众的实际情况，进行附加条件组合选择，最多可形成 2000 多种不同菜单，较以往事先印制的户政菜单更具针对性、准确性。

（二）"规定规程"模块，解决"怎么办事"的问题

该模块以公安内部业务规定和操作流程介绍为主要内容，分为户政、治安、刑事、公共四大类，既实用又全面，可为窗口民警提供实时办事参考，引导民警循序操作，避免工作纰漏。

（三）"提供证明"模块，解决"规范办事"的问题

该模块将公安机关开具的各种证明格式、条件和所需材料等纳入其中，窗口民警在选中开具证明种类后，可根据电脑显示，逐项核对来访群众提供的材料，并可用电脑输入相关信息，打印统一格式的证明。同时，对材料不符合要求的，电脑可自动显示拒开理由，并将其打印交给办事群众。

(四)"办事结果"模块,解决"当场办事"的问题

该模块提供市内、市外户口、户籍静态项目变更办理情况和结果的查询,改变了以往必须由户口专管员专人咨询的状况,确保群众 24 小时即问即知,能当场办理的立即当场办理。

(五)"有关单据"模块,解决"自动办事"的问题

该模块提供了电脑开具《验伤单》和《调解书》等功能,输入相关信息后,电脑将自动完成打印并存档,提高了单据开具的规范性,方便了事后查询和统计。

(六)"受案登记"模块,解决"及时办事"的问题

该模块改变了以往手工开具《受案登记表》的方式,实行受理即时电脑录入制度,系统将自动记录录入时间,促使民警及时登记,也方便了随时监督与考核。

三、信息管理系统的优势特点

WSIS 系统在上海市公安局虹口分局各派出所推行后,显示出了良好的应用发展前景,相对于传统工作模式,该系统具有以下几种优势:

(一)事事有答复,真正做到"一次讲清"

窗口服务质量不高,造成群众往返折腾的主要症结是接待民警"一次讲不清",甚至"数次讲不清",误导或延误了群众办事。运用系统操作后,从根本上改变了民警"拍脑袋答复咨询"的状况,代之以"查电脑打印菜单"的新模式,使每个窗口民警都能做到准确、快速答复,真正做到了"一次讲清"。

(二)事事有规范,真正做到"规范办事"

系统将各类菜单、预约单、验伤单、调解书、受案登记表等录入电脑,只需输入部分动态信息,就能自动打印统一、规范的单据。同时,流程化管理的程序设定,更是确保了窗口操作的规范性。如在开具证明时,民警必须逐项核对来访群众提供的材料,并在电脑显示材料列表中逐个点击打钩后,方能开具证明,防止了手

续不全、不正确而违规开具证明现象的出现。

(三) 事事有依据，真正做到"有理有据"

当窗口民警遇到不熟悉的业务时，系统可迅速提供公安业务规定和流程的查询，民警可根据电脑提示按部就班地完成工作。遇到不能办理的项目以及不能开具的证明，民警不再口说无凭，可方便地从系统中调取相关文件规定或拒绝理由，并用电脑打印交由办事群众。办事群众面对有根有据的"白纸黑字"，便无话可说。防止了民警解释再多群众也不信的被动局面，减少了群众投诉。

(四) 事事留痕迹，真正做到"有据可查"

系统采用"警号+密码"的方式登录，能够准确记录窗口民警每一操作步骤，便于所领导的检查监督和对民警的量化考核以及各类数据统计。同时，系统在"常用菜单"、"提供证明"、"办事结果"模块均设置了来访群众基本信息登记程序，民警必须首先登记来访人员基本信息后才能进行后续操作，从而将大量来访信息录入数据库，有利于提高信息收集和基础工作的实效，真正做到了市局对"来访要有记录"的要求。

(五) 该系统操作简便

一是操作简洁。该系统除登记来访群众的姓名需用电脑汉字输入外，其余操作均可用鼠标点击来完成，年龄较大和电脑基础差的民警均能一学就会。二是信息鲜活。该系统采用数据库集中后台管理，一旦相关政策、法规出现变动，需要更改系统内容时，可立即在后台对各派出所的系统内容进行瞬时更新，从而确保了信息的鲜活性、准确性。三是低耗运作。该系统可直接安装于现有窗口工作电脑内，只需增配一台打印机，且日后运行成本较低。经测算，该系统即时打印菜单的成本每张则在5分钱左右。

第八章　如何做好治安调解工作

治安调解工作是及时处理违反治安处罚行为，节约行政成本，提高行政效率的有效手段，也是中国治安处罚制度的重要组成部分。治安调解一直是基层公安机关承担的一项日常性工作，但是在现实调解工作中，出现种种问题：一是治安调解适用范围不正确；二是治安调解程序不规范；三是治安调解的方法不科学。结果久调不解，事与愿违，甚至闹出更复杂的局面来。2007年12月，公安部下发《公安机关治安调解工作规范》（以下简称《规范》），公安机关调解工作要以此为依据，规范调解工作。

第一节　治安调解工作的规范要求

一、治安调解工作适用范围

《规范》第3条、第4条分别规定了可以治安调解和不适用治安调解的具体内容。可以调解的违反治安管理的行为，同时具备以下三个要件：

（一）必须是因民间纠纷引起的

民间纠纷是指公民之间、公民和单位之间，在生活、工作、生产经营等活动中产生的纠纷。符合民间纠纷的条件有两个：一是当事人之间存在有关人身、财产权益的争议；二是当事人之间存在某种密切关系，即当事人是"低头不见抬头见"的熟人，如夫妻、家庭成员、邻里、同学、同事、朋友等。公民之间的民间纠纷，主要发生在房屋、债务、使用公用场地和物品、宅基地、承包土地及其他生产经营、日常生活中。对于非民间纠纷引起的治安案件，不应予以治安调解。

（二）必须是实施了违反治安管理行为

可以调解的治安案件的范围，仅限于自然人之间涉及人身权利和财产权的违反治安管理行为，即殴打他人、故意伤害、侮辱、诽谤、诬告陷害、故意损毁财物、干扰他人正常生活、侵犯隐私等。只要是因民间纠纷引起的违反治安管理行为都是调解范围，但是要注意的是，治安调解工作应紧紧围绕事关人民群众的上述治安案件，不宜扩大化。对民间纠纷引发的涉及公共秩序和公共安全类的违反治安管理行为，应当依法予以治安管理处罚。

（三）必须是情节较轻的

可以调解的治安案件的范围仅限于"情节轻微"的违反治安管理行为。情节较轻，是指违反治安管理行为的性质比较轻、手段不恶劣、后果不严重、社会危害性比较小。认定违反治安管理情节较轻的行为，应当综合考虑其主观恶意、违法目的、行为方式、行为地点及社会危害等。以殴打他人为例，在寻衅滋事类治安案件中，也有殴打行为，但行为人在主观恶意、行为方式及社会危害等方面显然有所不同，寻衅滋事行为打乱了公共秩序，影响了公众安全感，其情节应当比一般的殴打他人行为严重。因此，对雇凶伤害他人、结伴斗殴、寻衅滋事、多次实施违反治安管理行为等治安案件，不能认定情节较轻，不属于治安调解的范畴。

（四）《规范》明确规定，违反治安管理行为有下列情形之一的，不适用治安调解：

（1）雇凶伤害他人的。

（2）结伙斗殴的。

（3）寻衅滋事的。

（4）多次实施违反治安管理行为的。

（5）当事人在调解过程中又挑起事端的。

（6）其他不宜治安调解的。

二、治安调解要把握的原则

《规范》第6条规定了治安调解的六项原则，即合法、公正、公开、自愿、及时和教育原则。六项原则的内涵及要求贯穿于《规范》的全部内容，准确地理解和把握这些原则，对于依法适用治安调解具有十分重要的意义。

（一）合法原则

一方面，治安调解应当按照法律规定的程序进行，即由公安机关人民警察主持，双方当事人（或委托人）参加、共同达成有关协议。其中，当事人中有不满十六周岁未成年的，应当通知其父母或者其他监护人到场。实施调解时要规范工作流程，即详细询问双方当事人的基本情况和行为发生的时间、地点、经过、原因、情节、结果等情况，并做好记录；明确告知法律规定的调解内容、效力和依法履行等要求以及不履行协议的法律后果；请当事人陈述事件经过，各自的理由和意见；对违反治安管理行为人进行批评教育；通过说服教育的方法促使双方当事人自愿达成协议。另一方面，双方当事人达成的协议必须符合法律规定，即当事人的意思表示真实，没有重大误解，协议内容不得违反法律、行政法规的强制性规定或者社会公共利益。

（二）公正原则

治安调解必须以事实为依据，以法律为准绳。调解要做到合情、合理、合法，必须在查清事实、取得证据、分清责任的基础上依法调解。事实清楚、证据确凿是正确进行调解处理的前提和基础，而分清责任则是解决纠纷的关键。因此，以事实为依据，以法律为准绳是治安调解必须坚持的原则，也是有效处理纠纷矛盾的关键所在，同时，主持调解的人民警察要实事求是地提出调解意见，不得偏袒一方。办案民警在治安调解过程中，有徇私舞弊、滥用私权、不依法履行法定职责等情形的，依法给予行政处分；构成犯罪的，依法追究刑事责任。

(三) 公开原则

治安调解公开进行，是指公安机关应当让当事人双方都了解案件的事实和违法的性质，以及依据法律应当给予违法当事人何种治安管理处罚等情况，在双方当事人都在场的情况下进行调解。如对因邻里纠纷引起的治安案件进行调解时，可以邀请居委会、村委会的人员或者双方当事人熟悉的人员参加。但是，对涉及国家机密、商业秘密或者个人隐私，以及双方当事人都要求不公开的，治安调解可不公开。

(四) 自愿原则

调解必须遵循当事人自愿的原则，治安调解同样如此。治安调解必须以当事人各方自愿为前提，如果没有这个前提，治安调解就没有基础。自愿包括自愿接受调解处理，自愿达成并共同遵守治安调解协议。公安机关不能以行政强制的手段强迫双方当事人接受调解。

(五) 及时原则

多年来，治安案件久拖不结，久调不决的问题比较突出。为此，《规范》第9条规定，治安调解一般为一次，必要时可以增加一次。对明显不构成轻伤、不需要伤情鉴定，损毁财物价值不大，不需要进行价值认定的治安案件，应当在受理案件后的3个工作日内完成调解；对需要进行伤情鉴定，或者需要进行财物价值认定的案件，应当在伤情鉴定文书或财物价值认定结论出具后的3个工作日内，完成调解。对一次调解不成，有必要再次调解的，应当在第一次调解后的7个工作日内完成第二次调解。对治安调解不成的，应当在法定的办案期限内及时依法处罚，不得久拖不决。治安调解案件的办案期限从未达成协议或者达成协议不履行之日起开始计算。

(六) 教育原则

教育与处罚相结合，是办理治安案件、实施治安处罚的基本原则之一。在治安调解过程中，人民警察应当通过查清事实，讲明道理，指出当事人的错误和违法之处，教育当事人自觉守法并通过合法途径解决纠纷，有效发挥调解一案、教育一片、引导一方的积极作用。有利于消除矛盾，构建和谐社会。

三、做好调查取证工作

在治安案件调解过程中，一直存在一种错误倾向，有的公安民警认为，既然是可以适用调解的治安案件，到时候组织双方当事人调解即可，没有必要花时间、费力气去做调查取证工作。如果不做好调查取证工作，一旦一次调解不成要进行再次调解时，却时过境迁，有的证据无法取到，难以认定是哪一方的过错，造成案件调解不下去。更重要的是，调解无法进行下去，需要作出处罚决定时，也因为事实不清、证据不足而处罚不了。这不仅不利于化解矛盾、解决纠纷，而且影响法律的尊严和公安机关的威信。因此，《规范》第5条规定，治安调解应当依法进行调查询问、收集证据，在查明事实的基础上实施。

四、积极推行现场治安调解

《规范》第14条、第15条明确规定了现场治安调解及其卷宗规范的基本要求。多年来，现场实施的治安调解已经成为基层民警当场处理矛盾纠纷，即时化解案件争议的重要手段，但由于对现场治安调解缺乏明确操作规范，以及部分地方对现场治安调解案件考评不够科学，以致制约了现场治安调解措施的有效运用。此外，各地在研究分析治安案件受案不实过程中，普遍印证了现场调解案件漏登记造成大量治安案件流失的事实。如某地一派出所，在10天的接处警中实际受理治安案件22起、查处11起，而接处警记录中另外11起有轻微殴打但口头调解的治安案件，处理结果记录中分别选择了"纠纷"和"其他"。究其原因，一方面是民警为了快速结案，图省事，主观方面不愿登记；另一方面是上级对现场可以调解处理的案件，在案卷考评时，要求等同于一般程序办理案件，无疑加重了民警的工作量，致使民警不愿记录，以免受考评监督。

为此，《规范》明确规定，对情节轻微、事实清楚、因果关系明确，不涉及医疗费用、物品损失，或者双方当事人对医疗费用和物品损失的赔付无争议，符合治安调解条件，双方当事人同意现场调解，并当场履行的治安案件，可以进行现场调解，并制作《现场治安调解协议书》。对现场治安调解结案的治安案件，可以不制作卷宗，但办案部门应当将《现场治安调解协议书》按编号装订存档。

五、调解要及时达成协议

治安调解成功后，要及时达成协议。达成协议的内容，必须是双方当事人的真实意图表示。当事人应当在《治安调解协议书》上签名，并履行协议。

《治安调解协议书》应当包括以下内容：

（1）治安调解机关名称，主持人、双方当事人和其他在场人员的基本情况。

（2）案件发生时间、地点、人员、起因、经过、情节、结果等情况。

（3）协议内容、履行期限和方式。

（4）治安调解机关印章、主持人、双方当事人和其他在场人员的签名、印章（手印）。

（5）《治安调解协议书》一式三份，双方当事人各执一份，治安调解机关留存一份备查。

经治安调解结案的治安案件应当纳入统计范围，并根据案卷装订要求建立卷宗。现场治安调解结案的治安案件，可以不制作卷宗，但办案部门应当将《现场治安调解协议书》按编号装订存档。

六、调解达成协议的履行

在调解协议履行期满三日内，办案民警应当了解协议履行情况。对已经履行调解协议的，应当及时结案；对没有履行协议的，应当及时了解情况，查清原因。对无正当理由不履行协议的，依法对违反治安管理行为人予以处罚，并告知当事人可以就民事争议部分依法向人民法院提起民事诉讼。

七、调解不成的处理

经公安机关调解未达成协议，公安机关应当依法对违反治安管理行为人给予治安管理处罚，并告知当事人可以就民事争议部分依法向人民法院提起民事诉讼。如果双方当事人不能相互谅解，公安机关应当依法惩罚违反治安管理的人，而不能息事宁人，使违反治安管理行为得不到应有的法律制裁。同时，公安机关应当告知双方当事人，对违反治安管理行为人应当依法承担的民事责任，公安机关无权作出决定。如果受害人要求违反治安管理行为人承担民事责任，可以告知其依法向人民法院提起民事诉讼。

第二节 治安调解工作的特点与难点

一、治安调解工作的特点

随着市场经济的发展，社会生活中的各种矛盾出现了新情况、新变化。由于经济利益关系不断调整，一些涉及公民切身利益的矛盾比较突出，因邻里关系、家庭矛盾、宅基地使用、经济往来、干群矛盾引发的各类纠纷日益增多，已经成为派出所的一项工作量和工作难度都比较大的警务工作。

从近几年的情况看，派出所接待受理各类纠纷呈现出逐年增长的态势。在各类纠纷中，邻里纠纷、家庭矛盾纠纷约占一半，可调处治安案件占近三成，其他经济纠纷、劳资纠纷、店铺、摊位间纠纷和宅基地纠纷等占一定比例。处理如此多的纠纷，给基层派出所带来了很大的工作压力。

归纳起来，基层调解工作的特点如下：

一是遇事杂。在基层公安调解工作中，会遇到各类形形色色的矛盾纠纷，陈芝麻烂西瓜、东家长西家短、鸡毛蒜皮、大事小事一起来。

二是理难断。有些矛盾纠纷经常是一些历史遗留问题，时间长、跨度大，虽然事不大，但想调解好却十分困难。

三是反复多。基层工作中遇到的很多矛盾纠纷在经过调解后，双方经常因为某个"引子"再次爆发"战争"，一次又一次使调处纠纷的民警苦不堪言。故有民警说："宁办三起案件，不愿一起调解。"

二、派出所调解工作难点

（一）影响警民关系，群众不满意

纠纷案件和因纠纷引起的伤害案件，有调解、民事诉讼、治安处罚、刑事自诉、重伤公诉等多种处理渠道，但许多群众对此不甚了解，反正有问题就找公安，很少想到找司法所调解或到法院诉讼，认为公安机关应无条件受理这些案件，否则就说公安机关不作为，或纠缠不休，或上访。在各地上访的问题中，其中反映民警纠纷处理不及时，使群众不满意的要占近三成。

（二）引发诉讼上访，领导不满意

民事纠纷矛盾双方大多均有过错，但是谁都不认为自己有错。调解时，民警不能动用侦查手段和措施，主要通过协调达成协议。但有的矛盾双方一直处于对立立场、互不相让，很难达成协议。有的民警为尽快调解纠纷，便采取一些过激措施，如留置、强索赔偿费、医药费等；有的民警简单地把民事纠纷案件作为治安案件裁决处罚等，导致当事人不相信民警，一定要找领导解决，从而引发上访、行政复议、诉讼案件，甚至发生赴省进京上访事件，导致各级领导对基层调解工作不满意。

(三)耗费警力财力,派出所不满意

目前,基层派出所承担了大量的治安纠纷调解工作,派出所为了消化大量的纠纷及其引发的伤害案件,有的组成专门调解班子,有的甚至开展"纠纷调处会战"。然而,办理此类案件却很难,由于大量警力、精力用在调处纠纷案件上,日常治安管理、基层基础业务建设乃至侦查破案受到冲击,派出所对此颇为苦恼。

派出所耗费了大量的精力、财力,但纠纷调解效果却不理想,原因是:

一是取证难。有的目击者大多是矛盾双方的熟人,为了不伤双方和气而不举证或举伪证;有的矛盾双方均有过错,都不讲真话,也不可能像侦办刑事案件那样动用拘传、搜查、刑拘等强制手段,只好慎之又慎。

二是调解难。矛盾双方公说公有理,婆说婆有理,互不谦让,一起纠纷至少要办案民警做数次、数十次的工作,才能达成协议;有时调解不久又反悔。更有甚者,有一点伤就住进医院,或小病大养,或无病休养,不达要求就不出院,叫民警左右为难。

三是执行难。原告要求赔偿的护理费、误工费、营养费、生活费、交通费以及财产损失赔偿等费,这些赔偿项目、标准均无具体法律规定,公安机关只好酌情掌握。有的当事人虽然有赔偿能力,但以种种借口久拖不给,公安机关又无权强制执行,难以追收。原告得不到赔偿就一直找公安机关,甚至上访。

(四)调解压力过大,民警不满意

由于基层警力不足,每位基层派出所民警一年至少有三分之一的休息时间用于加班,而纠纷案件近年来仍呈不断上升趋势,派出所民警长期超负荷工作,身心疲惫,不堪重负。每月每名民警手上平均有好几起纠纷等待调处,再加上个别当事人的不理解、不尊重,往往花费了大量的时间和精力去调解,却达不到预期的效果。

更令民警苦恼的是,有时候双方的矛盾长时间处理不了,便怪罪民警,有的矛盾双方竟暂时放下恩怨,共同把矛头指向了调解的民警。民警受了委屈,又无处申诉,长此以往,导致有的民警对调解工作产生应付的思想,能推就推,能拖就拖。一些派出所民警埋怨说:"种了他人田,荒了自己地;出力不讨好,还要当被告。"

第三节 治安调解新模式

尽管治安调解工作复杂而且难度大,但是做好治安调解工作是人民警察的职责。要做好治安调解工作,一方面,在程序上一定要按照《公安机关治安调解工作规范》进行规范调解;另一方面,治安调解在方式方法上要灵活多样,提高调解效率。如何有效地做好治安调解工作,在调解模式上,各地都进行了一些探索,有些调解工作模式值得借鉴。

一、"警民联调"工作模式

结合辖区具体情况,在居委、村委、单位内部建立调解室,聘请公、检、法退休人员等一批敬业、懂法的同志担任调解员,和民警共同开展工作。工作以聘请的调解员为主,民警配合。这些从政法战线上退休的老同志,既有公安工作经验,也有司法调解的丰富经验,并且老同志做调解员,也会对双方当事人的文明礼貌有一定的约束。当事人一般不会对老同志生气,遇到不讲理的,只要民警看一眼,当事人就不敢胡闹了。

有些地方公安机关已经开展了"警民联调"的调处纠纷工作模式,效果很好。例如,一对年轻的夫妻为一点小事大打出手,甚至闹离婚,到了派出所"警民联调"工作室,两人还脸红脖子粗地恶语相向。调解员不急不躁,给二人倒水让座,然后分别了解情况。原来,丈夫怀疑妻子与他人有暧昧关系,妻子虽与人有密切交往,但并不如丈夫所想,一年来夫妻感情恶化,当晚再次爆发。两人还是有感情的,调解员心中有底,他用自己的家庭生活作为例子,引导这对夫妻回忆两人的美好过去以及对方的种种好处。一个小时后，这对小夫妻流着眼泪言归于好，手拉手地走出了警民联调室。

"警民联调"的工作模式，能减轻公安民警用大量的时间调处纠纷的工作压力，调解员为基层民警分担了大量调解工作，从而减轻了基层派出所的工作压力，使更多警力去从事一线警务活动，不仅有利于提高基层派出所工作效率，而且使大量的矛盾纠纷化解在萌芽状态、解决在基层，大大减少了纠纷向积怨、积怨向治安案件、治安民事案件向刑事案件的转化，节省了公安机关的办案成本。

二、"两级两次调解"工作模式

"两级两次调解"是一种制度化的调解工作机制。

"两级"是指派出所矛盾纠纷调解室，县公安局（城区）公安分局矛盾纠纷调解中心。

"两次调解"是指派出所社区民警和值班民警接待受理矛盾纠纷时，实行首接责任制度，进行第一次调解。当首接民警在1个工作日内调解不成时，即经所领导批准，移交至派出所的矛盾纠纷调解室进行第二次调解。派出所矛盾纠纷调解室如果认为属于疑难的治安调解案，需要分局矛盾纠纷调解中心调解的，报经分局主管领导批准，直接移交局调解中心进行调解。最后，如果局调解中心调解不成，告知当事人向人民法院提起民事诉讼。

矛盾纠纷调解室（中心）的工作主要由年龄稍大的老民警负责，这些老民警资历深、社会经验丰富，而且易受对方尊重，调解效果要好些；更重要的是，由老民警集中精力做调解工作，让年轻民警腾出手来去应付一线治安警务，极大地释放了警力，同时也让矛盾纠纷调解工作走上了专业化的道路。

三、"流动调解室"工作模式

"流动调解室"又叫做警调联动，即在接到110指挥中心的指令后,调解人员立即出动"灭火"。

具体做法是,把面包车改装成"流动调解室",配备专门民警和调解员。派出所接到110指挥中心传来在本辖区发生的各类非警务群众纠纷后,"流动调解室"立即赶到事发现场调解处理。真正将调解机制延伸到最基层,将矛盾及时化解。如果不及时处理,一些矛盾纠纷就会转化成治安或刑事案件。某地,两家邻居因搭建临时用房引发争吵,进而举刀相向,眼看一起恶性案件就要发生。接警后,"流动调解室"5分钟内赶到现场,及时控制了事态。紧接着,调解员对他们耐心调解,防止了一起"民转刑"案件的发生。

"流动调解室",最大限度地发挥警察网络密布、机动快速的特有优势,将矛盾纠纷调解关口前移到企业、学校、社区、村组。这种"流动调解室"在第一时间、第一现场做出第一反应,及时有效地将矛盾纠纷化解在萌芽状态。

"流动调解室"的调解员最好是由老民警担任,其优势上面已经表述。

第四节 治安调解方法新思路

一、调解室的布置格调

调解室的桌椅摆设有讲究,不要把调解民警的位置定在办公桌一方,把矛盾当事人的位置定在沙发一方,这样双方高低有别,容易造成心理隔阂难以沟通。应该采取"促膝座谈式"的摆放布置,即调解民警和矛盾当事人的位置都定在沙发上,给人地位平等的感觉,从而心理容易沟通。

调解室墙壁的颜色以暖色为基调,不要有火红色的装饰;其次,调解室的地址应尽量选在相对安静的地方,不要靠近人声嘈杂处,这样才能营造温馨和谐的交流环境。正面主体墙壁上,可以挂一些"和为贵"、"莫生气"之类的匾,再挂一些相关的警句格言。

在某地,一位当事人调解结束后在调解室的留言本上写道:"我是气冲冲地走进调解室讨说法的,但是一看到温馨的环境、舒缓心情的警句格言,再加上民警一杯清茶一句'请坐',我的气就消了一大半。几次调解下来,民警的分析开导又像是给我上了一堂法制课、道德课。这样调解我服!"

二、调解时要主动控制局面

(一)主动控制局面

主动控制局面的目的,是为了维护和睦共商的调解气氛,避免和及时制止矛盾双方互相指责的现象,以防调解转变成斗架。

(二)要正确选择、合理限制参与人参加调解

第一,对于疑难复杂的纠纷组织调解处理时,要邀请司法人员参加联合调解。第二,对于思想固执或对调解心有顾虑的当事人,可以在其亲戚、朋友中寻找能说服他的人,邀请配合我们做好调解工作,会达到事倍功半的效果。第三,进行调解时,当事人各方参与人宜1~2名。如果双方当事人的人数不加限制,就会出现人多嘴杂、意见不一的复杂局面,容易发生争吵而影响调解。

(三)要多做教育、疏导工作

要帮助当事人学习有关法律,分清是非,明确责任,摆事实讲道理,以理以法服人;在语言表达和表情态度上,使当事人感到我们严肃认真、诚恳热情、句句在理易接受。通过耐心细致的教育、疏导工作,化解矛盾、缓和对立情绪,心平气和地协商解决纠纷,避免冲突发生。

(四)调解时要随机应变

调解员要根据当事人各方的意见、态度等变化随机应变,不断调整和变更方法策略。在适当的时候,我们可以用建议的形式提出方案供双方当事人商议,促使他们双方达成共识,最终达到调解成功的目的。

（五）注意对调解过程及结果保密

对外不得随意透露调解的内容和调解员自己的看法，以免引起当事人周围无关人员胡乱议论和猜测，并传来传去，导致当事人反悔。

（六）要正确把握调解的次数

公安机关对"因民间纠纷引起的打架斗殴或者损毁他人财物等违反治安管理行为，情节较轻"的治安案件进行调解处理时，一般情况下只调解一次，不能反复调解而耽误治安案件的及时处理。必要时，公安机关可以增加一次调解。"必要时"是指双方当事人都表示愿意接受调解，只是尚有部分问题没有达成一致意见，或者尚有部分案件事实没有查清，需要进一步查清事实，而需要再调解一次。

三、调解工作的几点要求

（一）表情认真，态度亲和

民警出现在调解现场，面对双方当事人或单方当事人，第一时间的态度非常重要，要做到表情认真、态度庄重而不失平和。恰当的态度，对处置调解矛盾纠纷能起到事半功倍的效力，是调解民警的无声武器。恰当的态度能使矛盾纠纷当事人在心理上产生安定、信任之感，对喧闹的现场起到平喧息声作用，对纠纷冲突在"火头"上的当事人起到很好的"灭火"震慑作用，为下一步的调解铺平道路。

（二）仔细询问，专注倾听

民警在调解工作开始之前，必须作认真的全面调查，询问是调解工作中的最主要方式，也是最重要的方式。询问的越仔细、越全面，调查的调解材料就越充分、越翔实、越客观。倾听是人的基本涵养和能力，是对陈述人尊重的一种表现，民警在调解现场，要注意倾听双方当事人各自的陈述，以及旁观者、知情人的叙述。专注地倾听，也会在心理上给调解当事人以信任感与安全感，从内心接受调解的进行。倾听时要注意不能偏听一方,主观臆断,会造成调解不公,使当事人不服,或致一方当事人利益受损,甚至使矛盾纠纷升级激化,这样的调解就是失败的调解。

(三)翔实记录,完备手续

记录是调解工作中必须运用的重要程序和有效手段之一。调解民警对当事人的陈述,以及旁观者、知情者叙述的记录过程,也是使双方当事人情绪平静的过程。当事人通过回答民警的询问,注意力就会不由自主地开始转移,激烈情绪开始退潮,特别是对个别无理取闹、胡搅蛮缠的当事人更是一剂有效的镇静剂,为解开僵局打开大门。调解记录务必翔实,入档保存,以备查询。

(四)善用语言,事半功倍

对于语言的把握分寸不同、运用场所不同,会产生不同的效果。俗话说:一句话让人怒发冲冠,一句话让人转怒为笑,语言的力量可见一斑。公安部曾要求公安民警要"说得过、追得上、打得赢"。其中"说得过",就是要求民警具备良好的口才,良好的口才来自于社会生活经验的总结和广泛知识的学习,是民警调解工作的另一件武器。表现在调解工作中,就是要求民警达到善于运用语言让群众"一笑泯恩仇"的境界。善用语言,用好语言,最终能使矛盾纠纷双方尽弃前嫌,而化干戈为玉帛。

四、针对不同个性当事人的调解

每个当事人都有不同的性格特点。针对当事人的不同个性特点选择适当的调解方法,可以提高调解工作的效率。

(一)针对外向、情绪型性格当事人的调解

这类当事人,与别人闹纠纷时,往往情绪冲动,甚至容易丧失理智。但是这类人心理一般外露,容易给人掌握。

对这类人进行调解,应先采用情绪的冷却法,缓和其冲动,待其恢复理智后,再进行调解。调解中,采用直陈法效果较好,因为这一类人说话、办事喜欢干脆、果断。因此,民警对其合理的要求应予支持；对于不合理的要求或错误行为，要明确指出。

（二）针对内向、固执当事人的调解

这类当事人，心理活动比较隐蔽，而且特别固执，心理防御机制特别强，对调解"紧闭心扉"，或予以抵制。

对于这种人应采用迂回的方法。比如，让当事人阅读与调解内容有关的资料，开阔其思路；或者通过旁人的议论，或者通过某些与当事人关系密切的人传递信息等方式，对其施加影响。例如，一起因生活小事引起的邻里间斗殴纠纷，应负主要责任的甲方拒不赔礼道歉和赔偿医药费，而乙方则扬言要进行报复，使调解陷入僵局。后来民警让一个与甲方关系较好的邻居有意传递这样一个信息：如果不接受调解，乙方将向人民法院起诉。负有责任的甲方自知理亏，如果打官司自己肯定输，不仅要赔偿医疗费，还要承担诉讼费，于是便主动接受了调解。

（三）针对外向、能言善辩当事人的调解

这类当事人，往往能言善辩，或编造谎言，得理不让人，无理搅三分。对这类当事人的调解工作主要由两种方法：一是采用直陈法。明确、果断地指出双方当事人发生纠纷的是非和责任，不给其编造谎言和发挥其能言善辩的机会。二是适度地"模糊"有关法律规定，调解要"查明事实，分清责任"。但是面对较真的当事人，如果要查明事实，分清责任，彼此就会互不相让，调解就难了。因此，面对这类当事人，调解中把握大的原则就行，实行"模糊调解"，使双方都觉得能够接受即可。

（四）针对内向、敏感多疑当事人的调解

这类当事人，一般心胸比较狭窄，对于纠纷的刺激所造成的痛苦感受深刻、持久。对这一类当事人的调解工作，可采用亲情感化、角色换位等多种方法进行。

一是亲情法。一个人最牵挂的就是亲人，有些人可以失去金钱、名誉、地位及生命，但他不愿失去自己的亲人，特别是最亲的人。当事人因与别人的矛盾要做出非理性行为的时候，我们用亲情唤起当事人的理性，使其理性面对矛盾纠纷，接受调解。

二是换位思考法。引导当事人让在对方的角度思考问题，假如你是对方，你会怎么样？如果能设身处地考虑一下对方的处境，就可以理解对方的难处，促进当事人相互理解、互相沟通，从而有效化解双方的矛盾。

五、调解时应该注意的事项

调解矛盾纠纷弄不好会引火烧身，使得矛盾各方将怨气发泄在自己身上。为了保护自身，要注意以下事项：

（一）矛盾双方争论很激烈时，调解员要三缄其口，不作表态

因为矛盾双方争论很激烈时，都认为自己有理，都希望调解员帮自己说一句话。如果调解员稍加评论，对某一方有利，那么另一方就会恼怒于调解员，调解员就会陷入其中而难以自拔。这时少说话，不作任何评论。等到矛盾双方争论累了，情绪稳定下来时，再作调解。

（二）未了解矛盾的真相前，调解员一定要保持中立，不偏不倚

矛盾双方都会说自己有理，但总有一方特别会说，而且嗓门又大，调解员凭感觉会认为这一方有理而进行调解，必然使矛盾激化。因此，未了解矛盾的真相前，调解员所说的每一句话应处于中立状态，不支持、不参与矛盾的任何一方。慢慢听双方的述说，并认真进行分析，再结合其他方面的佐证，弄清事实的真相后，再作调解。

（三）对复杂疑难的矛盾纠纷，自己认为难以调解时，不要轻易进行调解

有的矛盾纠纷属历史遗留问题，时间长、跨度大，而且牵涉的面广，或者其他种种原因，变得非常复杂。面对这样的矛盾纠纷，调解员如果调解不好，会使问题更加复杂。因此，当确认自己无能为力调解这样的矛盾时，就要报告领导，由领导组织人进行调解。

（四）注意自己的人身安全

矛盾双方或一方拿着木棒、铁棒、刀子等凶器时，民警更要注意风险，因为双方闹矛盾纠纷，情绪很容易冲动。民警调解时说话稍微不注意就会刺激一方，遭到攻击。2011年9月28日下午6时，江西永丰县坑田镇农民刘芸辉和邻居发生纠纷，派出所所长李思明赶到现场，见刘芸辉手中拿着一把柴刀要砍对方。李所长身上没枪，于是冲上去喷催泪剂，由于距离太近，被刘芸辉一刀劈开头部，倒地后，接着又被劈了头部3刀。李所长惨烈牺牲。因此，调解时一定要注意自己的安全站位，即与矛盾方相距一米半左右。

特别是对方有异常举动时，要迅速反应。2011年5月13日，湖南道县某派出所所长等三人到某村民家调解家庭纠纷时，突然被男主人用锄头袭击，由于不能迅速反应，结果所长当场牺牲，副所长受伤。

（五）叫一方比叫双方去公安机关处理的风险大

在现场调解时，民警认为其中一方明显有错，于是只叫有错一方去公安机关接受处理。那么这一方心中肯定不舒服，冲动起来就会攻击民警。广西武宣县某派出所长到某村调解邻里宅基地纠纷时，认为甲方有错，于是只叫甲方去派出所。甲方恼火而用随身携带的尖刀刺向派出所所长，派出所所长抢救无效而牺牲。

第五节　治安调解十法

一、春风化雨法

调解员调解纠纷时，首先要让纠纷的当事人相信你是善意的，是从关怀、爱护他们出发的，以取得其基本信任。首先要通过感情的交流，以引起对方心灵的震荡，从而产生感激、信赖以至爱戴之情。在此基础上，你再摆事实、讲道理、以理服人，做到情通理达，这就是"春风化雨法"。当然，尽讲"好听的"也不行，春风熏得游人醉，反而不利于解决矛盾。看准"火候"，及时地来个"料峭春风吹酒醒"，不仅不会使其反感，反而令其对你信服，相信你的诚意。采用"春风化雨法"，还应有韧劲，不要指望一阵春风就吹走三冬严寒，要多做艰苦细致的思想工作。需要注意的是，要动之以情而不感情用事，违反原则；晓之以理而不海阔天空，不着边际。

二、单刀直入法

对于不太复杂的纠纷，在调查情况告一段落后，即把纠纷双方召集在一起，当面锣，对面鼓，把矛盾揭开，当场解决。如果拐来拐去，反而把矛盾搞复杂。采用这种方法可以打开窗子说亮话，所谓"打开窗子说亮话"，就是调解员在调查研究的基础上，如实公布事实真相，拿出明确的处理意见。也可以让他们自己从矛盾中走出来，所谓"让他们自己走出来"，就是调解员公布事实真相，但不明谈自己对问题的处理意见，而让纠纷双方当面平等协商，然后予以点评，最终达成调解协议。

三、缓和处理法

对于那种矛盾比较尖锐，双方的情绪比较激动，而且一时难以调和的，宜用此法。因为双方情绪太激动，此时调解没有效果，甚至还会给激动的矛盾双方借题发挥的机会，反而会把问题搞砸。因此，调解员在调解这类矛盾纠纷时，首先想办法把矛盾双方的情绪冷静下来。如果实在无法冷静双方冲动的情绪，那只好让双方自行发泄，调解员此时只把握不让双方发生冲动的行为即可。等其情绪发泄过后，精力自行"衰竭"，平静下来后，然后再择机处理。当然，缓和处理不是把纠纷撇开不管，而是积极创造条件迎接时机到来，但前提必须是矛盾双方情绪已经处于比较稳定的状态，暂缓处理不会出大问题。

四、彼此退让法

就是通过调解协商，引导矛盾的双方各自退让一步，达成彼此可以接受的协议。这种调解方法的关键是要找到协调纠纷双方的适度点。所谓适度点，就是双方可能接受调解的起码要求。如何找准适度点呢？一般可以从以下几个方面入手：第一，看矛盾双方"调子"的高低，努力找出他们各自的真实意图及"水分"多少。第二，看矛盾的事实和解决矛盾的气氛对双方心理的影响程度，分别向他们提出降低"调子"的初步调解意见。这种意见应该有弹性，形成使其必须大步后退的冲击波，也可以酌情令一方后退一百步，另一方后退十步。第三，在冲突的双方或一方暂不接受初步调解意见的僵持阶段，可以采取欲擒故纵的临时措施，表面上袖手不管，实际上施加压力，促使他们早转弯子，解开疙瘩。第四，在双方稍降低各自"调子"的基础上，再分别向双方提出经过修正的调解意见，这种意见比较接近适度点，使双方都似有"略胜之感"。调解员采取以上措施时，在基本工作初见成效的前提下，再通过机动灵活的思想工作，把"适度点"变成双方都能够接受调解的现实。但这有一个原则，不能让有理者吃大亏。

五、侧翼攻心法

调解员在调解矛盾纠纷的时候，一般都从正面着手，直接接触矛盾纠纷的当事人。但有时问题棘手，正面"强攻"难以奏效，则应灵活机动地从侧翼"出击"，迂回前进。这就是"侧翼攻心法"。这种方法的具体措施可以因事而异，一方面就是要"巧造正义舆论"，另一方面"使用对号钥匙"。"巧造正义舆论"就是在纠纷正式处理之前，召开纠纷双方的亲戚朋友和周围部分干部群众参加的小型会议，向他们进行形势、政策、法制教育，同时公布经过调查研究得出的事实真相，让与会人员自由议论应该怎么处理，并且在会后广泛听取他们的意见，从而对矛盾纠纷的当事人形成一定的舆论压力，使其主动下台阶。"使用对号钥匙"就是通过矛盾纠纷双方的至亲密友，分别去做通工作，让"一把钥匙开一把锁"的传统艺术发挥作用，从而解开矛盾方心里的疙瘩，达到化干戈为玉帛的目的。

六、抑相制将法

在调解纠纷过程中，为了缓和矛盾，避免较大冲突，要求矛盾纠纷一方大度一点，让其充当顾全大局的"蔺相如"，表现出宽宏大度的高姿态，来感化矛盾另一方，即"廉颇"，使其幡然悔悟，知错改错，实现"将相和"，这就是"抑相制将法"。采用这一方法是有条件的，这就是利用矛盾纠纷的一方特殊的身份，或家庭背景，或良好的个性，激发其产生一定的觉悟，一经点拨便能识大体、顾大局；而矛盾纠纷的另一方也非顽石，而是能屈能伸的"大丈夫"。只要对方"蔺相如"的精神一现，便使他惭愧而"惊回首"，产生"负荆请罪"的勇气。如果有一方不领悟，那么抑了相也制不了将。

七、亲朋帮教法

亲朋帮教法，即充分利用双方当事人的亲朋好友或者当地有威望的人士帮助做好定纷止争的调解工作。首先，一个人最牵挂的就是亲人，他可以失去金钱、名誉、地位及生命，但他不愿失去自己的亲人，特别是最亲的人。当事人因自己与别人的矛盾要做出非理性行为的时候，我们依靠当事人双方的亲人做思想教育工作，使其明白非理性行为的后果。当事人此时唤起的亲情，就有可能淡化非理性行为的冲动。其次，依靠当事群众的好友做思想教育工作。有的人与他人趣味相投，彼此成莫逆之交，可以说无话不谈。他可以不听亲人的话，但对"莫逆之交"则言听计从。依靠当事人的好友做其思想教育工作，当事人容易听得进，效果明显。再次，依靠当事人宗族中有威望的人做思想教育工作。他们在本宗族中往往是受崇拜的人，威望较高，说话有分量。依靠这些"头面人物"做矛盾双方的思想教育工作，能收到明显效果。最后，依靠当事人的社区领导做思想教育工作。当事人社区（包括城市社区和农村社区）领导对当事人的矛盾问题及个人的性格脾气比较熟悉，平时也有感情沟通，依靠这些基层领导做当事人的思想教育工作，会取得事半功倍的效果，调解成功率会大大提高。

八、证据展示法

无论发生什么样的纠纷，我们首先要做的就是了解事情真相，要了解事情真相，就必须依靠证据，只有证据才能说明事情真相。事情真相清楚了，纠纷就好调解了。尊重证据，服从证据，这是基本常识。但是，对于一些不讲道理的人，是不尊重证据，也不服从证据的。因此，纠纷调解中的"证据展示法"，主要针对有一定文化及法律知识，或比较讲道理的当事人。采用证据展示调解法，先对双方当事人所举证据进行说法，使当事人明白其提供的证据是否有效、有何作用；然后通过用证据、事实、法律说话，从证据角度为当事人分析说明其所背负的利害关系，是非责任，从而促成调解成立。

九、以案说案法

有的纠纷当事人法制观念淡漠，法律知识欠缺，往往一意孤行、胡作非为，甚至还不知道自己的行为已经违法。那么在调解时，我们要对当事人适时进行法律、法规知识的学习和宣传，让他们从心里真正明白什么是违法行为及其后果。有的纠纷比较尖锐，已经引发治安案件或一般刑事案件，甚至还可能导致更大的事端。为了使纠纷当事人警醒，必须采用"以案说案法"。即运用相同或相近似的具体案件，来说明不听调解、一意孤行，最后酿成祸端的教训。另外，还可用正面的案例，来说明服从调解，最后获得皆大欢喜的好结局。调解员平时注意收集、总结正反两方面的案例，在办案过程中遇到有相同或相近似的案件时，以案例说明向当事人进行调解，有时容易达到促使其调解成功的目的。

十、换位思考法

每一位当事人来调解时都认为自己是对的，都想胜算，不会考虑自己的过错。由于双方各执一词，使调解工作一时难以正常进行，所以有时候越调解双方的分歧越大。因此，对当事人进行启发教育的同时，应引导双方当事人进行换位思考。让其站在对方的角度思考问题，促使双方相互体谅，钝化矛盾，达成协议。具体地说就是，对甲方说，假如你是乙方，你会怎么样；对乙方说，假如你是甲方，你会怎么样。如果能够设身处地考虑一下对方的处境，就能让当事人冷静下来，冷静下来，就有利于使他理解对方的难处，促进当事人相互理解、互相沟通，从而有效化解双方的矛盾。

第六节 社区民警的调解案例

一、山林纠纷调解案例

某镇两个村民小组因山场使用权属问题发生纠纷多年，镇政府和洋港林业站先后调解了多次，都没有化解双方矛盾，没有说服矛盾当事人，而双方都认为自己是有理的，两个小组因此结怨，互不相让。两个村民小组相邻，田地连在一起，其中有一块山地叫关口，面积80余亩。甲村民小组（基本为罗姓）有县人民政府于1953年和1981年发的权属证和山林林权证。而乙村民小组（基本为谈姓）认为关口地位置紧靠自己村屋旁边，在《谈氏宗谱》中有明确记载，山上葬有谈姓坟墓，而且几十年来一直由该组进行植树造林，拥有实际开发使用权。今年年初，正值植树造林旺季，两个小组因为关口地的权属问题又起纷争。

社区民警受派出所的指派，去调解这两个村民小组的矛盾纠纷，由于掌握法律、政策太少，上门调解没有说服双方群众。在稳住双方情绪，确保不发生过激行为的情况下，提出作进一步的调查了解后，再给他们作出答复的处理决定。民警回所后，立即把有关的法律、政策找出来，如《土地管理法》、《森林法》等进行了深入学习，并将双方的"理论依据"，争论的焦点进行了梳理，对以前调解不成功的原因进行了分析，找出了双方提供的证据。认为甲村民小组拥有关口山地是合法的，而小泉组所依据的"族谱"，只有合理的成分，但不能是合法依据，更不能推翻县人民政府颁发的具有法律效力的政策规定，这样就把关口地的权属问题解决了。

但为了维护乙村民小组多年植树造林产生的经济效益，提出由甲村民小组给予补偿的建议。于是，在镇政府和林业部门的协调下，对经济林进行评估。在甲村民小组拿不出现金补偿的情况下，通过双方协商，以租代补的形式，由乙村民小组继续租用管理关口地，关口地所产生的经济林效益与甲村民小组分成作为租金。就这样，一宗纠纷多年的矛盾得到了妥善化解。

二、施工死亡纠纷调解案例

某镇学校，将本校的围墙发包给个体包工头高某。在施工建设中，高某请泥匠工吴某帮忙。吴某在施工中，不幸从围墙上摔落地上致死。吴某家属找到包工头高某要求赔偿，可是高某认为自己是在为学校建围墙，是为学校打工，不是他私人做围墙，拒绝赔偿。而校方认为，吴某不是学校请来的，而是包工头高某请来的，也不应该负责任。矛盾经有关部门调解后，因责任划分不清，调解没有成功。

社区民警为了保证调解有效，一边作详细调查了解，一边将《合同法》、《安全生产条例》和工伤事故赔偿的标准等作了较深入的了解，对照本案，基本认定了学校和包工头应负的责任。按法律规定，工程主体（学校方）将工程发包给不具备资质的高某，属于不合法行为，对吴某的死应负有责任。而包工头高某非法承揽工程，在组织施工中，安全设施不到位；其次，他请吴某做工，有了明确的雇佣关系，因此，高某对吴某死亡应负主要责任。但在赔偿金承担上，由于双方的承受能力有限，在一边做死者家属思想工作的同时，考虑到社会影响，在没有超出地方赔偿额度的情况下，通过做工作，学校承担了较多的赔偿金，高某承担了稍少些的赔偿金，使这宗人命纠纷得到及时化解。

三、斗殴伤害调解案例

本镇偏远的一个村子，甲某的妻子与同村乙某发生不正当的两性关系，甲某感觉受到了侮辱，将乙某殴打成轻微伤。乙某为此花费了千余元的医疗费，于是找到甲某要求支付医疗费。甲某认为乙某有错在先，拒付医疗费。双方再次发生冲突，找到村委、镇政府调解。但是，在调解中，人们出于对不道德的乙某的谴责，对受害者甲某的同情，调解基本上是偏袒甲某的，所以乙某不服。乙某找到派出所，要求依法处理甲某。

民警接手调解后，为甲乙双方进行"法理"和"情理"上的调解。首先，乙某与甲的妻子有不正当的两性关系是不道德的行为，甲方是受害者。但甲方即使有理也要通过合法的渠道解决矛盾，不能以暴力手段解决，打人致伤就应承担民事责任，严重的还要承担刑事责任，所以，甲应按规定赔偿乙某的医疗费。但为了不让甲某处在"既输人又输钱"的尴尬地步，民警做乙某的思想工作，在道德、伦理上给予严肃批评，要求乙某承诺，今后不再做破坏他人家庭和睦的事情，在赔偿金额上作出较大的让步，只让甲某象征性地出一点医疗费，这样使矛盾双方都感到比较满意。

四、家庭纠纷调解案例

张甲与张乙系父子关系，张甲曾从张乙手中借了5000元钱为其大儿子张丙垫付超生子女罚款。张家兄弟分家后，张乙多次向其父讨要这5000元钱，张父以种种借口推脱。张乙认为其父母是故意推脱,是有意偏袒其大哥,一怒之下将其父母推倒在地。张丙获悉该情况后,请来一帮朋友准备教训张乙,而张乙的妻哥获悉后,唯恐其妹夫吃亏,也邀来一帮人前来应对,双方正准备大打出手的时候,派出所民警恰好赶到,及时制止了一场大规模的流血冲突事件。

社区民警针对此事"症结",耐心做张乙的思想工作。刚开始,张乙态度很不好,脾气暴躁,认为社区民警来是在给自己出丑,听不进任何言语和劝告,对立抵触情绪很大,准备以死抗争。民警围绕张乙开展说服教育,在民警耐心的劝说下,张乙幡然醒悟,主动承认自己不应该将自己的父母推倒在地的错误,愿意接受处理,同时表示这 5000 元钱遵从父母的意思,自己不再追着索要,张甲本着亲情关系也表示原谅张乙,张丙也明确表示这 5000 元钱自己会尽快偿还。在派出所民警的撮合下,父子三人签订一份协议,明确三方的责任义务,三方都郑重其事地在协议上面签了字。

完结此次家庭调解后,作为一名责任区民警感触颇深:

一是及时出警是预防矛盾升级的重要环节。按照唯物主义辩证法的观点,事情有相对的大小没有绝对的大小,事物是在不断地发展变化,稍不留意,事情很有可能由小变大,甚至超出控制的范围。此案例中,民警在接警后 10 分钟到达现场并迅速控制住现场局势,将一场即将开始的械斗及时制止。设想一下,如果民警在接到报警后没有及时赶到,放任矛盾发展,双方很可能走极端,从而引起大规模的械斗,最终酿成家庭悲剧。

二是冷静调处是解决纠纷的有效方法。矛盾的解决需要正确的方法,任何矛盾纠纷都有一个演变的过程,语言中伤、态度不恭等,是将问题扩大化的催化剂;推心置腹、态度和蔼却是缓和矛盾的中和剂。在上述案例中,民警对张乙进行劝说时,张乙开始有很大的抵触情绪,认为父母双方没有对其兄弟两人一视同仁,有意偏袒其哥哥,在交谈中,张乙多次流下委屈的泪水,此时,民警没有制止张乙的行为,让其进行充分的陈述使他的情绪得到舒缓,在张乙的情绪彻底冷静下来后,民警一番中肯的话语深深打动了张乙,张乙为自己做事不冷静深表后悔。此案例中,民警没有大声呵斥和粗暴地干预,而是打出了一张"冷静"牌,使问题反而得到较好解决。

三是善抓矛盾是解决纠纷的关键。唯物辩证法告诉我们,解决问题要透过现象看本质,此案例中的"关键点"是5000元钱如何得到妥善解决的问题。民警在调处此案件中牢牢把握住矛盾的"关键点",首先,通过向张丙讲明利害,张丙作为受益方,应该承担相应的责任;其次,耐心地做张乙的思想工作,讲明父子、兄弟之间存在金钱无法衡量的关系;最后,明确谁是最终为这5000元"埋单"的人,将张家父子召集一堂,大家将存在的问题与隔阂摊开说明,矛盾迎刃而解。

第九章 如何处理针对公安机关的群众上访

现在,人民内部矛盾越来越凸显,腐败问题、贫富问题、拆迁问题、教育问题、医疗问题、就业问题等众多社会问题摆在我们面前,我们公安信访形势十分严峻,信访总量居高不下,个访、集体访、串联访、重复访数量大幅增加,缠访、闹访等异常访十分突出,他们并非都是"刁民",无非是希望公安机关"给个说法",这种要求,是他们做共和国公民的基本权利。人民公安为人民,我们不能麻木不仁,熟视无睹,而应该到他们当中去,真诚地与他们谈话、谈心,帮助他们解决实际问题和困难,以真情换理解,真心地为他们日常生活与发展经济保驾护航,这样才能重建警民"鱼水"关系。这不仅是密切联系群众、了解社情民意的窗口,同时也是接受群众监督的重要渠道。

第一节 群众针对公安机关上访的问题

主要是特定群体由于对我们的执法行为不满而到公安机关上访。上访问题反映比较集中的主要是派出所、刑侦、交管、治安、户籍、经侦等一线业务部门,约占全部上访量的八成以上。

群众反映的问题主要集中在以下四个方面:

一、要求公安机关破案或抓获犯罪嫌疑人

由于客观条件限制,或主观因素的影响,一些刑事案未能破获,甚至长期不能破获,犯罪人一直不能抓到。被害人或亲属的伤痛不能抚平,经济补偿不能实现,于是想通过上访希望问题能够

解决。

黑龙江省某市一位农村妇女9年前被人挖掉双眼，凶手一直没有抓到，上访不成，生活没有着落，带着两个孩子四处流浪。在市公安局大接访开始后，她一路摸索着来到市公安局。一看到这衣衫褴褛的母子，市公安局长当场就掉泪了。市公安局长用"震撼"来形容自己当时的感受，他说："这样的问题多年得不到解决，群众的冤屈和怨恨几乎到了极限。将心比心，这些事如果摊到我们自己头上，谁也承受不了。"

13年前，安徽某县郑家两兄弟在租王才军的车运送货物期间惨遭不幸：郑家付因急刹车被货物挤压而丧生，郑伟被王才军、张文启杀害灭口。两个儿子的死对郑国化老人来说无异于晴天霹雳。王才军、张文启作案后迅速潜逃，警方久捕未获。老人拉扯着4个年幼的孙子、孙女开始上访。市公安局长接访后第13天，疑凶就被捉拿归案。为什么一个只需13天就能了结的案子却拖了13年？除了一定的客观因素外，主要反映出一些民警、干部对群众感情冷漠，不尽职，甚至不作为。

二、要求解决赔偿和查处纠纷中的欠债等问题

一是当事人要求国家赔偿的。刘某的弟弟于3年多前因涉嫌敲诈勒索被错捕，按照法律规定，应该予以国家赔偿，在公安环节应该赔偿受害人3900元钱。但是因为此款项没有审批下来，刘某多次上访也没有得到解决。刘某又来到县公安局，局长接待了刘某。听见刘某的述说后，局长当即表示立即办理，并且从自己的口袋里拿出3900元钱先垫付给刘某，问刘某还有什么要求。刘某说，你们公安机关需要给我们赔礼道歉。局长非常诚恳地说，由于我们的工作有误，给你的弟弟的身心带来了伤害，我作为这个局的主要领导，一定按你们的要求，代表公安机关向你们公开赔礼道歉。听了局长的话，刘某的热泪刷地流了下来，用颤抖的声音说："3年了，就等这句话啊！有了你的这句话我们什么要求都不提了，也不需要赔礼道歉了。"一起3年未决的上访以受害人的满意而宣告结束了。

二是当事人要求刑（民）事赔偿的。上访人刘某是8年前一起交通肇事案件被害人，但由于种种原因刘某始终没有获得肇事者相应的赔偿。8年来，刘某不断上访。市交警支队领导接待刘某后立即责成某交警大队限期解决，刘某在几天后获得了肇事司机4000元的赔偿。

三、要求解决户口问题

随着社会主义市场经济的深入发展，现行的户口迁移政策仍面临着一些新情况和新问题，有的政策限制了人口的合理、有序流动，群众落户难、迁移户口难的问题较为普遍地存在。群众要求解决的户口问题主要是新生婴儿出生登记落户问题，夫妻之间投靠、父母投靠子女落户等问题，在城市购买商品房、投资兴办实业落户等问题。由于当事人解决户口的条件不符合不能办理，或者当事人的条件基本符合，可是有关民警长期拖住不给办理，造成当事人上访。

某人于40年前从县城流浪到贵阳，并娶妻生子。因其在原籍县城离乡后，多年音信全无，其户籍已被原籍公安机关注销。在贵阳一家成为黑户，其要求解决户口问题，因其原籍户口被注销，在贵阳的户口未能办理。其十几年来一直上访要求解决户口问题。在大接访中，一家五口解决了户籍问题。

四、对公安机关做出的处理决定或鉴定结论不服

当事人对公安机关作出的处理决定不服，或者有的当事人片面认为自己有理，通过控告申诉得到的答复仍不能满足其要求，就无休止地上访。

安徽省某县有一位上访了20多年未果的老人。老人于1957年因肃反问题被下放，从1978年开始，为落实政策问题多次到省、

市、县上访,其间他被当地公安局以干扰国家工作秩序处以治安拘留。老人从此更加觉得冤屈,曾因此到公安部、省公安厅上访。"大接访"中,县公安局局长对于治安拘留问题,重新调查,确属公安机关过错的,该纠正的纠正、该道歉的道歉。最后老人比较满意,也停止了上访活动。

当事人对公安机关作出的鉴定结论不服,问题得不到解决,不断上访。

10年前,山西忻州的赵文中受雇于刘龙年,无证驾驶推土机,在小煤窑推煤时中发生事故,赵文中当场死亡。事故发生后,县公安局交警大队勘查现场,作出责任认定:赵文中违反道路交通管理条例,是造成事故的直接原因,应负此事故的全部责任。赵文中的母亲郝转转不服,并对死因提出疑问。县公安局技术科协同忻州地区公安处技术科出具鉴定书,认为赵文中系从推土机摔下后被履带左侧挤压而死亡。郝转转不服,向忻州地区交警支队申请复议。忻州地区交警支队维持县公安局交警大队原责任认定。县公安局交警队召集赵文中家属与车主刘龙年多次调解民事赔偿问题未达成协议。郝转转坚称刘龙年杀死其子后,伪造了交通事故现场,要求公安机关立案侦查。这一闹便闹了十年。大接访中,县公安局长多次耐心地接待了郝转转,又冒着酷暑,到郝转转家中,召集镇党委政府干部、村委负责人和派出所民警,耐心细致地与郝转转老人及其女儿沟通思想。接着又做刘龙年的思想工作。后来,双方当事人签订了调解协议书,并对结果表示满意,一个多年的上访问题得以解决。

也有这样的情况,公安机关作出的鉴定确实有错误,但当事民警或当事单位为了面子,面对当事人的控告申诉,坚持不纠错,以致引起当事人不断上访。

五、投诉公安机关或公安民警违法违纪问题

群众投诉的大多数是针对"窗口"和基层一线单位。投诉的

内容涉及面较广,以反映民警不能严格、公正、文明执法的居多。主要表现在:一是违反规定乱收费、乱罚款。二是滥用职权,越权办案,插手经济纠纷,随意扣押当事人的财物。有的单位虽然是依法扣押,但长期不作处理,有的单位还违规长期使用扣押物品。三是投诉公安机关出警延时或不作为。四是投诉少数民警个人素质差,执法水平低,不文明执法。甚至办理案件过程中动手打人,非法拘禁,搞刑讯逼供等。

有些基层公安机关领导对群众的投诉不重视,民警犯了错误,能包就包,能不处理尽量不处理,压案不查,瞒案不报,或者大事化小、重案轻处。认为处理了不利于团结,会影响工作,会影响公安机关的形象。由于问题长时间得不到处理,引起当事人不断上访。

但要注意,也存在不少的对民警的不实投诉,但不实投诉人一般不敢上访,特别不敢反复上访要求处理所谓的投诉。

第二节　对待群众上访的正确心态

一、对待群众上访要有宽容的心态

(一) 群众上访必有原因

所谓无风不起浪。群众上访绝对不会无缘无故地发生,必有前因后果。群众之所以要上访,绝大多数情况是因为他们的切身利益受到了不合理的损害。当这些损失得不到有效解决和补偿的时候,"找上门来解决问题",也许正是老百姓最后能想到的唯一的途径。

为什么群众上访大部分都是重复的上访?因为当初这些上访第一次出现,影响还很小的时候,有的同志对这样的上访漠不关心,甚至采取避而远之的态度。也许是因为部分上访群众反映的问题确实比较尖锐,需要解决者细致耐心并对现有政策法规有透彻的了解。而这些问题不是在他上班的 8 小时内或一天两天之内就能解决的，因此一些同志便以此为借口，不愿意接这"烫手山芋"。这是极端不负责的行为。

在公安机关开门大接访中，一位上访者在多次上访问题得到解决后，就说："对于我们普通老百姓来讲，如果没有不满或者冤情，谁也不会撇家舍业、花费钱财四处上访。公安机关开门'大接访'，给了普通百姓一个诉说的渠道，还老百姓一个公道，问题解决了，谁还愿意到处跑？现在安心回家种地了。"

上访者不是对现实不满。有人把上访者，特别是屡次上访者看成是刁民，看成是对现实不满的人。这样理解是极端错误的。新中国成立已经63年了，人民群众对中国共产党、对人民政府的感情还是深厚的。特别是自改革开放以来，国家经济不断发展，人民群众不断得到实惠，生活水平不断提高，人民群众没有理由对现实不满。

群众的上访，只求自身问题的解决，并没有别的不可告人的目的。一旦问题得到解决，他们就满足了，而且反过来会非常感激党和政府。前面讲到的，十几年前，安徽某县郑国化老人的两个儿子被凶手杀害，凶手潜逃，警方十几年未捕获。老人拉扯着4个年幼的孙子、孙女多年上访，日子过得很艰难。在大接访中，他的问题到重视，13天后，疑凶就被捉拿归案。老人已没有怨言，剩下的只有感激。公安机关去回访这个老人时，他把孙子、孙女、老伴、家里的亲戚全部找来，他当场痛哭流涕地说："还是共产党好，我要感谢共产党，教育我的子子孙孙要相信共产党，要跟着共产党。"

在上访中，即使有人从中挑唆，把正常的上访酿成群体性事件，但他们很多也只是把群体性事件当做能迅速解决问题的手段，而并非与现实过不去，更没有想到要与党和政府过不去。我们可以坚定地说，人民群众与党和政府的关系是血肉关系，谁也挑拨不了人民群众对党和政府的感情。假如有人企图颠覆人民政权、推翻共产党的领导，肯定是成不了气候的，人民群众是反对的。这种别有用心的人，在群众中必然不会有市场，必然不会有威信，绝对达不到目的。

（二）很多上访原因出在公安自身

有人说，一些人就是爱上访。这些人为什么爱上访，原因在哪儿？10 年前，被害人冯某在一家酒店吃饭时遇到两伙人打斗，在一片混乱中，冯某被其中一伙人中的吴景冬、么晓辉用木棒、砖头猛击头部，当他们知道打错人时，慌忙逃离现场。医生诊断冯左脑颅骨粉碎，颅内有大量的血块。冯经三个月的治疗，成了植物人，每天治疗需要花费 150 余元，并丧失了劳动能力，成为残疾人。妻子同冯离了婚，冯的单位效益不好，家中仅靠老父亲的 500 元生活费维持生活。多年来，此案嫌疑人么晓辉始终没有归案，冯某家属多次上访没有结果。大接访活动开始后，公安分局局长接待了冯某，10 天后他诉求的问题得到了解决，嫌疑人随后被抓捕归案。这件事给我们带来的不是喜悦，而是同样的反思：为什么一个只需几天就能了结的案子却拖了 10 年？除了一定的客观因素外，依然反映出一些民警、干部对群众感情冷漠，不尽职，甚至不作为。

因此，我们认为，很多上访原因出在公安自身。

首先，很多上访问题是由于少数民警执法为民的思想不牢，宗旨意识、群众观念淡薄，缺乏对人民群众深厚的感情，为谁掌权、为谁执法、为谁服务这些根本性的问题没有真正解决，乃至侵害了群众的利益，造成群众上访。

其次，由于一些民警责任意识差，工作不负责任，不作为，乱作为，执法不公，执法不严，推诿扯皮，甚至于刁难群众、吃拿卡要所造成的。

再次，由于少数民警执法办案能力不强，执法水平不高，执法不规范，执法随意性大所造成的。如接访案件中的伤害案件居高不下，主要原因就是公安机关在调查取证、伤情鉴定、现场勘查等环节上工作能力和水平不高，有的案件长期破不了，犯罪嫌疑人长期抓不到，致使当事人长期上访。

最后，由于没有重视和解决初访工作造成的。如少数民警在办理初访中，没有耐心听取群众申诉，没有及时调查取证，轻易乱下结论，或者不理不睬，或者拖住不办，致使群众多次上访、越级上访。

（三）要让大家把心里话说出来

如果群众肚里有气，心里有话，却无处倾诉，他们就会到处上访，甚至聚集在一起"出气"，形成群体性事件，小矛盾激化为大矛盾。公安机关要敞开大门，正视矛盾，尽早解决。群众上访，绝大多数人是万不得已的，得寸进尺、无理缠访取闹者是极个别的。回避矛盾，矛盾依然存在，积累下去，矛盾便会加剧，矛盾就会激化，到那时再来解决，就要花费更大的气力。

面对群众的公安机关大接访活动，各地公安机关的"一把手"都亲自出面接待群众，的确解决了许多长期以来解决不了的"老大难"问题。但是，仅靠大接访活动来解决问题是不够的，如果我们的公安局局长都能够像任长霞那样，经常性地深入群众，一句真诚的道歉，一句真心的问候，就会化解群众心中的怨恨，让群众看到了公安机关对待群众的真心、认识错误的诚心、纠正问题的决心，也会换来群众的谅解。同时也能了解群众的很多心里话，了解很多群众要求解决的问题，使那些迫切需要帮助的群众问题得到解决。

安徽某县有一位上访了20多年的老人张某，1957年因肃反问题被下放，从1978年开始，为落实政策问题多次到县、市、省上访。2003年5月，他被当地公安局以干扰国家工作秩序处以治安拘留，从此更加觉得冤屈，曾因此到省厅、公安部上访，表示对公安机关的处罚不服，而且对公安民警情绪很对立，当地公安民警根本无法与其交谈。

在大接访活动中，县公安局局长主动到他家中，不怕冷眼冷语，以耐心换取老人的信任，终于使老人敞开了心扉。局长听了他的陈述和要求后，对有关问题进行释疑解惑。局长对老人说，关于他的政策落实问题，虽不属于公安机关管理，但会帮助老人找有关单位协调；对于治安拘留问题，将安排人员重新调查，确属公安机关过错的，该纠正的纠正，该道歉的道歉；还让当地派出所会同有关部门解决老人子女困难，消除生活上的后顾之忧。平易的态度、细致的安排让老人非常感动，老人当着公安局长的面，倾吐了积在心头多年的怨气。这个在当地群众眼中看似执拗的86岁老人，不仅一改往日与公安机关的对立情绪，而且紧紧握住了局长的手，激动地表示自己也有不对之处，希望局长原谅，并表示今后不再上访。

二、处理上访问题必须避免几种错误心态

（一）着力避免"拖"的心态

有的地方公安机关，对群众反映的问题没有解决的诚意，在事件处置过程中对群众的要求或者言辞含糊，不给予正面答复，或者回避主要矛盾，纠缠于细枝末节。有的甚至采取欺骗的办法，开空头支票，随意做出没有办法兑现的承诺，目的只有一个，就是"拖"。只要暂时能把事情平息，拖一天算一天，最好能拖到大事化小、小事化了，拖到群众自动放弃自己的要求。有的基层公安局领导也是这种态度，把群众上访问题拖到自己离任，把问题留给继任者。有一个上访群众说："我对共产党没有意见，就对某个公安分局某一个领导有意见，为什么？他说我老是上访。我每次来，他看都不看我一眼。我将申诉信递给他的时候，他都不抬头看我，就更不要说过问了。"更有甚者，公开拒绝群众的上访。一些民警在接待群众上访过程中经常出现这样一句话"你爱找谁找谁，爱上哪告上哪告"！

有的公安局长对群众上访的态度就很好。某县公安局局长深有感触地说，如果不是亲身接待，自己很难想到上访群众有如此之多的"悲、苦、冤"。如果我们真的能够体会到上访群众的"悲、苦、冤"，我们就会对群众上访有一个正确的心态。有一个新公安局长到任后，就群众上访问题在全局大会上说："我性格急，唯独对上访群众不急；我脾气不好，却从未对上访群众发过脾气。我忙起来也许对有些事丢三落四，但对群众上访的事却不敢拖拉。今后，谁若是再对群众说出不负责的话，谁对群众做出不负责的事，谁就是在砸自己的饭碗！"这位新局长还说，在大接访中，有来访群众当面指责他说："一件不难解决的事一拖几年，这件事要是发生在你们警察的亲属身上，会拖这么久吗？"对此，新局长深沉地说："群众的话一针见血地指出了有些民警对人民缺乏感情。感情问题是解决所有问题的基础。只要带着深厚的感情去处理群众信访问题，再大的困难都能克服。"这位新局长说得好，全局民警都能这样对待群众，那么针对公安机关的上访问题一定会得到有效的缓解。

（二）着力避免"怕"的心态

1. 怕接触上访群众

上访事件发生后，躲着群众不敢见面，一味采取封和堵的办法，不敢深入到群众当中面对面地和群众交流，甚至有人说："宁愿上一次战场，也不愿接一次上访。"为什么怕接触上访群众？其中一个主要原因，缺乏群众工作经历和经验，缺少与群众面对面的直接接触，在做上访群众工作时，抓不住人心，解决不了问题。所以遇到群众上访，不是主动接访，了解情况，化解矛盾，而是如临大敌，三十六计走为上计。实在不得已，也是以领导外出、开会，或者以我们处理不了等借口搪塞群众。群众上访是好事，只有官僚主义、脱离群众、感情冷漠的人才会害怕接触上访群众。与上访群众打交道，才能真正了解和掌握事件的来龙去脉，把上访问题处理好，这也是接触群众的一个途径，使我们学会做群众工作。要知道，群众来上访是相信公安机关，否则就不会来找公安机关申冤诉苦。群众相信我们，我们就大胆与上访群众交流，没有什么好害怕的。

2. 怕给本单位脸上抹黑

群众为什么要来上访？是我们的工作有过失或者错误，对他们造成了损害。如果认真接待上访人，给上访人解决问题，就证明自己的工作有失误，等于把自己的错误亮相，给自己、给本单位脸上抹黑，所以怕给上访人纠错。殊不知，上访人的问题拖得越久，他就有更多的上访，包括更多的越级上访，乃至往北京跑。这样惊动的上级机关与领导就越多，如果影响太大，上级机关给你发一个通报，在内部就会使当事单位脸上更黑。另外，如果这样的上访变成了"老大难"上访，那么惊动的社会面越广，影响就越大。万一媒体一曝光，那么当事单位与当事民警就更被动了，甚至还会被处分。因此，越怕给上访人纠错，后果就越严重，还不如越早解决越好。

3. 怕被追究责任

因为是我们的工作有过失或者错误，造成群众利益受损害，而且一直拖住不给群众解决，群众无奈才上访。因此群众上访，既有我们造成群众利益受损害的责任，又有拖住不及时解决的责任。如果把问题给上访群众解决了，无形中是承认自己的错误与责任，要是追究责任，自己就会吃不了兜着走。干脆拖住不解决，就掩盖了自己的错误与责任。殊不知，上访人的问题拖得越久，他就有更多的上访，包括更多的越级上访，惊动的上级机关与领导就越多，那么被牵连的责任人就越多。有如杨乃武与小白菜的案子一样，时间拖长了，会形成上下牵连，一旦案子明了，就有很多责任人被牵连进去。因此，越早解决越好。

（三）避免不依法处置的心态

一些地方在群众上访事件处置过程中，认为只要能够把事件平息，采取什么方法都不过分，漠视法律、法规的规定，不能依法处置。表现为：

1. 动辄使用强制措施去打压

遇事首先把自己放到上访群众的对立面，动辄使用强制措施去打压上访群众。特别是在一些"敏感"节日期间，害怕有人上访，特别怕"老大难"上访户上访。为了稳定，不惜违法动用强制措施进行拘留。我们的一些同志总是把上访群众当做"麻烦制造者，"而不能认真查找自身存在的问题，甚至对群众的合理要求也漠然处之，不闻不问，处置问题的立足点没有放到化解矛盾、解决问题上，而是放到了压制矛盾上，其结果往往是进一步激化矛盾，"麻烦"不就更大了？使用强制措施去打压，有时虽然收到了暂时平息事态的效果，但已经严重伤害了群众的感情，极大地损害党群、干群关系，很可能为下一次更大规模事件的发生埋下了隐患。

其实，大多数上访者是通情达理的，即使有少数人"不听话"，甚至死纠蛮缠，也得从我们自己身上找原因，是不是思想方法不对，是不是处事不公正，还是什么别的原因。我们常说以人为本，就不能随意使用压制手段管理老百姓。轻率地视百姓为"刁民"，不仅反映了我们的涵养问题，也反映出对待人民群众的态度问题。群众利益无小事，为了维护百姓利益，为了化解社会矛盾，我们一定要带着深厚的感情做群众工作，依法律、按政策办事，坚持教育、疏导、协商、调处，防止激化矛盾，这是时代的呼唤，社会的要求。

当然，对正常上访，我们要热情接待，实事求是地处理。而对非正常上访，要教育疏导在先。对极少数别有用心、以上访为幌子借机闹事、不听劝告和警告的违规违法人员也要依法处置。

2. 随意"花钱消灾"

与动辄使用强制措施去打压的做法相反，另一种做法是，由于害怕上访群众，特别是害怕越级上访的群众把事情闹大，影响自己或本单位，于是一味迎合上访者的各种要求，不讲原则、不认真分析群众要求的合理成分与不合理成分，为了将事情"抹平"，不惜满足上访者的各种诉求，"花钱消灾"。某地村民冯某家的3只绵羊被盗，因案件线索不明，三年未破。冯某四处上访，说派出所不积极破案。公安局很无奈，最后局长签字，以冯某家生活困难为由，一次性给予补助3000元。3000元远远超过3只绵羊的价值。这种做法，客观上起到了"鼓励"上访，特别是越级上访的效果。

于是有些上访人抓住了我们一些同志的这种心态，动辄越级上访。另外，我们有的上级领导，只要有群众上访，以稳定为重，也不管具体情况，就要求下级部门限时解决。面对上级领导的批示，下级部门只好委曲求全予以解决了。

我们不否认，确实有一些群众的切身利益问题在基层得不到客观公正的解决，一拖再拖，致使他们的合法权益受到了严重侵害，他们实在忍无可忍走上了越级上访的道路。通过越级上访，使长达多年的问题得到了解决。但是，有些上访人从中悟出了"窍门"，一有问题就越级上访。尝到了越级上访的甜头，访完自己的问题不甘寂寞，又帮别人上访，从中渔利。

一个上访老户，公安局先后拘留她四次，仍"宁拘不屈"，执著上访，公安局为了接访她一个，耗费了不少精力、人力和财力。最后公安局没办法，只好让步，委曲求全。这人告完公安局后四处吹嘘，还帮别人出主意，甚至出面上访。看到公安局都拿她没有办法，她变本加厉，利用这一"优势"，无证开了个沙场，乱采烂挖，在当地造成极其恶劣的影响。

必须严厉打击非法上访、闹访。对那些别有用心，制造事端的、策划组织非法上访的不法分子依法实行打击。另外，引导确有实际问题的上访群众走依法上访的渠道，来保护自己的合法权益。建议上级领导，对越级上访的问题签字批示时要慎重，因为您的签字批示对下面来说，可是一字千金啊！

三、对访当事人要有"五心"。

（一）接待上访要热心

1. 如何做到热心

接访者要有热心，有了热心，就能真切感受人民群众的苦与乐。一般来说，群众多次、多部门地上访使他们受到各种冷遇，火气往往都比较大。因此,对待来访者必须春风化雨,以心换心。

具体来讲就是接待上访要满腔热情。来访者进门,接访者要主动问好、与之握手、让座、沏茶。如果条件允许的话,最好和上访人坐在一起,进行近距离交谈,使来访者感到你和他近距离、心连心,以消除怨气,削弱对立情绪。谈话要把握好分寸,我们要尽量避免用"不可能"、"不行"等否定性语言。态度一定要真诚,对来访者的处境首先要表示同情,如果时间允许,可以先拉拉家常,以沟通感情,不要急于切入正题。对情绪激动、言辞过激者一定要冷静,不动声色,只听不说,待上访者情绪平稳后再进行实质性交谈。千万不能争强好胜,针尖对麦芒,火上浇油,使接访进入僵局。要以我们的热心让来访者满心释然而回,心平气和而归。

2. 案例回放

沈某,十年前不幸被车轧伤,大腿粉碎性骨折,造成三级伤残。住院治疗期间,沈某将11000元的两张存折和身份证交给一起打工的表哥张某代为保管。后来,沈某出院回农村老家休养,向张某要存折,张某死不认账。沈某无数次找过派出所,派出所长都换了三任,但派出所一直认为举证不全无能为力。沈某要不回钱,只好在本城以拾荒度日。

后来,沈某找到城区公安局新来的局长。局长很热心地接待了沈某,并认真地听了沈某的诉说。局长想,张某把沈某的钱从银行取出,肯定留下蛛丝马迹。于是,他指令派出所到银行去查。派出所在银行调出当年沈某存折的取款背书,那上面虽签着沈某的名字,但笔迹不是沈某的。后经鉴定,是张某的笔迹。后张某因财产侵占罪被法院判处有期徒刑一年,缓刑两年,并连本带息赔偿沈某二万余元。拿着法院的判决书,沈某"扑通"跪在萧局长面前,泪流满面地说:"我几年了找了很多次派出所,都说我没有证据,还有人把我当精神病人驱赶。是你帮我找到证据,打赢了官司,我该如何感谢你呀!"针对此事,局长说:"其实只要用心一想,此案不难找证据,或者有的同志想到应该去银行查证,但不想去查,关键还是我们没有这份热心。"

（二）听取诉求要专心

1. 如何做到专心

接访者要有专心，只有专心，上访者才会感到你在真心为他办事。对每一个上访者反映的问题都要认真听取，无论他讲得对与不对，有理无理，都要不厌其烦，尽量不要打断他的陈述。

在整个接访过程中都要集中精力，尽量不要接听与接待与来访无关的电话，更不能向外拨电话。同事、下级来联系和请示工作时，要告诉他你在接待信访。对非接不可的电话，一定要向来访者表示歉意，以示对其的尊重。

对上访人呈送的材料，要全神贯注地认真阅看、仔细审查，不清楚的地方还可以询问来访人，或者当着他的面向办案单位电话查询。不能一目十行，漫不经心，随意搁置一边。对没有听清楚或对方没说明白的问题，要认真询问，不能草率应付。对来访者的陈述和询问过程，要认真做好记录，以掌握真情，搞清隐情。

总之，让当事人感到你在真心帮助他，从而拉近距离，消除隔阂，有利于来访者从感情上接受你的观点。一般来说，对事实清楚、证据充分、程序合法、处理适当的案件，如果造成当事人重复上访，那就是接者的失败。听取上访诉求专心而且细心，还可以发现破绽，还原事实真相。

2. 案例回放

某市一派出所有一次去某旅馆抓赌，其中一参赌人谭某慌忙跳窗逃走。民警彭某随后追赶。结果在逃的过程中，谭某摔倒在地，造成了骨折。后来，到医院治疗花了9000元，而且造成行动不便。谭某为此多次上访县、市公安局，说民警彭某在追他时，用脚绊同时用手推倒他受伤的，要求派出所赔偿治疗费、误工费13000元。但是民警彭某完全否认。现场没有旁证，处理不了。因此，谭某便无休止地上访。

后来，市公安局督察支队长接待谭某的上访，他让谭某详细叙述事情的经过。督察支队长非常认真地听,不时用笔记下一些细节。他发现,谭某的叙述在一些细节上与上访材料有出入。于是,叫谭某在第二天再来详细叙述一遍。他又发现,这次谭某的叙述在一些细节上,与昨天又有差别。过了两天,再叫谭某来详细叙述,同样在一些细节上又不同了。于是,督察支队长断定谭某叙述的事实有假。为什么?如果当事人叙述的是亲自经历过的客观事实,即使重复多遍,也不会在细节上有出入;只有编造的事情,详细叙述时,在细节上前后是不一致的。最后,谭某的谎言被揭穿后,不得不承认自己是摔伤的。

(三) 释疑解惑要耐心

1. 如何做到耐心

接访者要有耐心,有了耐心,就能做到百问不厌,才能做好艰苦、细致的解释说服工作。对来访者提出的问题切不可心急浮躁,一定要耐心听诉、耐心解释、耐心规劝,百问不厌,切忌敷衍应付,态度生硬。一般来说,仅凭来访者一面之词,很难对案件的对错作出正确判断。因此,对案件的表态一定要十分慎重,许多案件就是因为在多头上访中接访者答复口径不一,造成上访人的误解而导致处理难度加大的。所以,接访者必须把工作重点放在释疑解惑上。

对不同职业、不同文化、不同性别、不同性格、不同年龄、不同生活经历的来访者要察言观色,迅速作出判断,找准切入点,一把钥匙开一把锁。一般来说,对文化素养比较高的人要侧重于摆事实,讲道理,辨法析理,释疑解惑。对文化程度较低的,要偏重于分析案情,陈明利害。对举止反常、言辞过激或者提出不合理诉求的,一般不要直言其过,要通过耐心疏导,让其自己感到自己的理由不充分,诉求不合理。

总之,辨法析理要因案、因人而异,有的可以直陈利害,有的可以曲径通幽,有的可以批评,有的只能引导,有的可以趁热打铁,有的只能进行"冷处理"。总之,只要你有了耐心,终究会起到"化冰融霜"的效果。

2. 案例回放

云南某市自某喝酒后被朋友送回家中突然出现呕吐、昏迷，后送医院抢救无效死亡。市公安局某分局接报后，派出法医对自某进行尸检，结论为饮酒过量引起胃内溶物反流吸入气管、支气管，阻塞呼吸道导致机械性窒息死亡，公安机关作出不予立案决定。自某的父母对此决定不服，从2004年9月起多次上访，要求对其子死亡一事立案侦查，并依法追究有关办案民警责任。

市公安局再次对此事进行了深入细致的分析，认为自某父母晚年丧独子，在思想上无法接受，加之尸体部分表皮有擦挫伤，更加坚定了其认为自某系他杀的想法；其次是上访人对公安机关开展的各项调查工作不了解，认为分局在其子死亡后调查草草了事，没有当做一件重要事情来办。

对此，市局决定通过听证方式将公安机关所做的工作面对面地向自某父母进行反馈。上访人在听了相关解释说明后，态度有所缓和，但仍坚持认为自某的死亡存在诸多疑点。

听证会结束后，分局再次深入细致地开展了走访调查工作，办案民警在取得旁证的基础上，又到现场实地查看。据此，公安局再次召开听证会，对上访人提出的疑点逐一进行了耐心细致的解释答复，并把公安机关所做的大量工作向上访人进行了反馈。听了民警详细细致的案情介绍，看着桌上一大摞调查材料，自某父母表示，接受公安机关的鉴定，通过公安机关的调查彻底解开了儿子死亡原因的谜团，觉得已对得起过世的儿子，心安了，今后不会再上访。

（四）判断是非要公心

1. 如何做到公心

接访者要有公心，有了公心，就能正确把握手中的权与法，还当事人一个公道。接待来访要做到五个平等对待：生人与熟人平等对待、本地人与外地人平等对待、有人引见与无人引见平等对待、有领导批示与无领导批示平等对待、闹与不闹平等对待。从一定意义上讲，对来访者能否平等接待，可能决定着这个问题的处理效果。处理上访问题一定要是非分明，对就是对，对的要维护；错就是错，错的要纠正，不能含糊。

对执法不公、执法不严而导致当事人上访的案件，一定要拨乱反正、正本清源，该赔偿的赔偿，该道歉的道歉，该纠正的纠正，全错全纠正，部分错部分纠正，有一件处理一件。

对来访者反映公安机关久侦未破的案件，则应当客观地分析其原因，在督促办案单位加大工作力度的同时，也要劝告当事人，理解办案单位的困难，动员他们积极提供线索，帮助办案单位尽快破案。

对有一定道理，但要求过高的，要采取解决实际问题和思想教育、法制教育相结合的方式，必要时还可以责成办案单位组织公开听证，争取群众理解和舆论支持，以利于平息矛盾，化解纷争。

对没有瑕疵的案件，要理直气壮地维护，并使来访者明白，超出法律政策规定的无理要求是不可能得到满足的。

聚众上访、围堵、冲击公安机关，拦截警务车辆，悬挂横幅威胁等行为是违法的。对别有用心、煽动闹事的个别人必须果断、依法处置。

2. 案例回放

魏某是县公安局纪检督察室副主任，有人说干纪检督察是个得罪人的活，但魏某说只要出于公心，大家总会理解的。有一天，有群众上访状告交警老孙在执法活动中打人了。魏某前去调查时，老孙对没有打人而被诬告感到很生气，经过魏某耐心地做工作，老孙承认了自己虽没打人，但在执法活动中确实存在违反办案程序的行为，痛快地接受了纪检督察室对他的处理决定。民警郭某被人状告饮酒后执法，经过详细调查，确认这是一起对民警的诬告案。魏某向政委建议，召开全局民警大会，宣布调查结果，还郭某以清白。

在处理人民群众来信来访工作中，魏某总是耐心听、认真记、仔细答，尽力帮助解决问题。老上访户李某妻子失踪两年多，他经常到公安局询问案件的进展情况,每次魏某都热情接待。李某说:"很多次我都有些灰心丧气,甚至产生了轻生的念头,是魏某不断地在精神上鼓励我,在生活上帮助我,我才有了生活下去的勇气"。张某是某乡的一个老上访户,家里十分贫困,县里几个信访部门的负责人见了都躲着走,但魏某每次遇见张某都嘘寒问暖,还塞给张某几十元路费、生活费。

他经常要面对哭哭啼啼地来访群众。有人问他:"每天听这些诉说烦不烦?"他说:"烦什么,听哭声就是我的工作,让他们不哭了,我的工作就算初见成效了"。

第三节 如何妥善处理公安信访

一、坚决执行公安部《公安机关信访工作规定》

2005年8月18日,公安部正式发布了《公安机关信访工作规定》(以下简称《规定》),并自发布之日起开始施行。此举标志着公安信访工作开始步入规范化、法制化的轨道,这一规定共分7章47条,整个规定体现了四个原则,即畅通信访渠道、创新工作机制、强化工作责任、维护信访秩序。

(一)畅通群众信访渠道

畅通信访渠道,就是要敞开公安大门,方便群众信访。群众来信来访,不仅可以到派出机构信访,还可到县、市、省公安机关信访,不仅可以找公安信访部门,还可以找局长。市(地)县公安局今后要建立局长接待日制度,直接处理信访问题。公安机关的大门要永远为群众敞开,各项规定要公开,工作程序要"阳光作业",方便服务群众。

信访人可依法向有管辖权的公安机关公布接待时间和接待地点,提出信访事项。包括以下七点:第一,检举揭发各类刑事、治安案件的线索;第二,控告公安机关或民警违法违纪的问题;第三，对公安机关行政处罚、刑事强制措施、死因结论、伤情鉴定等不服的问题；第四，要求解决户口、办理证照、出入境等问题；第五，对公安机关提出批评、建议、表扬的问题；第六，离退休民警、被开除或辞退民警、合同制民警对组织处理决定提出申诉以及要求落实政策、解决待遇等问题；第七，依法应由公安机关管辖的其他信访事项。

（二）创新信访工作机制

本《规定》对比过去的《公安机关受理控告申诉暂行规定》更加完善规范。例如，为保障群众充分的信访权益，过去由上一级公安机关复核的两级终结制，现在增加为"三级终结"，多了一级复核机关。并规定必要时可以举行听证，即通过开放式的听证程序对重大疑难事项进行解决。再如，过去公安接访与受理多是口头答复，现在规定每个环节都必须用书面文字告知信访人，并作为程序性的规定固定下来。

本《规定》还要求公安机关应当自受理之日起60日内，将信访事项处理完毕并书面答复处理意见；情况复杂的，经批准，可以适当延长30日，并告知信访人延期理由，法律、行政法规另有规定的，从其规定。其次，信访人对公安机关做出的处理意见不服的，可以自收到书面答复之日起30日内，向上一级机关请求复查。收到复查请求的机关应自收到复查请求之日30日内复查完毕，并书面答复复查意见。最后，信访人对复查意见不服的，可以自收到书面答复之日起30日内，向复查机关的上一级机关请求复核。收到复核请求的机关应当自收到复核请求之日起30日内，复核完毕并书面答复复核意见。

按照这个《规定》，信访人的投诉请求如果事实清楚，符合法律、法规、规章或者其他有关规定，应当支持信访人的请求。其中属于公安机关原处理结论确有不当或者错误的，应当作出书面决定，予以纠正或者撤销并予以重新处理；属于公安机关不履行法定职责问题的，应当督促履行职责。如果信访人的请求属于以下两种情况的，就不予支持：一是信访人的投诉请求缺乏事实依据或者不符合法律、法规、规章和其他有关规定的；二是信访人的投诉请求虽然事由合理，但缺乏法律依据的。在表明不予支持时，要做好对信访人的解释疏导工作。

（三）强化信访工作责任

过去由于责任不明确，对权力的监督制约不够，以致在信访工作中造成上推下卸、互不负责的现象。《规定》明确了各级公安机关应当建立健全信访工作责任追究制度，对渎职、失职行为，要追究责任。

《规定》还明确，公安机关人民警察在信访工作中玩忽职守、徇私舞弊，或者打击报复信访人，或者将信访人的检举、揭发材料或者有关情况透露给被检举、揭发的人员或者单位的，依法给予行政处分；构成犯罪的，依法追究刑事责任。

在处理信访事项过程中，由于作风粗暴，激化了矛盾，并造成严重后果的，也将依法给予行政处分。

有权必有责，用权受监督，侵权要赔偿，违法要追究，从而建立起以责任追究为核心的长效机制，有利于从源头上预防和减少信访事件的发生。

（四）维护信访双向秩序

《规定》确立了"双向规范"原则，强调依法规范信访活动的双方，既要依法规范信访人的信访行为，又要依法规范接访工作人员的工作行为，明确了信访活动双方的权利、义务和责任。具体如下：

一是要求信访人依法信访。第一，信访人有依法提出信访事项的权利、获知相关信息的权利、查询信访事项办理情况的权利、得到书面答复的权利、要求复查、复核的权利，任何组织和个人不得以任何方式阻碍其行使权利。第二，信访人应当到指定的地点、采用法定形式、依照法定程序提出信访事项，并对其提供材料的真实性负责。第三，信访人必须履行义务，自觉维护信访秩序。不得在公安机关办公场所周围、公共场所非法聚集，围堵、冲击公安机关，拦截公务车辆，或者堵塞、阻断交通；不得携带危险物品、管制器具；不得侮辱、殴打、威胁公安机关工作人员，或者非法限制他人自由；不得在信访接待场所滞留、滋事，或者将生活不能自理的人弃留在信访接待场所；不得煽动、串联、胁迫、以财物诱使、幕后操纵他人信访或者以信访为名借机敛财；不得有扰乱公共秩序、妨碍国家和公共安全的其他行为。否则，就要承担相应的法律责任。第四，信访人采取走访形式提出信访事项应当依法向有权处理的本级或者上级机关提出；信访事项已经受理或者正在办理的，信访人在规定期限内向受理、办理机关的上级机关再提出同一信访事项的，该上级机关不予受理。

二是规范接访工作行为。第一，建立有利于迅速解决纠纷的工作机制，综合运用咨询、教育、协商、调解、听证等方法，依法、及时、合理地处理信访问题，迅速解决纠纷。第二，要在自己的职责范围内认真登记、受理、办理、复查、复核信访事项，严格按规定程序，在法定期限内、依法、及时、就地办结信访事项，并答复信访人，防止矛盾积累和升级。第三，要对做出的信访事项处理意见负责并接受社会、信访人和信访机构监督。对违反规定、造成严重后果的有关人员予以责任追究。第四，建立维护信访秩序的协调处置机制，处置违法行为，维护信访秩序。

二、执行《公安机关信访工作规定》的具体措施

（一）认真对待，重视首访，严格受理环节

在接待受理案件时，要针对具体情况仔细分析研究，提出解决信访问题的办法和意见。树立"群众信访无小事"的思想，对群众初信初访反映的问题，要抱着把信访案件当做刑事、治安案件办的认真负责态度，反复核实群众所反映的情况和问题，不能简单地凭表象和推测进行定性。要通过换位思考，倾听群众意见和要求，多一些理解和帮助，争取当事人的信任。要抓住其解决问题是最终

第九章　如何处理针对公安机关的群众上访

目的的心理，春风化雨，润物有声，有效地化解怨气、解决矛盾，把党和政府的温暖送到每一个上访者的心坎上。

（二）定人包案，求真务实，严格办理制度

实行严格认真办理制度是信访问题能否得以解决的关键环节。在办理信访案件时，严格按照《公安机关信访工作规定》的要求，切实维护党和群众的利益。对一些疑难信访案件和重大信访案件，要形成工作责任制，定领导、定专班、定时限、定要求，包到底。要做到问题不化解，专班不能撤。对办理环节中的每一项工作措施，要细之又细，慎之又慎，避免因一时的疏忽致使前功尽弃。在重大疑难信访案件的办理上，要有问题不解决不撤兵的信心，有群众不息诉不罢休的决心，始终以积极的心态去面对群众，解决群众实际问题。

（三）坚持回访，认真抽查，严格督导职能

按照《公安机关信访工作规定》第35条的规定：各级公安机关信访工作机构对本级公安机关有关部门或者下级公安机关在处理信访事项中有以下情形之一的，应当及时督办：应当受理而拒不受理信访事项的；未按规定程序办理信访事项的；未按规定的办理期限办结信访事项的；未按规定反馈重要信访事项办理结果的；办理信访事项推诿、敷衍、拖延的；不执行信访处理意见或者复查、复核意见的；其他需要督办的事项。同时，公安机关信访工作机构对所督办的事项应当提出改进建议。对已经结案的要跟踪回访，看群众的问题是否得到了解决，上访人是否满意。对办案质量实行查漏补缺，防止出现反复。

（四）制定目标，坚持考核，强化责任落实

公安机关办理信访案件必须制定目标，坚持考核，强化责任落实。应当将信访工作绩效纳入领导班子和领导干部考核体系、执法质量考评体系和人民警察考核体系。公安机关应当将信访事项是否解决在本级公安机关及解决在当地作为绩效考核的重要依据。把信访工作的好坏与各级公安机关领导的政绩、晋级升迁挂钩，与单位和部门的评先创优挂钩。要提高考核的有效性和权威性，增强考核的约束力，通过考核全面带动信访工作责任制的落实。对公安信访部门的工作职责和任务，要科学地进行界定，制定出具体的部门信访工作责任目标量化考核办法。

（五）奖惩兑现，一视同仁，激发工作活力

提高执法水平和办案质量，是源头治理信访问题的治本之策，也是树立公安机关良好形象的治本措施。要提高信访工作的地位，就是要充分发挥奖惩的先进导向作用，对信访工作的奖惩与公安机关的其他业务工作配套同步，以此来激发做好信访工作的活力。要强化信访工作的严肃性，对群众反映的问题，经核查属公安民警不作为或违法违纪行为的，要坚决纠正，并对责任单位和责任人实行责任追究。对信访人态度粗暴、推诿扯皮、徇私枉法，以及限制上访、压制上访甚至打击上访的，要依法、依纪严肃处理，绝不袒护。要大力宣传公安机关坚持执法为民、做好信访工作的先进典型，大力宣传开展集中处理群众信访问题工作取得的成效，进一步树立公安机关和公安民警的良好形象。

（六）加强教育，开展培训，落实责任追究

信访工作必须建立领导责任制、信访部门责任制和办理信访案件责任制等一系列信访工作责任制度。首先，要加强经常性的职业道德教育和法律业务知识的培训，不断提高接访人员的思想政治素质、法律素质和业务水平，增强依法办案能力，在素质上保证尽量少出错和不出错。其次，要实行执法过错责任追究制。按照《公安机关信访工作规定》第38条的规定：公安机关因下列情形之一导致信访事项发生，造成严重后果的，对直接负责的主管人员和其他直接责任人员，依照有关法律、法规、规章的规定给予行政处分；构成犯罪的，依法追究刑事责任。这些情形包括：超越或者滥用职权，侵害信访人合法权益的；应当作为而不作为，侵害信访人合法权益的；适用法律、法规错误或者违反法定程序，侵害信访人合法权益的；拒不执行信访处理意见或者复查、复核意见的；其他导致信访事项发生，造成严重后果的。必须以严密的制度和纪律，保证不出冤假错案。

（七）加强协作，综合治理，落实协调制度

有的信访工作涉及面广，错综复杂，解决信访问题仅靠公安部门的力量是不够的。比如在处置因企业改制中形成的企业与职工的利益冲突，因城市整体规划搬迁户与开发商之间的利益冲突，因农村土地收益分配中集体与农户、农户与农户之间的利益冲突，等等。这些问题引起的信访案件，必须在当地党委、政府的领导下，组织经济综合部门和司法行政部门、社会保障部门共同参与，部门联动，整体互动，协作配合，综合治理。使上访者看到，各级各部门依法公开、公正处理信访问题的决心，彻底打消少数别有用心人利用信访伺机作乱、伺机欲利的念头。

第四节 从源头上预防和减少上访

要解决上访问题，从根本上来说，不在于如何应付处理群众上访，而在于如何消除或减少群众上访。

一、严格规范处警行为

群众对公安机关的意见和投诉，大量的不是法律、体制和制度本身的问题造成的，而是执法中的偏差和机制上的缺陷引发的。

例如，在首次接警中不及时作调查、做笔录，受理了案件却无证据证明嫌疑人的违法犯罪事实，以致案件久拖不决，当事人不满意，到办案单位反复跑也没有结果，便开始漫长的越级上访路；又如，非正常死亡本不是刑事案件，由于技术员、侦查员先期调查走访与现场勘验的草率马虎，死者家属疑虑重重，屡访不止，任凭各级刑侦部门如何解释也不息访，大有不翻案不罢休的"气势"；再如，窗口民警在接待群众办理一些疑难户口时，不能一次性将必需的手续和需要其他单位协调的事项书面告知当事人，以致当事人三番五次办不了户口，即责备民警不给好处不办事，误以为不走"后门"或不上访找领导就办不成事；还有一些因民事纠纷引发的治安案件，由于证据材料不过硬，年轻民警处理方法不当，双方当事人常常为细枝末节争执不休，或为经济赔偿讨价还价，民警反复调解无效，一方或双方分别上访，办案单位及承办民警便成为信访的"被告"，如此等等。

五年前，某市青年农民王某，在本村一空地上无证驾驶农用三轮车，将正在玩耍的一男童轧伤致死。在村委会调解未果的情况下，同年5月22日，双方当事人亲属分别向市公安局某派出所和刑警二中队报了案。但派出所既没出警，也没向有关部门移交案件。刑警二中队当晚抓王某未果，直到5月24日也没有找主要见证人调查取证。后男童的家人将装有男童尸体的冰棺拉到嫌疑人王某家中，王某父亲于是向公安局报案。

接到报案的第三天，市公安局才出警对嫌疑人王某轧伤男童致死问题和男童家人非法侵宅案件展开调查。可是，没有经过全面深入的调查，市公安局就以王某没有犯罪事实、未构成交通肇事罪为由，通知男童家人不予立案。后在检察院的监督建议下，市公安局才对此案正式立案侦查。此后，此案与男童家人非法侵宅案一并诉到市法院。市法院以王某犯过失致人死亡罪，判处其有期徒刑3年，并赔偿附带民事经济损失21500元；判男童母亲等4人犯有非法侵宅罪，分别判处有期徒刑1年缓刑两年，并判决赔偿附带民事经济损失548.80元。

随后，男童家人上访告状，上访理由是，"受害方向派出所和公安局报案，公安局内部推来推去无人受理，受害方为了引起有关方面重视，才将棺材抬到肇事者家中；肇事方王某家报案后，公安机关马上调查取证，并将受害方家4人抓走判了刑；公安局不作为、派出所出伪证"，为此，多次越级上访。

2007年10月，男童家人的上访案得到省和石市有关部门的高度重视，市公、检、法立即成立了专门调查组，对案件中涉及的民警不作为问题展开调查。经查证，在办理王某过失致人死亡案件中，市公安局确实存在执法不规范、不严肃和不作为问题。为此，按照管理权限及有关程序规定，市公安局党委作出决定：免去原接案派出所所长的职务；给予该派出所民警韩某行政记过处分；给予市公安局主管刑侦工作的副局长行政警告处分；对把关不严的市公安局原法制科科长等进行通报批评。

我们如果从第一次接警就开始规范操作，从第一份笔录就开始认真，就一定会省却了群众的上访，了断了自己的烦恼，节省了各部门的行政成本，多了人民群众的满意。

二、注重日常执法细节

有一个县公安局局长多次在民警大会上，引用海尔集团总裁张瑞敏的名言："把每一件简单的事情都做好就不简单，把每件平凡的事情都做好就是不平凡。"并希望全局民警都能用"细节决定成败"来要求自己，在公安工作中注重细节，把小事做细，在每一个细节上精益求精，无悔于党和人民。

全国有名的"佘祥林杀人案"的错案教训，就出在诸多"细节"上：例如，没做 DNA 就确定女尸是佘祥林妻张在玉；证据不足仍对佘祥林采取强制措施；在佘祥林口供前后矛盾时，不认真分析去发现问题，却选择其有罪供述；法医鉴定也马虎了细节出现了错误；起诉、审判时重有罪证据轻无罪辩解……办案人员责任心不强，加之"死者"亲属上访要求严惩"凶手"的压力，使得在应该重视的细节上环环出错，冤案一路过关。此错案不但给佘祥林及家人造成了极大的痛苦，也给公安机关形象造成了极大的损害，教训非常深刻。

公安工作是由每一名民警的具体执法行为组成的，民警在执法中的一言一行、一举一动，都与人民群众的人身权利密切相关。在具体执法工作中，如果民警能够把执法过程中的每一细节当做一件大事认真去做，花大力气做，把小事做细、做全面，真正做到细致严谨，那么我们就能避免冤假错案、避免损害人民群众的合法权益、避免不必要的群众上访案件。

简而言之，一线民警在处理案件时，能多问几个为什么，把每一个执法的细节办细办实，不放过任何一个瑕疵，涉案人员就能多一份信服，我们就能避免不必要的投诉；在受理群众报警求助时，能够多设身处地地为群众利益考虑周全一点，言语上热情一点，措施上周到一点，群众的满意度自然就会高一点；在调处纠纷时，法律宣传、思想工作多一点，调解不成时解释多一点，简单粗暴少一点，群众自然就会理解多一点，这样的细节不胜枚举。

三、严格公正执法办案

（一）牢固树立公正意识是保证公正执法的关键

当前，影响公安机关公正执法的一个重要原因就是很大一部分公安民警公正意识淡漠，没有牢固树立正确的公正观念，没有充分认识到公正性对公安执法的重要性和严峻性。因此，要维护执法公正，就必须不断强化和巩固广大公安民警的公正意识，以正确的公正意识有效指导执法工作，促进各项公安工作，永葆公安工作的生机和活力。

牢固树立公正意识：首先，要加强对公正观念深刻内涵和重大价值的学习、理解，增强对公正观念重要性的认识。其次，要增强公安民警法律至上观念，以人民利益为重，规范执法行为，强化执法监督，提高执法质量。

（二）正确运用自由裁量权是实现公正执法的必然要求

自由裁量权是指在特定情况下依照职权以适当和公正的方式做出的行为。公安机关的自由裁量权是指公安机关在行政管理和刑事侦查工作中，根据法律法规赋予公安机关的行政管理和刑事侦查权限，依据立法目的和公正合理的原则，做出或不做出具体行为的权力。

根据法律规定，公安机关的自由裁量权主要集中体现在行政管理活动中，像2004年5月1日正式实施的《道路交通安全法》第92条规定了违反本条规定的"处200元以上，2000元以下罚款"，也就是说违反该法此款规定的可以在200元至2000元之间选择处罚，这就存在一个裁量的问题和标准的问题。因此，正确运用自由裁量权，确保公正执法，要求公安机关必须遵循以下原则：一是合法原则；二是正当合理性原则；三是服务原则；四是维护国家安全、荣誉、利益原则；五是保守国家机密和工作机密原则；六是公正廉洁、克己奉公原则。

（三）强化和完善执法监督是实现公正执法的保障

近年来，公安工作在接受人大、政协、社会各界及新闻媒体监督的同时，也不断加强了内部执法监督，设立了不少的机构，起到了一定的作用。但仍然很难适应日新月异的形势变化和发展，这就需要社会各方的参与，更需要公安机关主动接受监督，切实查找问题，使监督经常化、具体化、程序化、制度化。进一步加强对公安机关公正执法的监督，必须下大力气强化监督意识，不断完善内部监督机制和外部监察机制，充分发挥监察、纪检、法制等部门的职能作用，加强警务公开，增强公安工作的透明度，以公开促公正，以公正促工作。

一是强化上级监督。上级纪检监察机关要加强对下级纪检监察机关办案工作的监督，建立健全办案工作报告制度、办案情况检查制度和违纪案件案卷评查制度。二是强化内部监督。各级纪检监察机关要建立办案责任制、审复分离制、办案回访制和责任追究制。三是强化社会监督。要畅通申控渠道，推行审理质辨，打破办案封闭模式，开展办案效益评价。对执纪执法活动的过程和结果，要在不同层次和范围内公开，主动接受社会各界和广大干部群众的监督。

四、强化预警运作机制

及时掌握群众上访情况是做好息访息诉工作的前提，必须强化群众上访的预警运作机制。

一是完善受理机制。基层公安局成立预警领导小组，全局民警在预警领导小组领导下，积极配合开展工作。即在日常工作中，各业务部门发现案件当事人有上访苗头的，24小时之内及时上报预警领导小组办公室。预警办公室接到报告后，及时全面地掌握上访人的基本情况、案件情况、诉讼情况、心理状态及其提出的具体要求以及可能上访的级别等资料，及时确定预警级别，标明警示牌，及时报告局长进行协调督办。8小时之内与承办单位共同制订相应的预警处理方案，解决案件当事人提出的问题，解决可能引发越级上访的问题。

二是建立预警档案。各部门业务科室都设一名"信访专职人员"，负责对本部门办案中发现的可能赴省赴京上访的信息进行整理，并可能上访的原因、案件目前的办理情况、主要矛盾等形成书面材料，通报预警小组办公室，由预警小组办公室录入微机。

预警小组办公室根据各业务部门上报情况，对于有上访苗头的案件当事人，及时建立预警上访者的档案资料，根据上访的程度确立相应的警示级别，一人一档或一案一档，形成档案资料，依次将赴京、省、市上访档案资料分为红、黄、蓝警示牌，即进京（红色）、赴省（黄色）、到市（蓝色），以便针对不同的情况制定相应的预警措施。

三是强化预警管理。根据预警档案资料反馈的不同情况，确定不同的处理方案和处理标准，对红色（赴京）上访案件，局长作为第一责任人进行督办，在全局民警中抽调精干人员成立包案小组予以处理；对黄色（省访）和蓝色（市访）的案件，由主管副局长作为第一责任人，督办相关业务部门的包案民警处理落实。进行动态跟踪管理，力争尽快解决问题，使上访案件"销号"。通过这一工作机制，及时将问题适时消灭在萌芽状态，有效地遏制上访案件的发生。

参考文献

1. 杨磊：《网通辖区》，载《派出所工作》2007 年第 10 期。
2. 麦戈：《E 警时代》，载《派出所工作》2007 年第 10 期。
3. 宋卫国：《用信息化手段全程控制派出所窗口服务质量》，载《上海公安高等专科学校学报》2007 年第 3 期。